对外汉语系列教材

现代汉语学习手册

主　编　冯潇
副主编　张　翀　赵　炜　王美玲　杨莉莉

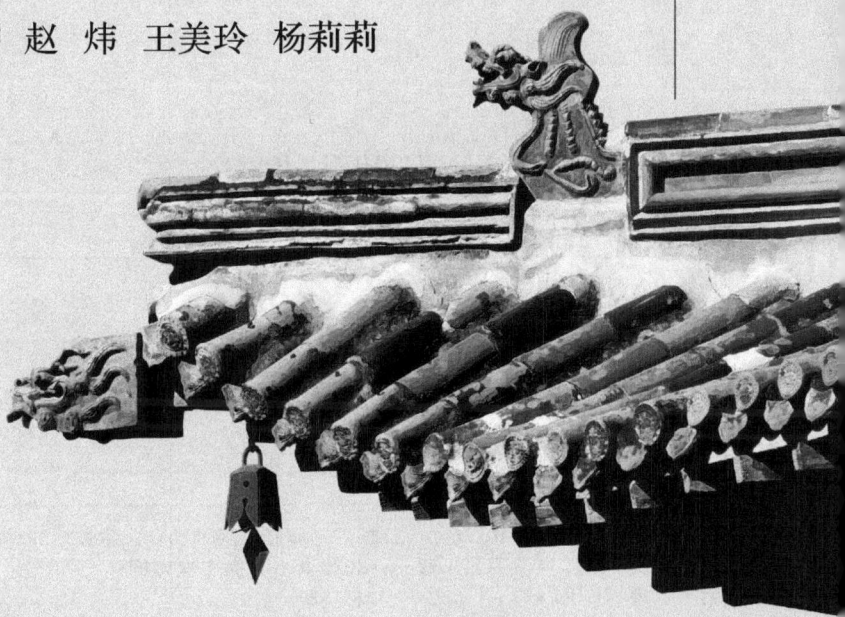

西安交通大学出版社
XI'AN JIAOTONG UNIVERSITY PRESS
国 家 一 级 出 版 社
全国百佳图书出版单位

图书在版编目(CIP)数据

现代汉语学习手册 / 冯潇主编. — 西安 : 西安交通
大学出版社，2022.3
　ISBN 978 - 7 - 5693 - 1461 - 8

　Ⅰ. ①现… Ⅱ. ①冯… Ⅲ. ①汉语-对外汉语教学-
教学参考资料 Ⅳ. ①H195.4

中国版本图书馆 CIP 数据核字(2019)第 273933 号

书　　名	现代汉语学习手册	
	XIANDAI HANYU XUEXI SHOUCE	
主　　编	冯　潇	
责任编辑	李逢国	

出版发行	西安交通大学出版社
	(西安市兴庆南路 1 号　邮政编码 710048)
网　　址	http://www.xjtupress.com
电　　话	(029)82668357　82667874(市场营销中心)
	(029)82668315(总编办)
传　　真	(029)82668280
印　　刷	西安日报社印务中心

开　　本	787mm×1092mm　1/16	印张　16.375	字数　391 千字
版次印次	2022 年 3 月第 1 版　　2022 年 3 月第 1 次印刷		
书　　号	ISBN 978 - 7 - 5693 - 1461 - 8		
定　　价	49.80 元		

前言
FOREWORD

　　《现代汉语学习手册》是高等院校来华留学生汉语言专业的必修课程"现代汉语"的指导教材。"现代汉语"侧重于汉语知识理论教学，不同于面向中国学生的现代汉语课程。这门课程要使学生具备系统、完整的汉语理论知识，并结合其他语言技能课程的学习；还要促进学生运用语言理论指导实践的能力，帮助学生从更专业的角度理解语言现象，提升学生的学术语言水平，并为开展初步的学术研究和撰写学术论文奠定语言基础。

　　本教材的目标是：使学生了解现代汉语语音、词汇、汉字、语法、修辞的基础理论，熟悉汉语本体知识体系及相关汉语语言学理论术语，可以举出正确的语例；将现代汉语理论课与汉语技能课相结合，培养学生自学汉语的能力；使学生能运用汉语理论知识提高汉语技能课的学习效率，在汉语语言规则的指导下自觉地、有意识地学习汉语，能运用现代汉语理论知识分析生活中的语言现象，解决学习中的语言问题，进行初步的语言对比实践。

　　本教材分为概说、语音、文字、词汇、语法、修辞六个章节。每章先通过导语和思维导图介绍学习内容，并列出主要学习目标，再具体介绍基本知识，最后辅以练习。本教材主要面向汉语学习者使用，内容比面向中国学生的现代汉语有所简化，语言尽量通俗。在语料方面，选用了汉语言本科留学生中高级汉语教材中的词句，同时引入了一些较新的语料，以增加教材的针对性和实用性。

　　感谢西安交通大学国际教育学院李馨郁老师为本教材部分章节撰写导语，并审定了全书的基本体例。

　　由限于编者水平有限，书中难免有疏漏和不足之处，恳请专家学者批评指正。

编者

2021 年 10 月

目录
CONTENTS

第一章

现代汉语概说

导 语

　　我们开始学习现代汉语这门课程前,首先要了解什么是"现代汉语"。语言是不断发展变化的,现在中国人所说的汉语和古代人说的汉语有很大的不同。目前全球十几亿人说的汉语是怎样发展到现在这样的呢? 我们怎么界定现代汉语? 中国各个地方的人说话都不太一样,怎样才算是标准的汉语? 中国又有哪些方言? 这些是我们在第一章要了解的主要内容。

学习内容

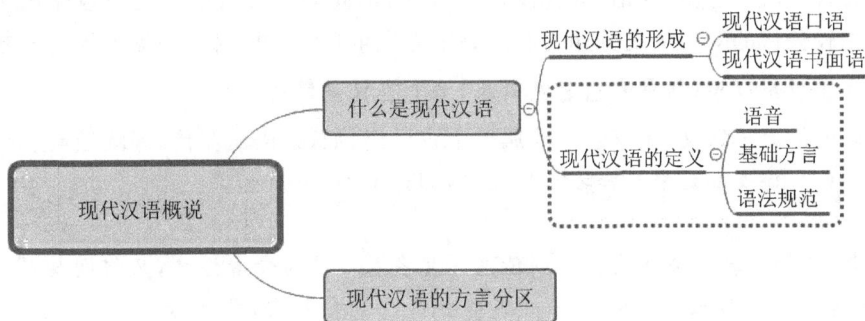

1

第一节 什么是现代汉语

学习目标

1. 了解现代汉语的形成
2. 了解现代汉语的定义（标准音、基础方言、语法规范）
3. 列举现代汉语的七大方言及其代表方言，了解中国一些大城市的方言分区

语言是人类最重要的交际工具，是人类认识世界的思维工具，也是社会文化的载体。现代汉语是现代汉民族共同使用的语言，也是中国各民族之间的通用语言，是中华文化传承的载体。现代汉民族共同语的形成经历了漫长的发展历史。

一、现代汉语的形成

（一）汉语发展简史

一般有古代汉语、近代汉语、现代汉语的说法，不同的学者对于汉语史也做出了不同分期。目前比较公认的对汉语史分期的看法是王力先生在《汉语史稿》中提出的划分方法。

1. 公元 3 世纪以前（西晋永嘉之乱以前）为上古汉语时期

秦朝以前的诸子散文、儒家经典等属于上古汉语，如《论语》《左传》等就是典型例子。

子曰："由！诲女知之乎？知之为知之，不知为不知，是知也。"

——《论语》（春秋）

十年春，齐师伐我。公将战。曹刿请见。其乡人曰："肉食者谋之，又何间焉？"刿曰："肉食者鄙，未能远谋。"乃入见。问："何以战？"公曰："衣食所安，弗敢专也，必以分人。"对曰："小惠未遍，民弗从也。"公曰："牺牲玉帛，弗敢加也，必以信。"对曰："小信未孚，神弗福也。"公曰："小大之狱，虽不能察，必以情。"对曰："忠之属也。可以一战。战则请从。"

——《左传·庄公十年》（春秋）

公元 3—4 世纪是上古汉语到中古汉语的过渡阶段。西晋末年，匈奴等五个游牧民族在晋朝王室内乱的时候攻陷洛阳，史称"永嘉之乱"或"五胡乱华"。此后，晋朝王室南迁，北方中原地区的汉人一半以上南渡，越过淮河甚至渡过长江，落户在现在的江苏、安徽、浙江一带。北方汉人把中原语音带到了江淮地区。而北方则处于胡汉杂居、长年战乱、政权不断更替的状态。这次大规模的民族融合和人口迁徙对汉语的变迁形成了重大影响。

2. 公元 4 世纪到 12 世纪（南宋前半期）为中古汉语时期

南北朝至唐宋的散文是中古汉语的典型代表，例如：

陈太丘与友期行，期日中。过中不至，太丘舍去，去后乃至。元方时年七岁，门外戏。客问元方："尊君在不？"答曰："待君久不至，已去。"友人便怒曰："非人哉！与人期行，相委而

去。"元方曰:"君与家君期日中。日中不至,则是无信;对子骂父,则是无礼。"友人惭,下车引之。元方入门不顾。

——《世说新语》(南朝)

古之学者必有师。师者,所以传道受业解惑也。人非生而知之者,孰能无惑?惑而不从师,其为惑也终不解矣。生乎吾前,其闻道也固先乎吾,吾从而师之;生乎吾后,其闻道也亦先乎吾,吾从而师之。吾师道也,夫庸知其年之先后生于吾乎?是故无贵无贱,无长无少,道之所存,师之所存也。

——韩愈《师说》(唐)

公元 12—13 世纪,南宋后期经历了与多个民族政权并立、战乱与民族融合,中古汉语逐渐向近代汉语过渡。

3. 公元 13 世纪到 19 世纪(鸦片战争)为近代汉语时期

元明清时期,中国市民社会进一步兴起,政治、文化中心北移。这一时期的近代汉语以宋元话本、明清小说等为代表,例如:

却说刘官人驮了钱,一步一步捱到家中。敲门已是点灯时分,小娘子二姐独自在家,没一些事做,守得天黑,闭了门,在灯下打瞌睡,刘官人打门,他那里便听见。敲了半晌,方才知觉,答应一声:"来了!"起身开了门。刘官人进去,到了房中,二姐替刘官人接了钱,放在桌上,便问:"官人何处挪移这项钱来,却是甚用?"

——《醒世恒言·十五贯戏言成巧祸》(明)

(录自宋话本《错斩崔宁》)

忽听外面人说:"林姑娘来了。"话犹未了,林黛玉已摇摇走了进来。一见了宝玉,便笑道:"嗳哟,我来的不巧了!"宝玉等忙起身笑让坐,宝钗因笑道:"这话怎么说?"黛玉笑道:"早知他来,我就不来了。"宝钗道:"我更不解这意。"黛玉笑道:"要来时一群都来,要不来一个也不来,今儿他来了,明儿我再来,如此间错开了来着,岂不天天有人来了?也不至于太冷落,也不至于太热闹了。姐姐如何反不解这意思?"

——曹雪芹《红楼梦》(清)

1840 年鸦片战争后,晚清王朝被迫打开国门,从这一时期到 1919 年五四运动,是近代汉语向现代汉语的过渡阶段。

4. 20 世纪五四运动以后

这一阶段现代汉语逐渐形成,汉语开始吸收印欧语句式,多音节词大量增加,例如:

暮霭笼罩了大宅,邻屋上都腾起浓黑的炊烟,已经是晚饭时候。家将们听得马蹄声,早已迎了出来,都在宅门外垂着手直挺挺地站着。羿在垃圾堆边懒懒地下了马,家将们便接过缰绳和鞭子去。他刚要跨进大门,低头看看挂在腰间的满壶的簇新的箭和网里的三匹乌老鸦和一匹射碎了的小麻雀,心里就非常踌蹰。但到底硬着头皮,大踏步走进去了;箭在壶里豁朗豁朗地响着。

——鲁迅《故事新编》

(二)书面语和口语

古代汉语的书面形式一直是文言文,是在上古时期汉语口语的基础上形成的,当时与口语基本上一致。到了汉代，文言文和口语开始脱节。到隋唐之际，文言文与口语的不一致非常明显，出现了新的书面语形式，即白话文作品，如唐代的变文、宋元的话本等，已接近当时的口语。明清出现大量白话小说，如《水浒传》《儒林外史》《红楼梦》等。但是文言文始终是正统，各类文献资料、政府文书都使用文言文，地位高于白话文。

到了20世纪初，一批接受过新式教育的知识分子发起了"新文化运动"，提出了"民主""科学""发动民众"等口号，期望普及教育、开启民智，从而拯救当时积贫积弱、遭列强欺凌的中国，而繁难的文言文、言文不一致的状况限制了教育的普及。于是在语言文字领域掀起了"白话文运动"，"提倡白话文，打倒文言文"。当时的倡导者们提出要使用比较规范的经过加工的白话文，创作新的文学作品。他们身体力行，用白话文通信、写文章、写演讲稿，创办白话文刊物，发展白话新文学。白话文占领了书面语阵地，各种公开发行的刊物上都出现了大量用白话文写的文章。这种典范的现代白话文著作中的语言就成为汉民族标准语的来源。从此，文言文几千年来在书面语中占据的统治地位彻底被推翻，白话文逐渐取代了文言文，成为建立在口语基础上的现代汉语书面语。

(三)方言与共同语

方言是不同地域语言的变体。汉语的口语从古至今都存在方言的分歧，比如战国时孟子就说楚国人是"南蛮鴃舌之人"（也就是说话像鸟的叫声）。但共同语也一直存在，比如《论语》中就提出了所谓的"诗书执礼，皆雅言也"。郑玄注："读先王典法，必正言其音，然后义全。""雅言"可能就是当时在较大范围内使用的通行标准语。汉代扬雄的《方言》中也提出了"通语""凡语"，说明秦汉时期也有共同语。到了宋元时期，以北方话为基础的汉民族共同语逐渐形成。明清以后，北京成为政治、经济、文化的中心，当时的共同语就是以北京语音为标准音的"官话"。一般来说首都是全国政治、经济、文化、军事的中心，那里的语言就是当时汉语的共同语。周的雅言、秦汉的关中话、唐的长安话、宋的汴梁话、元的大都话、明清的官话都是如此。

总的看来，中国的政治中心大部分时间是在北方。北方方言分布地域广，使用人口多，在方言中最具优势，长期是汉民族共同语的基础。而元代以后由于北京的政治、经济、文化地位，北京话最终成为官话的代表方言，保持并强化了北方方言作为官方通用语言的地位，同时逐渐扩大了北京音的影响。

20世纪初，清政府被推翻，民国成立后即开展推广汉民族共同语的"国语运动"。1913年国民政府教育部召开"读音统一大会"，民族共同语正式采用"国语"这一名称，并"以京音为主，兼顾南北"，审定了6500多字的"国音"。1919年出版的《国音字典》就以北京语音为标准。1925年国语统一筹备会对国语标准音进行了修正并确定下来。1926年国语研究会十周年之际，举行全国国语运动大会，会上的《全国国语运动大会宣言》说："北京的方言就是标准的方言，就是中华民国共同的语言，就是用于全国统一的标准国语。"（当然这样的提法字面上看不够严谨，作为标准语的国语并不等同于作为方言的北京话。）这样，民国时期的"国语运动"推动了以北京语音为标准音的北方话成为民族共同语。

"白话文运动"在书面语方面促使白话文取代了文言文；"国语运动"在口语方面确立了北京话的代表地位，北京语音成为标准音。书面语和口语基本统一的现代汉民族共同语在这两个运动的推动下逐渐形成了。

1949 年中华人民共和国成立后,中央人民政府十分重视语言文字的规范化和健康发展。1952 年中国文字改革研究委员会成立。1955 年,教育部与中国科学院哲学社会科学部召开了"现代汉语规范问题学术会议",语言文字研究学者、语文教育工作者以及文学、电影、新闻广播、翻译等各界代表参加。会议主要对民族共同语做出明确、全面的规范并在全国范围内推广普及,决定将"国语"更名为"普通话"("普通"是"普遍通行"的意思),同时确立了汉民族共同语的具体规范标准,即以北京语音为标准音,以北方话为基础方言,以典范的现代白话文著作为语法规范的普通话。

需要注意的是,将北京语音作为现代汉民族共同语的标准语音,并不是说字字必遵照北京土音来读。民族共同语的语音规范化是以读书音主导口语音,不是处处都要服从北京土语土音。普通话并不等同于北京话。普通话作为经过规范和加工的民族共同语,是为全国各地区人民交际服务的。它当然必须选择一种自然语言作为自身存在发展的基础,但并不是采用作为一种地域方言的北京话的所有内容,而需舍弃一些内容。比如北京语音中本身就有一些异读现象,教室"jiàoshì"读成"jiàoshǐ";还有大量的儿化现象,如"不吃亏儿""天桥儿"等,这些并不是全盘吸收到普通话中的。

二、现代汉语的定义

狭义的现代汉语指的就是前边说到的现代汉民族的共同语——以北京语音为标准音,以北方话为基础方言,以典范的现代白话文著作为语法规范的普通话,也是中国通用的国家标准语言;广义的现代汉语则包括普通话和方言。"现代汉语"这门课程中所学习的主要是狭义的现代汉语的理论知识。

除了"汉语",我们经常可以听到"国语""华语""中文"这样的名称。它们基本相同,并没有严格的界限,只是不同地域或不同场合的习惯性称呼。

广义的"汉语"是汉民族的语言,包括了普通话和各种方言。国际汉语教学中的"汉语"指的是普通话。"国语"是 20 世纪初"国语运动"兴起时对汉民族共同语的称呼,至今中国台湾地区仍旧沿用。"华语"是马来西亚、新加坡等海外华人对汉民族共同语的称呼。"中文"则是出于中国重视书写的语文传统,也用来代指汉民族共同语,包括了语言和文字两方面的内容。中国香港常常使用"中文",《中华人民共和国香港特别行政区基本法》中说:"香港特别行政区的行政机关、立法机关和司法机关,除使用中文外,还可使用英文。"很多国家的汉语教学也被称为"中文教学"。

三、现代汉语方言

语言随社会的发展会出现分化和统一。语言的分化往往会产生不同的方言。方言是语言的地域变体。人口的迁徙和扩散、民族融合、地理阻隔,加上语言发展的不平衡性,都导致了方言的差异。汉语的语音、词汇、语法从古代发展至今,在不同地域演变的速度、方向不同,一些重大的变化在各地方言中都可以找到痕迹。

汉语有多种方言,分歧也很大,方言之间最明显的差异是语音和词汇,有的方言分歧大到了不能互相通话的程度。美国语言学家罗杰瑞说:"北京人能听懂的广东话,一点不比英国人对奥地利土话的理解多",认为"汉语方言的复杂程度很像欧洲的罗马语系"。但是我们不能就此认为汉语各方言是与普通话并立的不同的语言。虽然有的方言语音差异极大,但汉语从古到今一直都有比较统一的书面语(包括文言文和白话文)。唐宋以后有了"正音",即读书音,到了当代又有了言文一致的标准语,所以我们仍然认为各方言是同一种语言的地域分支,而不是独立的语言。随着社会政治、经济、文化的发展,汉民族共同语的影响将日益扩大。

汉语方言主要采用语音标准进行分区,而到底分为几类方言,语言学界一直存在争议。目前比较通行的说法是汉语分为七大方言区:官话方言、吴方言、湘方言、赣方言、客家方言、闽方言、粤方言。需注意的是,中国各地都有汉语方言存在,但汉语方言区是只通行汉语或主要通行汉语的地方,一些主要使用民族语言的地区不看作汉语方言区。

(一)北方方言(官话方言,Mandarin)

北方方言又称官话方言,是现代汉民族共同语的基础方言。与通常说的中国北方地区即秦岭—淮河以北的地理分区不同,这里的"北方"是一个跨越黄河、长江的大方言区。北方方言分布地域最广,使用人口最多,有7亿以上,在说汉语的人口中占到73%。北方方言以北京话为代表,大致可以分为四个方言片,或称次方言。

1. 华北官话

华北官话分布在北京、天津、河北、河南、山东、黑龙江、吉林、辽宁以及内蒙古的一部分。其中东北三省和河北省的方言与普通话比较接近。

2. 西北官话

西北官话分布在山西、陕西、甘肃等省,还包括青海、宁夏、内蒙古的部分地区。新疆的汉族人说的话也属于西北官话。其中山西及陕北部分地区的方言比较特别,有的学者认为应单独划分出晋方言。

3. 西南官话

西南官话通行于湖北省大部分地区,云南、贵州、四川三省的汉族地区,以及湖南西北角、广西北部部分地区。西南官话分布较广,但内部一致性很强,各地的西南官话听起来差别不大。

4. 江淮官话

江淮官话俗称"下江官话",分布于安徽省内长江两岸、江苏省长江以北大部分地区,以及长江南岸的镇江以西、九江以东地区(如南京一带),还包括江西省北部沿江部分地区。

(二)吴方言(Wu Dialect)

吴方言又称吴语或江浙话,主要通行于江苏长江以南镇江以东地区和浙江省大部分地区,江西东北部、安徽南部部分地区也有分布。吴方言以上海话和苏州话为代表,使用人口约为7000万人左右,占汉语人口的7.2%。吴方言内部存在着较大分歧,大致可以分为五个方言片。

1. 太湖片

以太湖为中心的北片吴语称为太湖片,又叫北吴语片。这一片分布在江苏南部(苏州、无锡等地)、上海市,以及浙江的杭州、嘉兴、湖州、宁波、绍兴等地。太湖片是使用吴方言人口最多的方言片,覆盖了吴方言区的主要大城市。

2.台州片

台州片主要分布在浙江东部台州地区。

3.温州片

温州片分布在温州市等地。

4.婺州片

婺州片分布在浙江中部的金华、义乌等地。

5.丽衢片

丽衢片分布在浙江西南部的丽水、龙泉、衢州等地区。

(三)湘方言(Xiang Dialect)

湘方言或称湘语,是汉语七大方言中使用范围较小的一个方言,使用人口占汉语人口的3.2%。

湘方言包括北片湘语和南片湘语,北片湘语一般又称新湘语,南片湘语更多地保留了古老湘语的特点,又称为老湘语。

1.北片湘语

北片湘语以长沙话为代表,通行地区包括湖南北部、中部一带,如株洲、益阳、湘潭等地。长沙一直是湖南地区的政治文化中心,交通发达,受西南官话影响比较大,因此长沙及周边较大城镇的通行湘语就失去了一些古湘语原有的特色。

2.南片湘语

南片湘语分布于湖南中南、西南部和广西东北部部分县市,包括两省(区)的新化、双峰、邵阳、全州等地,受到其他方言影响较少,邵阳话是代表方言。

(四)赣方言(Gan Dialect)

赣方言也称赣语,通行面积较小,使用人口也较少。通行的地域主要在江西省中部和北部,如南昌、宜春、萍乡、吉安、井冈山、鹰潭、临川、景德镇等地,以南昌话为代表。使用人口约3000万,占汉语人口的3.2%。赣方言和客家方言有很多共同的特点,有的语言学家认为可以把客赣方言合并为一个大方言区。

(五)客家方言(Hakka Dialect)

客家方言又称客家话或客话。客家人是各个历史时期从北方中原地区向南迁移而来的汉族人民,相对于所迁往的地区来说是"客"。客方言分布地域比较广,主要通行在中国广东东北(梅县、新丰、增城、惠州、东莞、深圳、台山等地)、广西(陆川、博白、合浦东部)、福建西部(上杭、武平、永定、龙岩等地)、江西南部(安远、定南)、台湾北部(桃园、新竹、苗栗等地),使用人口约3500万,占汉语人口的3.6%。东南亚的印度尼西亚、新加坡、马来西亚、泰国、越南、菲律宾等地也有客家方言。客家话虽然分布范围广,但内部一致性比较强。广东东部的梅县话是客家方言的代表。

(六)粤方言(Cantonese)

粤方言又称粤语或广东话,当地人又叫"广府话"和"白话"。粤语通行于中国广东、广西、香港、澳门等地,以广州话为代表。使用粤方言的人口超过 4000 万,占汉语人口的 4.1%。此外,在海外华人中,特别是美洲、澳洲等地的华裔,很多人使用粤方言。美国、加拿大等地的唐人街通行的汉语实际上多为粤语。

粤方言内部的分歧不大,基本可以相互通话,大致分为六个方言片。

1. 广府片

广府片又称粤海片,主要分布在以广州为中心的珠江三角洲以及中国香港、澳门等地。广府片粤语在粤方言中使用人口最多,分布范围最广,以广州话为代表。

2. 四邑片

四邑片主要分布在广东台山、开平、新会、恩平四邑以及邻近的珠海市斗门区、江门市,以台山话为代表。四邑片粤语在美洲华人社区中通行。

3. 香山片

香山片通行于珠江口西岸的中山、珠海部分地区,以中山石岐话为代表。

4. 莞宝片

莞宝片通行于珠江口东岸,包括东莞市及原宝安县沿珠江岸边的地方,以东莞市的莞城话为代表。

5. 高阳片

高阳片分布在广东西南、湛江、茂名、雷州半岛等地,以高州话为代表。

6. 桂南片

桂南片主要分布在广西南宁、桂平、梧州、玉林等地,以南宁话为代表。

(七)闽方言

闽方言也称闽语,是汉语方言中内部分歧最大、语言现象最复杂的方言。它的范围包括中国福建省大部分地区,广东省东南部潮州、汕头、海丰、陆丰地区,海南岛、浙江南部温州地区的一部分,舟山群岛,以及台湾地区大多数汉族居住区。使用闽语的人口约 5500 万人,占汉语人口的 5.7%。东南亚的很多华人社区也使用闽语。闽方言大致可以分为五个方言片。

1. 闽南方言

闽南方言在闽方言中使用人口最多,通行范围最广,包括福建省的厦门、漳州、泉州等地,以厦门话为代表。

2. 闽东方言

闽东方言通行于福建省东部,包括以福州为中心的闽江下游地区,以福州话为代表。

3. 闽北方言

闽北方言通行于福建省北部,包括建瓯、建阳、松溪等地,以建瓯话为代表。

4. 闽中方言

闽中方言通行于福建省中部的永安、三明、沙县,以永安话为代表。

5.莆仙方言

莆仙方言通行于福建东部沿海的莆田、仙游,以莆田话为代表。

第二节 中国国家语言文字政策

学习目标

了解中国国家语言文字方面的基本政策

一、中国语言文字相关法律法规

中华人民共和国成立以来,中国的语言文字工作进入了新的发展阶段。1951年《人民日报》发表了《正确地使用祖国的语言,为语言的纯洁和健康而斗争》社论,指出汉语实际使用中出现的一些混乱现象,提倡纠正这些错误,整顿书面语言,促进语言健康发展。1954年中国文字改革委员会成立,成为国务院直属机构。1955年先后召开了全国文字改革会议和现代汉语规范问题学术会议,此后在全国范围开展整理和简化汉字、汉语规范化、推广普通话、制定汉语拼音方案等工作。1956年中央推广普通话工作委员会成立,《汉字简化方案》公布,《汉语拼音方案(草案)》发布。1958年《汉语拼音方案》正式颁布。

到了20世纪80年代初,中国实行改革开放后,各地区之间的人员往来交流空前增多,对语言统一和规范的需求更加迫切。比如当时深圳经济特区市政府就提出了"用普通话统一深圳语言"的口号。计算机技术的发展和普及,也急需解决语言文字的信息处理和标准化问题。这一时期中国语言文字工作在规范化、标准化、信息化方面取得了重大成就。1982年国际标准化组织(ISO)通过了《ISO 7098文献工作——中文罗马字母拼写法》,采用汉语拼音方案作为拼写汉语普通话语音的国际标准,汉语人名、地名的拼写也都以此为规范。1985年,中国文字改革委员会更名为国家语言文字工作委员会(简称"国家语委")。1985年国家语委、国家教育委员会、广播电视部联合颁布《普通话异读词审音表》,对一些异读词加以审定规范。1986年全国语言文字工作会议召开,讨论通过了中国在新时期的语言文字工作方针:贯彻、执行国家关于语言文字工作的政策和法令,促进语言文字规范化、标准化,推动文字改革工作。语言文字工作的主要任务包括:大力推广和普及普通话,做好现代汉语规范化工作;进一步推行《汉语拼音方案》,并解决实际使用中的有关问题;研究和整理现行汉字,制定各项有关标准,研究汉字信息处理问题,参与鉴定有关成果,加强语言文字的基础研究和应用研究,做好社会调查和咨询服务工作。此后各项工作有序开展。1988年《汉语拼音正词法》公布,修订了用《汉语拼音方案》拼写现代汉语的规则,确定了汉语拼音分词连写、人名地名拼写、标调、移行等规则。1988年发布《现代汉语常用字表》和《现代汉语通用字表》,以适应教学、出版、词典编纂、汉字信息处理的需求。1997年12月颁布了《普通话水平测试等级标准》。2001年1月1日,中国历史上第一部关于语言文字的法律《中华人民共和国通用语言文字法》正式实施,将普通话和规范汉字明确规定为国家通用语言文字,确立了普通话、规范汉字和《汉语拼音方案》的法律地位和使用范围。

2005年前后中国的语言规划进入一个新的发展阶段。随着社会发展,中国需妥善处理好各种语言关系,秉持"多语主义",既要不断巩固普通话的主体地位,又要发挥其他语言和语言变体的作用,保护语言资源,构建和谐的语言生活。同时要提升公民的语言能力和国家语言能力,更好地与国际社会沟通。

二、现代汉语规范化

语言处在不断使用中,为保证人们的交际,充分发挥共同语的作用,需要对现代汉语的语音、词汇、语法、汉字等进行规范,即推广普通话和使用规范汉字。具体的一些规范化原则我们将在后面各章节分别介绍。

推广普通话并不是要消灭方言或其他民族语言,而是扩大标准共同语的使用范围,为不同地域的人员交往提供便利。目前中国的普通话普及率达到了70%以上,普通话成为中国人最重要的语言工具,在国际上广泛使用,在与中国港澳台社区语言、海外华语的接触中也互相影响,发挥着越来越重要的交际作用。标准的简化汉字使用范围越来越广,并在国际上成为中文教学的主流。

对于汉语学习者来说,如果说汉语的人们能够很好地使用普通话,表达不受口音的影响,学习者听辨的困难就会大大减少,也有利于习得正确的汉语发音习惯;使用规范汉字可减少交际障碍,有助于学好并正确使用汉字这一最重要的辅助交际工具,使沟通更为顺畅。

练习

一、选择题

1. 广义的现代汉语是指( )。
   A. 古代汉语和现代汉语
   B. 古代汉语、近代汉语和现代汉语
   C. 普通话和方言
   D. 北方方言

2. 请阅读下面一段话,推测它属于( )。

"这行者须臾间看见唐僧在路旁闷坐,他上前道:'师傅怎么不走路? 还在此作甚?'三藏抬头道:'你往那里去了? 教我行又不敢行,动又不敢动,只管在此等你。'行者道:'我往东洋大海老龙王家讨茶吃吃。'三藏道:'徒弟啊,出家人不要说谎。你离了我,没多一个时辰,就说到龙王家吃茶?'行者笑道:'不瞒师父说,我会驾筋斗云,一个筋斗有十万八千里路,故此得即去即来。'"

   A. 上古汉语
   B. 中古汉语
   C. 近代汉语
   D. 现代汉语

3.现代汉语普通话的基础方言是(　　)。
　　A.北京方言
　　B.北方方言
　　C.河北方言
　　D.白话文

4.上海话属于(　　)。
　　A.吴方言
　　B.粤方言
　　C.北方方言
　　D.湘方言

5.成都话属于(　　)。
　　A.赣方言
　　B.南方方言
　　C.北方方言
　　D.闽方言

6.香港最主要的方言是(　　)。
　　A.粤语
　　B.闽语
　　C.湘语
　　D.客家话

二、填空题

1.普通话是以＿＿＿＿＿＿＿＿＿＿＿＿＿＿＿为标准语音的。

2.普通话是以＿＿＿＿＿＿＿＿＿＿＿＿＿＿＿为语法规范的。

3.现代汉民族共同语的具体定义是＿＿＿＿＿＿＿＿＿＿＿＿＿＿＿。

4.七大现代汉语方言区包括北方方言、＿＿＿＿＿＿、＿＿＿＿＿＿、赣方言、湘方言、

＿＿＿＿＿＿、＿＿＿＿＿＿。

三、简答题

1."白话文"是什么意思？白话文等同于汉语口语吗？

2.你的国家的官方语言是什么？请简要总结一下你的母语的发展历史。

3.你的母语包括哪些方言？举例说说方言之间有哪些差异。

4.你去过中国哪些地方？说说这些地方的方言属于什么方言区。

第二章

现代汉语语音

导语

　　自然界有各种各样的声音,而语言的声音有它的独特性。汉语的语音系统也有别于其他语言的语音系统。一方面我们需要了解汉语的发音原理,这有助于我们纠正错误的发音习惯,说出地道、流利的汉语;另一方面我们也需要掌握汉语的拼写符号,这有助于我们认读和记录汉语。

学习内容

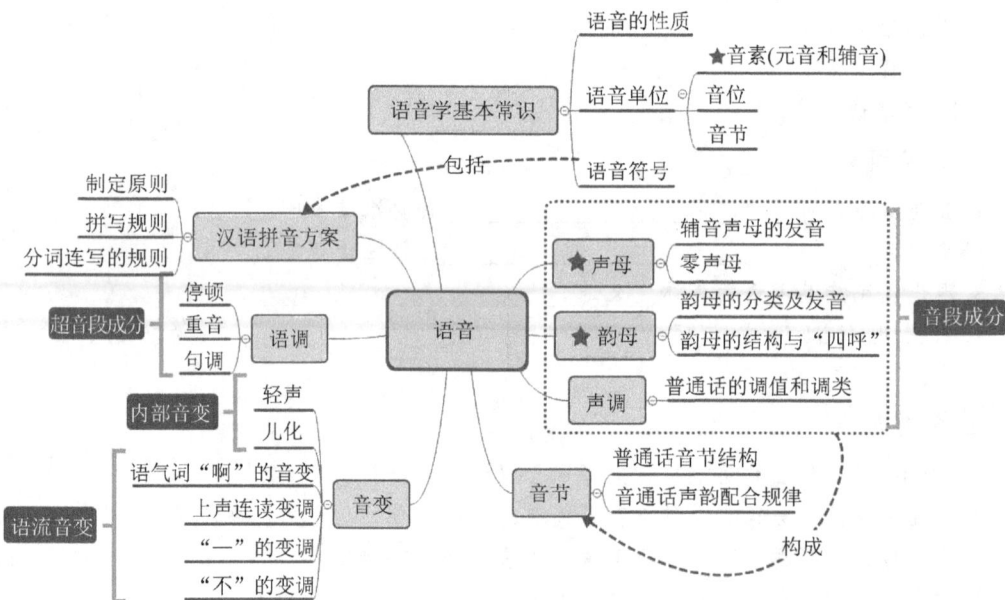

第一节　语音学基本常识

学习目标

1.了解语音的音高、音强、音长、音色在语言中的表现和意义

2.认识语音学基本术语,能区别音素和音节,理解音位概念,理解音位在创制标音字母中的作用

3.描述常见的元音和辅音并用国际音标表示

一、语音的性质

语音是一种声音,如同自然界的各种声音一样,是物体振动产生并以波的形式传播。语音具有物理属性。与自然界的声音不同的是,语音是人的发音器官发出的声音,还具有生理属性。语音是用来表达意义、进行社会交际的,同时具有社会属性。语音的性质可以从物理属性、生理属性、社会属性来描述。

(一)语音的生理属性——我们是怎样发出语音的

语音是由人的发音器官发出的。人的呼吸器官呼出气流,为发出语音提供了动力和能量。大部分的语音是在气流呼出时发出的。气流呼出时经过喉部的声带,人的声带可以开放或闭合,可以收紧、放松,可以在气流的作用下振动。声带能够调节以改变声音的高低。

气流经过声带后要经过人的喉腔、鼻腔、口腔,这些气流通道就像乐器的共鸣腔,把声带振动发出的微弱声音放大,而且可以改变形态,利用不同共鸣方式,形成各种各样的语音。

能够改变共鸣腔形状的发音器官有嘴唇、舌头、软腭、小舌等。气流呼出时,如果软腭和小舌上升,堵住鼻腔通道,气流就从口腔通过,在口腔形成共鸣,比如发出a、i这样的语音;如果软腭和小舌下降,打开鼻腔声道,同时堵住口腔通道,让气流只能从鼻腔呼出,就会在鼻腔产生共鸣,发出鼻音,比如m、n这样的音。改变共鸣腔形状的活动发音器官中,最灵活主动的就是舌头,舌头可以在口腔中平伸或做不同程度的上抬来节制气流,或者靠近牙齿、硬腭等不同部位,等于把口咽调节成各种不同的共鸣腔,发出音色不同的丰富的语音来。此外,嘴唇也能对改变共鸣腔起到一定的作用,例如说"姨"和"鱼"的时候,依靠嘴唇拢圆或者展开的变化就可以改变语音了。

(二)语音的物理属性——语音高低长短的变化有什么作用

物体振动产生的声音在物理上包括高低、强弱、长短和音色这几种要素。

声音的高低,也就是音高,主要由物体振动时的频率快慢决定。振动频率高,音高就比较高。比如女性唱歌的时候,声带比较薄、窄,发声时振动频率比较快,就比男性唱歌的声音高。

声音的强弱,也就是音强,主要由物体振动时幅度的大小决定。振动的幅度大,声音比较强。比如敲鼓的时候,用比较大的力度引起的鼓面振动幅度较大,音强就比较强;力量小,

引起的鼓面振动幅度小,音强也比较弱。

声音的长短,也就是音长,由物体振动时间的长短决定。振动持续的时间长,声音就比较长。

一种声音和另一种声音的不同,根本上还是音色的不同。音色又叫"音质",也就是声音的特色。比如吉他、小提琴、鼓的音色都不相同。音色不同可以是由于发音体不同,比如琴弦和鼓面两种不同发音体振动,发出的声音音色就不同;音色的差异也可以由发音方法不同引起,比如弹拨琴弦和摩擦琴弦发出的音色不同;共鸣腔不同也会使音色不同,比如大提琴和小提琴的共鸣腔不同,两种乐器的音色也就不同。

同样,语言的声音从物理上说也有四个要素:音高、音强、音长、音色。

(1)语音的音高是通过控制声带的紧张程度来调节的,声带紧张,振动频率高,语音就比较高;声带放松,振动频率低,语音较低。语音中的音高主要表现在音节的声调或者句子的语调上。语音的音高变化在不同的语言中起的作用有所不同。比如说汉语中音高的变化就非常重要,因为音节的声调会区别意义,"tiān(天)"和"tián(甜)","chǒu(丑)"和"chòu(臭)"由于音高变化的不同,意思也不同。学习汉语的人们经常在声调上遇到一些困难,掌握不好音节音高的变化,就不能准确地发音和表达,需要特别注意。

(2)语音的音强主要取决于气流的强度,表现为词的轻重音、轻声词等。音强对于汉语来说也比较重要。比如"老子"的"子",如果读重音"Lǎozǐ",表示的意思是中国古代道家思想的代表人物或者他的著作《老子》;如果"子"读轻声"Lǎozi",表示的就是父亲的俗称。

(3)语音的音长在有的语言里表现为能区别意义的长音和短音。汉语里音长的变化不是很重要,一般是在轻声音节中,轻声比较短促,这时音长和音强的变化共同起到区别意义的作用。

(4)语音的音色是使一个音和另一个音区别开的根本特质。a和i两个语音不同,最本质的就是它们的音色不同。造成语音音色变化的条件同样包括了发音体的不同、发音方法的不同、共鸣腔形状的不同。

①发音体的不同。每个人的声带不同,语音会有不同的音色。发音器官不同,同一个人也可以发出不同的语音,比如声带振动或不振动时会产生不同音色的语音,小舌颤动发出的音和舌尖颤动发出的音有着不同的音色。

②发音方法的不同。气流如果从发音器官的阻碍中冲出来的方式不同,会发出不同的音。例如发"科"中的声母k时,舌根靠拢硬腭,完全阻塞后,气流爆破发声;如果舌根和硬腭靠近,仍留一条小缝,气流从小缝中摩擦发声,这样发出的就是"喝"中的声母h。

③共鸣腔的不同。发音时发音器官改变口型,比如舌头在不同部位节制气流,也会产生不同的语音。例如发a的时候嘴巴张大,舌头下压,发i的时候把舌头抬高,开口度变小。口腔形状的变化使我们发出了音色不同的语音。

(三)语音的社会属性——语音怎么表达意义

语音承载着要表达的意义,在社会中发挥交际作用,而用什么样的语音形式表达什么样的意义,是由使用这种语言的社会成员约定俗成的。也就是说,事物的名称是人们在长时间的社会生活中共同认定、使用而形成的。大家都用这种语音表达某个意义,语音形式和意义的联系一开始是任意的,没有必然性,长期的社会习惯沿用下来,就这样确定了。

此外,语音具有民族性和地域特征,也就是说,语音是属于特定语言社会的,每个社会有自己的语音系统。人类发音器官能发出很多很多声音,而每个语言社团都约定俗成地选择了一部分语音用于交际。例如英语中没有汉语的 j、q、x 这组音,汉语中没有 thank 中 th 这个音。同一种语言的不同方言之间,语音系统也有差别。比如普通话和成都话中都有 n、l 两个音,普通话里这两个音有区别意义的作用,比如"蓝 lán"和"男 nán"意思就不同;而在成都话中 n、l 不分,两个音可以互相替换不区别意义,"男朋友"发音混同"蓝朋友"。

二、语音符号

(一)国际音标

语音说出来后转瞬即逝,怎样书写记录下来呢? 好的记音工具应该是一个符号只记录一个音素,一个音素也只用一个符号来记,这样才能忠实、准确地记录语音。19 世纪末的语言学家制定了这样一套能记录各种语言语音的工具,即"国际音标"。

1888 年,由国际语音协会的语言学家们共同拟定的国际音标(IPA)公布,它实行"一音一符,一符一音"的原则,利用拉丁字母的基本形式、大小写、手写体和印刷体、字母转写等,还增添各种附加符号,能够记录世界各种语言的语音,非常精确。国际音标经过了 100 多年的应用实践和多次修订,在语音学研究和语言教学中发挥着重要作用。

学习和使用国际音标应注意区别形体相近的音标,符号细微的差别就代表了不同的音素。比如[s]和[ʂ]看上去很相似,但[s]是"思"音节的开头,而[ʂ]是"师"音节的开头。又比如[a]、[A]、[ɑ],不同的写法表示的是三个不同的音。

此外,还要注意区别汉语拼音字母和音标的写法不同。比如拼音字母 h,在国际音标中记音为[x];拼音字母 x,在国际音标中记音为[ɕ],学习时需要特别注意。

表 2-1、表 2-2 所示分别为国际音标辅音简表、国际音标元音简表。

表 2-1　国际音标辅音简表

辅音			发音部位									
			双唇（上唇下唇）	唇齿（上齿下唇）	舌尖前（舌尖齿背）	舌尖中（舌尖齿龈）	舌尖后（舌尖硬腭前）	舌叶	舌面前（舌面前硬腭）	舌面中（舌面中硬腭）	舌面后（舌根软腭）	喉
发音方法	塞音	清 不送气	p			t				c	k	
		清 送气	pʻ			tʻ				cʻ	kʻ	
		浊	b			d					g	
	塞擦音	清 不送气		pf	ts		tʂ	tʃ	tɕ			
		清 送气		pfʻ	tsʻ		tʂʻ	tʃʻ	tɕʻ			
		浊			dz		dʐ	dʒ	dʑ			
	鼻音	浊	m	ɱ		n			ɲ		ŋ	
	闪音	浊					ɾ					
	边音	浊				l						
	擦音	清	ɸ	f	s		ʂ	ʃ	ɕ		x	h
		浊	β	v	z		ʐ	ʒ	ʑ		ɣ	
	半元音	浊	w	ʋ					j(ɥ)			

表 2 - 2　国际音标元音简表

元音			类别								
舌位		口腔	舌尖元音				舌面元音				
			舌位 前		舌位 后		舌位 前		舌位 央	舌位 后	
			唇形 不圆	唇形 圆	唇形 不圆	唇形 圆	唇形 不圆	唇形 圆	唇形	唇形 不圆	唇形 圆
高	最高	闭	ɿ		ʅ		i	y			u
高	次高						ɪ				
中	半高	半闭					e	ø		ɤ	o
中	正中								ə		
中	半低	半开					ɛ	œ		ʌ	ɔ
低	次低						æ		ɐ		
低	最低	开					a			ɑ	ɒ

(二)汉语拼音方案

怎样给汉字注音？在中国,古代汉字最早是用表意的方法来记录事物的,不直接记录汉语的语音。古人就采用"直音法"给汉字注音,也就是用一个同音的、比较常见的、容易识别的汉字,给目标字标注读音,如"A,读若 B"。后来发明了一种"反切法",用两个汉字给一个汉字注音,也就是用前一个字的声母,与后一个字的韵母和声调,拼在一起构成目标字的读音,比如"东,德红切",给"东"字注音就是用"德"音节开头的部分和"红"音节后半部分相拼。

到 17 世纪,天主教传教士利玛窦创制了用拉丁字母给汉字注音的方案。19 世纪中期以后,很多来到中国的传教士都尝试制定和推行拼写汉语及汉语方言的罗马字母方案。1867年英国外交官威妥玛出版了汉语课本《语言自迩集》,这本书以北京话为教学语料,是当时各国驻华使馆使用的汉语教材,其中使用的拼音方案成为拼写汉字的主流,有较大的影响。20世纪初,在威妥玛拼音的基础之上,帝国邮电联席会议统一了中国地名的拉丁字母拼写法,比如北京用 Peking。现在一些人名和专有名词(特别是历史悠久的品牌)的拼写还沿用威妥玛拼音和邮政式拼音。比如:孙中山(孙逸仙)Sun Yat-sen,贵州茅台 Kweichow Moutai,功夫 Kung Fu,北京大学 Peking University,青岛啤酒 TsingTao Brewery。

清朝末期,中国的一些知识分子,如卢戆章、王照和、劳乃宣等发起了"切音字运动",创立了一些帮助人民识字、普及教育的拼音文字方案。1918 年,当时的国民政府公布了第一套法定的拼音方案——国语注音字母方案,它以汉字笔画为基础给汉字注音,1930 年改称注音符号。注音符号(注音字母)目前在中国台湾地区仍然沿用。1928 年,以钱玄同、赵元任等为代表的语言学家创制的国语罗马字拼音正式公布,这就是常说的"国罗",但影响不是很大。中华人民共和国成立以后,中国文字改革委员会普遍征求意见,讨论制定了《汉语拼音方案》,1958 年正式公布。汉语拼音方案是在此前各种汉字注音方案的基础上,立足于现代汉语普通话语音系统,使用拉丁字母记录汉语语音的。从此汉语拼音方案在各个领域都起到了非常重要的作用,除了为汉字注音、推广普通话、用作中国人名和地名的拼写标准外,它还是各个国家人们学习汉语、了解中国文化的工具。在当代信息社会,使用人数最多的电脑或手机输入法依据的也是汉语拼音方案。

三、语音单位

我们要对语音进行具体的分析,就要先了解语音的结构,划分出语音的单位。

(一)音节

音节是语音中最自然的结构单位。其实在语音学上一直很难对音节给出一个科学的定义,但人们在说话的时候总能清晰地感觉到语音中的一个一个小片段。因此我们可以说,音节是听觉上自然感觉到的最小语音单位。汉语语音系统有个特点,就是音节的界限非常明确。对于说汉语的人来说,音节的感觉很清晰。因为在书面上汉语一般是一个音节对应一个汉字,一个汉字表示一个音节。比如"汉语"这个词,有 hàn 和 yǔ 两个音节,写出来也是两个字。以前在汉字系统中还有少量双音节的汉字,用在物理单位中,比如"浬"读 hǎilǐ,"吋"读 yīngcùn,"瓩"读 qiānwǎ。后来经过汉字的整理和规范,现在的书面形式改为"海里""英寸""千瓦",这些双音节汉字就不再使用了。现在如果试着在电脑或手机中用拼音输入"hǎilǐ",可能就不会出现"浬"这个字。也就是说,现在一个汉字只读一个音节,没有一个汉字读两个音节的情况了。

还有一种情况下汉字和音节不能一一对应,就是两个汉字读一个音节,即儿化音节。比如"花儿都开了"中的"花儿"是两个汉字,但读的时候是 huār 一个音节。

(二)音素

如果我们从音色角度对语音进行划分,那么区分出来的最小单位就是音素。什么是"从音色角度划分"? 我们把语流当中音色保持不变的那一小段截取出来,这就是一个音素。例如"汉语"这个词,有 hàn 和 yǔ 两个音节,hàn 这个音节包含 h[x]、a[a]、n[n]这 3 个音,不能继续划分,这就是 3 个音素;yǔ 这个音节发音时音色一直保持不变,包含 ü[y]这 1 个音素。

我们根据音素发音时的特点和组成音节时的特点,可以把音素分为元音和辅音两大类。

发音时,气流通过声门振动声带,发音器官的其他部位不形成阻碍,声道通畅,从声带发出的乐音能够在口腔被调制,形成一种比较响亮的有音高变化的语音,这就是元音。比如汉语的 a、i、u。发音时两个发音器官靠近或者接触,在声道中形成阻碍,气流冲破阻碍,或者爆发出来,或者产生摩擦,这样形成的语音就是辅音,比如汉语的 p、t、k、f、s 等。

1. 元音

发元音的时候,气流在声道中能顺利通过,所以主要靠改变口腔的形状来调节气流,发出不同的元音来。根据发音时舌头紧张的部位不同,元音可以分为舌面元音、舌尖元音和卷舌元音。

(1)舌面元音。舌面元音是由舌面来节制气流发出的元音。大部分的元音是舌面元音。一般通过把嘴张得大一些或小一些,舌面抬高或降低,舌头前伸或后缩,嘴唇拢圆或展平等方式来改变口腔形状,发出不同的舌面元音。根据舌位的高低,舌面元音可以分为高元音、半高元音、半低元音和低元音。根据舌位的前后,可以分为前元音、央元音和后元音。根据嘴唇的圆展,可以分为圆唇元音和不圆唇元音。

现在我们就能通过舌位的高低、前后和嘴唇的圆展,来具体描述一个舌面元音。语音学

17

上一般规定八个基本的舌面元音为标准元音(或称正则元音),具体如下。

[i]舌面前高不圆唇元音　　　　例:笔记 bǐjì　　起立 qǐlì　eat　keep

[e]舌面前半高不圆唇元音　　　例:配备 pèibèi　rest　get

[ɛ]舌面前半低不圆唇元音　　　例:解决 jiějué　　诶 ê

[a]舌面前低不圆唇元音　　　　例:白班 báibān　　拍板 pāibǎn

[u]舌面后高圆唇元音　　　　　例:粗布 cūbù

[o]舌面后半高圆唇元音　　　　例:哦 ò

[ɔ]舌面后半低圆唇元音　　　　例:(英式英语)dog　shop　stop

[ɑ]舌面后低不圆唇元音　　　　例:帮忙 bāngmáng　　小跑 xiǎopǎo
　　　　　　　　　　　　　　　　(英式英语)last　pass

八个标准元音舌位图如图2-1所示。

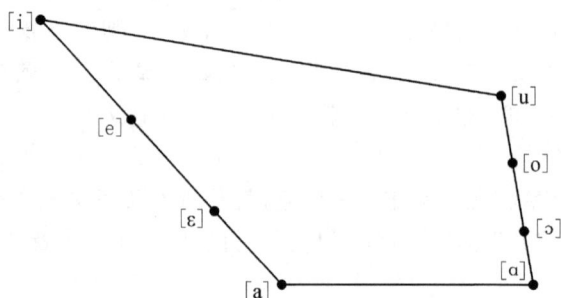

图2-1　八个标准元音舌位图

舌面元音舌位图是根据舌面元音发音时舌位姿态的高点连接起来画成的,如图2-2所示。这个图一般是不规则的四边形,这是因为口腔前部的活动空间比较大,后部比较小,舌位图模拟了发舌面元音时舌高点在口腔中的位置。两边的竖线左边标记同样舌位的不圆唇元音,线右边是同样舌位的圆唇元音。

以这八个标准元音为基准,我们可以类推,学习发出更多的舌面元音,举例如下。

[y]舌面前高圆唇元音　　　　　例:语句 yǔjù　学院 xuéyuàn

[ø]舌面前半高圆唇元音　　　　例:(苏州话)圆[nø]

[œ]舌面前半低圆唇元音　　　　例:(广州话)靴[xœ]

[ɯ]舌面后高不圆唇元音　　　　例:(西安话)疙[kɯ]瘩[tA]

[ɣ]舌面后半高不圆唇元音　　　例:鹅 é　合格 hégé

[ʌ]舌面后半低不圆唇元音　　　例:love　much

[ɒ]舌面后低圆唇元音　　　　　例:(美式英语)hot　rock

[A]舌面央低元音　　　　　　　例:八 bā　华 huá　家 jiā

[ə]舌面央中元音　　　　　　　例:跟 gēn　　更 gèng　　ago

[æ]舌面前次低不圆唇元音　　　例:mad　man

如果哪个舌面元音的发音存在困难,我们可以尝试用比较熟知的元音来改变舌位的高低前后,或者是改变唇形。比如[œ]这个音是舌面前半低圆唇元音,我们可以先发[e]音,然后保持舌位不动,把嘴唇撮起变圆,就可以发出[œ]这个音了。

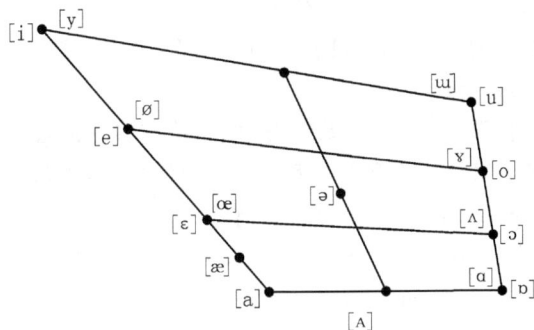

图 2-2　舌面元音舌位图

(2)舌尖元音。通过舌尖来节制气流发出的元音是舌尖元音,具体如下。

[ɿ] 舌尖前(不圆唇)元音　　　　例:字词 zìcí　　自私 zìsī

[ʅ] 舌尖后(不圆唇)元音　　　　例:日食 rìshí　　支持 zhīchí

还有两个不太常见的圆唇舌尖元音,一般在汉语方言里出现。

[ʮ] 舌尖前圆唇元音　　　　　　例:(上海话)书[sʮ]

[ʯ] 舌尖后圆唇元音　　　　　　例:(湖北麻城话)树[ʂʯ]

(3)卷舌元音。在舌面元音的基础上舌尖向硬腭翘起,带有卷舌色彩的音是卷舌元音。

[ɚ]　例:儿 ér　耳 ěr　二 èr

2. 辅音

发辅音的时候,口腔肌肉局部紧张,两个发音器官靠近对气流形成阻碍。发辅音不同于发元音时要注意改变口腔形状,关键是要找准发音部位,也就是形成阻碍的位置。

我们可以从发音部位和发音方法两个方面来观察辅音。

(1)发音部位。

双唇音:上唇和下唇形成阻碍。　　　　　　　　　　例如:马 mǎ

唇齿音:上牙齿和下唇形成阻碍。　　　　　　　　　例如:飞 fēi

齿间音:舌头平伸,舌尖夹在上下齿之间形成阻碍。　例如:think

舌尖前音:舌尖平伸,舌尖与齿背形成阻碍。　　　　例如:思 sī

舌尖中音:舌头平伸,舌尖与上门齿龈形成阻碍。　　例如:得 dé

舌尖后音:舌尖翘起,舌尖与硬腭前部分成阻碍。　　例如:是 shì

舌叶音:舌面边缘与上白齿相连,舌叶与硬腭形成阻碍。例如:church

舌面前音:舌尖下垂,舌面前部向硬腭抬起形成阻碍。例如:几 jǐ

舌面后音(舌根音):舌面后部与软腭形成阻碍。　　　例如:个 gè

小舌音:舌面后部与小舌形成阻碍。　　　　　　　　例如:(法语)Paris　Bonjour

喉音:喉头肌肉紧缩形成阻碍。　　　　　　　　　　例如:home

(2)发音方法。

发音方法是发音时从形成阻碍到解除阻碍的方式,主要看气流的强弱以及声带是否同时振动。

几种常见的形成阻碍－解除阻碍方式如下：

①塞音：两个发音器官闭塞，完全阻挡气流的通路，然后突然打开，气流冲破阻碍发声。塞音也叫"爆破音"，例如：怕 pà。

②擦音：两个发音器官靠近，形成一条窄缝，气流从窄缝中通过，摩擦发声，例如：飞 fēi。

③塞擦音：两个发音器官先完全闭塞，然后打开一条窄缝，气流从窄缝中摩擦出声，闭塞阶段和摩擦阶段结合紧密，听感上是一个音素，例如：这 zhè。

④鼻音：口腔中某一部位跟塞音一样完全闭塞的同时，软腭下降，打开鼻腔通路，气流从鼻腔通过，形成鼻腔共鸣发声，例如：马 mǎ，那 nà。

⑤边音：舌头的某一部位跟上齿或硬腭接触形成阻碍，气流从舌头两旁的间隙通过发声，例如：里 lǐ。

⑥颤音和闪音：舌尖或者小舌连续颤动，使气流通道多次急速开合，发出的辅音是颤音，例如：俄语 Друг。舌尖或小舌很轻快地弹闪一次，发出的是闪音，例如：英语 very。

气流的强弱：

在塞音和塞擦音这样有气流冲破闭塞发声过程的辅音，有送气强弱的区别。有的塞音、塞擦音发音时呼出的气流较强，就是送气辅音，比：兔 tù、跑 pǎo；当呼出的气流较弱的时候，就是不送气辅音，比：肚 dù、饱 bǎo。汉语中送气或不送气是很重要的辅音区别特征，如果读音不区别清楚，就会出现"肚子饱了"和"兔子跑了"相混的情况。

声带振动不振动：

我们知道，发元音的时候声带是振动的，发辅音的时候则不一定。当发音的时候声带同时振动，这样发出的辅音称为浊音，例如 m；发音时声带不振动，这样的辅音是清音，例如 s。

了解了辅音的发音部位和发音方法，我们就可以从这两方面描述一个辅音。以下是常见的一些辅音。

[p] 双唇不送气清塞音	例如：八 bā　　spa
[pʻ] 双唇送气清塞音	例如：怕 pà
[b] 双唇浊塞音	例如：baby
[m] 双唇浊鼻音	例如：马 mǎ
[pf] 唇齿不送气清塞擦音	例如：(西安话)猪[pfu]
[pfʻ] 唇齿送气清塞擦音	例如：(西安话)出[pfʻu]
[f] 唇齿清擦音	例如：飞 fēi
[v] 唇齿浊擦音	例如：valve
[θ] 齿间清擦音	例如：think
[ð] 齿间浊擦音	例如：they
[ts] 舌尖前不送气清塞擦音	例如：在 zài
[tsʻ] 舌尖前送气清塞擦音	例如：菜 cài　　cats
[dz] 舌尖前浊塞擦音	例如：cards
[s] 舌尖前清擦音	例如：三 sān
[z] 舌尖前浊擦音	例如：busy
[t] 舌尖中不送气清塞音	例如：大 dà

[tʻ] 舌尖中送气清塞音   例如:他 tā

[d] 舌尖中浊塞音   例如:did

[n] 舌尖中浊鼻音   例如:那 nà

[r] 舌尖中颤音   例如:(俄语)Брат

[ɾ] 舌尖中闪音   例如:very

[l] 舌尖中浊边音   例如:拉 lā

[tʂ] 舌尖后不送气清塞擦音   例如:知 zhī

[tʂʻ] 舌尖后送气清塞擦音   例如:吃 chī

[ʂ] 舌尖后清擦音   例如:是 shì

[ʐ] 舌尖后浊擦音   例如:日 rì[1]

[tʃʻ] 舌叶送气清塞擦音   例如:church

[dʒ] 舌叶浊塞擦音   例如:judge

[ʃ] 舌叶清擦音   例如:show

[ʒ] 舌叶浊擦音   例如:measure

[tɕ] 舌面前不送气清塞擦音   例如:几 jǐ

[tɕʻ] 舌面前送气清塞擦音   例如:七 qī

[ɕ] 舌面前清擦音   例如:西 xī

[k] 舌面后不送气清塞音   例如:个 gè

[kʻ] 舌面后送气清塞音   例如:可 kě

[g] 舌面后浊塞音   例如:get

[ŋ] 舌面后浊鼻音   例如:明 míng   thing

[x] 舌面后清擦音   例如:喝 hē

[R] 小舌颤音   例如:Bonjour

[h] 喉擦音(一说喉通音)   例如:hand

3. 元音和辅音对比

通过学习元音和辅音的具体发音,我们可以观察到元音和辅音的区别如表 2-3 所示。

表 2-3 元音与辅音对比

	元音	辅音
气流呼出受阻情况	气流呼出时不受阻碍	气流呼出时受到阻碍,形成阻碍—解除阻碍的过程是辅音发出的过程
发音器官紧张情况	发音器官各部位均衡紧张	发音器官形成阻碍的部分(发音部位)特别紧张
气流强弱	气流比较弱	气流比较强
声带是不是振动	声带振动;声音比较响亮	声带可能振动(浊辅音),也可能不振动(清辅音);声音不响亮
声学表现	乐音	带噪音

---

① 也有研究指出,汉语中的声母 r 实际发音更接近于近音[ɻ],本书仍遵从通行说法,定为舌尖后浊擦音。

(三)音位

我们学习了音节和音素,了解到音节是自然听感划分出的最小语音片段,音素是从音色角度划分出的最小语音单位,一个音节可以由一个或者多个的音素组成。而在一种具体的语言或者方言里,语音和意义联系起来,一个音和另一个音的差别可能引起意义的不同,这时就要划分音位。

什么是音位? 我们先来比较这几个词的发音:

A. 帮忙 bāngmáng   报道 bàodào

B. 男篮 nánlán   白菜 báicài

有很多初学汉语的学习者(特别是英语母语的学习者)发这些音的时候,常常有点"哪里不对"的发音问题,这和没有掌握好 a 的具体音素发音有关。虽然使用的是同一个拼音字母 a,但它在 A、B 两组中的实际发音却是不一样的。A 组中的 a 实际音素是舌面后低不圆唇元音[ɑ],B 组是舌面前低不圆唇元音[a]。初学者常常发 A 组中的 a 音时舌位偏前,发 B 组 a 音时,舌位又比较靠后,听起来不太标准。但是并不影响人们理解,没有区别意义。我们说这两个不同的音素属于同一个音位。

再比如:

A. 肚子 dùzi   胆子 dǎnzi   带动 dàidòng

B. 兔子 tùzi   毯子 tǎnzi   太痛 tàitòng

A 组中的 d[t]音素如果换成 B 组的 t[tʻ]音素,意思就完全变了。因此在汉语里 d[t]和 t[tʻ]就是两个音位。

再看英语中的例子:

A. stop   stone   still   stick

B. top   tone   till   tick

A 组中的 t 实际发音是[t],B 组 t 发[tʻ],如果把 A 组不送气的[t]音,换成 B 组送气的[tʻ],虽然说英语的人会觉得发音不对,但并不影响意思的理解,[t]和[tʻ]在英语里就是同一个音位。

现在我们就可以理解什么是音位了,音位就是在具体语言或方言当中,能够区别词的语音形式(能够区别意义)的最小语音单位。这就是说,音位是存在于具体的语言或者方言中的,比如[t]和[tʻ]在汉语里分立为两个音位,在英语里则属于同一个音位。音位能够区别词义,由于词里的这两个音素的不同,词所表达的意思就不同,这就是两个不同的音位。

怎么把一个语言中许多不同的音素归纳为音位呢? 分析音位首先要掌握一个语言或方言中使用的全部音素,然后确定哪些能区别意义,哪些不能,再根据对立原则、互补原则等基本原则进行归纳。

1. 对立原则

在一种语言或者方言当中,不同的音素可以在相同的语音环境下出现,替换后会产生意义上的不同,它们就是对立关系。对立的音素要划分为不同的音位。

例如:在汉语普通话的这样一个语音环境"[_i⁵⁵]"中,如果放上音素[t],组成音节[ti⁵⁵],可以表示"低";还是这个相同的语音环境,替换上另外一个音素[tʻ],组成音节[tʻi⁵⁵],可以表示"踢"。这两个音节其他部分都一样,只是因为[t]、[tʻ]两个音素的不同而产生了不同的意义,就可以说这两个音素有区别意义的作用,它们是对立的关系,要把它们分为两个不同的音位,用/t/、/tʻ/表示。

再比如在[n_³⁵]这个语音环境下,如果填上音素[A],可以组成[nA³⁵](拿);同样的语音环境下,换上音素[i],可以组成[ni³⁵](泥),意思就变了。[A]、[i]两个音素就是对立的,分属于不同的两个音位。

同样,"河南""荷兰"这两个词中,[n]、[l]两个音素出现在相同的语音环境中,替换后词的意义不一样了。其他部分都相同,只有这两个辅音音素不同,使得两个词的意义不同,这两个音素就是对立的,分属不同的两个音位。

英语中 same 和 shame 两个词中,s[s]和 sh[ʃ]可以在相同的语音环境中出现,替换后词义不同,它们在英语里分立为两个音位。

2. 互补原则

如果不同的音素不出现在同样的语音环境中,而是各有各的出现环境,分布条件互相补充,没有区别意义的作用,它们之间就是互补的。互补的音素有可能归并为同一个音位了。这是归纳音位的第二条基本原则——互补原则。

例如以下四组词:

A. 大巴 dàbā   画家 huàjiā
B. 男篮 nánlán   白菜 báicài
C. 帮忙 bāngmáng   报道 bàodào
D. 甜点 tiándiǎn   圆圈 yuánquān

我们发现,在 a 后没有其他音的时候,a 的发音是舌面央低元音[A],如巴[pA⁵⁵]、画[xuA⁵¹];当其后有[-i]或[-n],同时前边的音不是[i-]、[y-]时,a 的发音是舌面前低元音[a],如男[nan³⁵]、菜[tsʻai⁵¹];其后是[-u]、[-ŋ]的音节中,a 的发音是舌面后低元音[ɑ],如报[pɑu⁵¹]、帮[pɑŋ⁵⁵];在[i-]、[y-]和[-n]之间,a 的发音是舌面前次低元音[æ],如甜[tʻiæn³⁵]、圆[yæn³⁵]。这四个音素出现的环境各不相同,它们的分布是"互补"的,就有可能归并为同一个音位。

再比如汉语普通话中,声母 z、c、s 后边的-i,实际音素并不是舌面前高元音[i],而是舌尖前元音[ɿ];而声母 zh、ch、sh、r 后边的-i,实际音素是舌尖后元音[ʅ];至于舌面前高元音[i],一般出现在声母 b、p、m、d、t、n、l、j、q、x 后边。舌尖前元音[ɿ]、舌尖后元音[ʅ]、舌面前高元音[i]这三个音在汉语语音中就是互补分布。它们有可能归并为同一音位。

3. 相似原则

互补的音素是不是一定可以归为一个音位?这就要说到音位归纳的第三条原则——相似原则。语音相似原则是指归入同一个音位的音素在听感上应比较接近。

例如:在普通话里,音素[m]只出现在音节开始的位置,比如"迷"[mi³⁵];[ŋ]音素只出现在音节最后的韵尾位置,如"零"[liŋ³⁵]。很明显,这两个音不出现在相同的语音环境下,也不区别意义,是互补分布的。但是在说普通话的人们的听感中,这两个音有着明显的不同,所以还是划分为不同的音位,拼音方案中也使用不同的字母表示。

前边说到的四个互补分布的[A]、[a]、[ɑ]、[æ]四个舌面元音,语音听起来很相似,可以归为同一个音位,用/a/来代表。在汉语拼音方案中,我们只需要安排一个字母 a 表示这个音位就行了。而这个/a/音位中包括的四个音素,我们称之为这个音位的"变体",它们不区别意义。这四个变体有各自出现的语音环境(条件),因此属于"条件变体"。在北方方言的西南官话中,[n]和[l]两个音素可以在音节中自由替换,但是不区别意义,例如成都话"南"[nan]也可以说[lan],人们常说这种现象是"n、l 不分"。这种方言中[n]、[l]属于同一个音位,[n]和[l]是这个音位的自由变体。

再回到刚才 i 的问题,互补分布的舌尖前元音[ɿ]、舌尖后元音[ʅ]、舌面前高元音[i]是同一个音位吗?

关于这个问题,学者们是有不同看法的。有的认为应该分立为三个音位,这是由于按照相似原则,这三个音听起来并不相似,而且分立音位可以说明汉语的音节配合规律。有的主张把三个音素合并成一个音位,这样可以减少语音系统中音位的数量。不同的处理方式都有它们各自的道理,不管怎么样,这三个音出现的环境都不同,不会弄混,所以汉语拼音方案中只用一个字母"i"来表示就够了,这样做比较经济,可以减轻使用负担。

当然,这可能给刚开始学习汉语的人们带来一些问题,在看到 zi、ci、si、zhi、chi、shi、ri 这样的音节时,拼读不够准确,用舌面元音[i]来代替两个舌尖元音,出现发音偏误。弄清楚这三个 i 的区别,可以正确地帮助汉语学习者纠正发音问题。

至于/a/音位的发音问题,如果不清楚同一字母代表的音位不同变体的具体发音,把自己语言中音位系统的发音习惯带到了汉语音位系统中,一般也不会引起误会,因为音位的变体是互补关系,没有区别意义的作用,只是让人感到发音不准确。理解了音位和音位的变体,就可以有方法地学习、纠正发音,使汉语的发音更地道。看到拼音字母时,也能明白同一个符号在不同语音环境下的正确读音了。

练习

1.在你的母语中,语音的音高、音强和音长哪个要素比较重要,能够起到区别意义的作用?

2.根据音标描述下列音素。

[ɿ]_____　　[ɤ]_____

[a]_____　　[y]_____

[æ]_____　　[ʌ]_____

[f]_____　　[tʂʻ]_____

[k]_____　　[ð]_____

[m]_____　　[d]_____

3.根据描述写出下列音素,并尝试发音。

舌面前高不圆唇元音　　　　　　　　_____

舌面后低不圆唇元音　　　　　　　　_____

舌面后半低圆唇元音　　　　　　　　_____

舌面央低不圆唇元音　　　　　_____

舌面后高圆唇元音　　　　　　_____

舌面前半高不圆唇元音　　　　_____

舌面后浊鼻音　　　　　　　　_____

双唇送气清塞音　　　　　　　_____

舌尖前不送气清塞擦音　　　　_____

舌尖中浊边音　　　　　　　　_____

舌尖后不送气清塞擦音　　　　_____

舌面前清擦音　　　　　　　　_____

4.列举你的母语中的辅音(至少5个),用国际音标表示,并描述这些辅音。

辅音音标	描述辅音	举出词例

5.列举你的母语中的元音(至少3个),用国际音标表示,并描述这些元音。

元音音标	描述元音	举出词例

6.列举你的母语中有而汉语中没有的音素和音节。

7.列举汉语中有而你的母语中没有的音素和音节。

第二节　汉语语音学

学习目标

　　1.声母:写出汉语的 21 个声母及其国际音标;能描述并准确发音;指出本国人说汉语时常出现的声母偏误以及如何纠正

　　2.韵母:分类写出汉语的 39 个韵母并正确发音;描述其中 10 个单韵母,并写出国际音标;分析韵母的结构,能指出"四呼";指出本国人说汉语时经常出现的韵母偏误以及如何纠正

　　3.声调:说明四声的调值(用五度标记法标示)和调类

　　4.汉语音节与汉语拼音方案:辨别汉语普通话中不会出现的音位组合;用音位知识说明汉语拼音方案为什么用一个字母 i 表示三个不同音素;正确书写拼音,纠正拼写错误

　　5.音变:按照音变规则,正确读出带有"啊"的变调、上声变调、"一"和"不"变调的段落;读出常见的必读轻声词和儿化

一、声母

(一)辅音声母

声母是按照中国传统语言学对汉语音节的分析划分出的音节开头的部分。现代汉语有 21 个辅音声母。

b[p] 双唇不送气清塞音	例如:表白 biǎobái
p[pʻ] 双唇送气清塞音	例如:乒乓 pīngpāng
m[m] 双唇浊鼻音	例如:密码 mìmǎ
f[f] 唇齿清擦音	例如:方法 fāngfǎ
z[ts] 舌尖前不送气清塞擦音	例如:自在 zìzài
c[tsʻ] 舌尖前送气清塞擦音	例如:层次 céngcì
s[s] 舌尖前清擦音	例如:三思 sānsī
d[t] 舌尖中不送气清塞音	例如:得到 dédào
t[tʻ] 舌尖中送气清塞音	例如:团体 tuántǐ
n[n] 舌尖中浊鼻音	例如:恼怒 nǎonù
l[l] 舌尖中浊边音	例如:力量 lìliàng
zh[tʂ] 舌尖后不送气清塞擦音	例如:真正 zhēnzhèng
ch[tʂʻ] 舌尖后送气清塞擦音	例如:长城 Chángchéng
sh[ʂ] 舌尖后清擦音	例如:师生 shīshēng
r[ʐ] 舌尖后浊擦音	例如:柔软 róuruǎn

j[ʨ] 舌面前不送气清塞擦音　　　　　例如:经济 jīngjì

q[ʨʰ] 舌面前送气清塞擦音　　　　　例如:请求 qǐngqiú

x[ɕ] 舌面前清擦音　　　　　　　　　例如:学习 xuéxí

g[k] 舌面后不送气清塞音　　　　　　例如:广告 guǎnggào

k[kʰ] 舌面后送气清塞音　　　　　　　例如:开口 kāikǒu

h[x] 舌面后清擦音　　　　　　　　　例如:很好 hěnhǎo

这里要注意区分国际音标符号和拼音符号不同,不要混淆。拼音使用的字母和其他语言中的字母有相同的地方,但发音不尽相同,也需要注意。例如汉语拼音声母 h,实际是一个舌根擦音,跟英语里的 h 发音不同,发音部位比英语 h 靠前。

前边说过辅音发音不如元音响亮,不容易称呼,所以一般我们在声母后加一个元音,组成一个音节来称呼声母,叫做"呼读音"。例如:

b、p、m、f 后加上[o],读作"bo 玻""po 坡""mo 摸""fo 佛";

d、t、n、l、g、k、h 加上[ɤ],读作"de 得""te 特""ne 呢""le 了""ge 哥""ke 科""he 喝";

z、c、s 加上[ɿ],读作"zi 资""ci 雌""si 思";

zh、ch、sh、r 加上[ʅ],读作"zhi 知""chi 吃""shi 诗""ri 日";

j、q、x 加上[i],读作"ji 基""qi 欺""xi 系"。

(二)辅音声母的发音辨正

对学习汉语的人们来说,常常遇到的声母发音问题是 z、c、s,zh、ch、sh 和 j、q、x 三组声母。对于母语是英语的学习者,要注意区别 zh、ch、sh 和 j、q、x。zh、ch、sh 的发音部位是舌尖后,而英语里的 j、ch、sh 这一组辅音发音部位在舌叶,相对靠后。所以发声母 zh、ch、sh 要注意把舌尖向硬腭抬起,不要用舌两侧和上齿龈相接。而 j、q、x 这组舌面前音声母,又比英语 j、ch、sh 的发音更靠后,发音时要注意舌尖可以抵着下齿背后,用舌面前靠近硬腭。因为英语中的这一组舌叶辅音与普通话的 zh、ch、sh 声母和 j、q、x 声母都比较临近,发音位置介于这两组声母之间,加上有时字母写法相同,容易出现语音的偏误。母语是韩语的学习者,容易把 z、c、s 和 zh、ch、sh 声母相混,要注意辨析舌尖前音和舌尖后音。舌尖后音声母 r 也容易读错,需要找准发音部位,发这个音时,舌尖向硬腭抬起,发音部位和 sh 相同,摩擦发声的同时声带振动。母语是英语的学习者要注意区别汉语的声母 r 和英语的 r,母语是韩语的学习者应注意声母 l 和 r 的区别。这里仅举一些比较典型的语音辨正的例子,各种语言的汉语学习者都应了解一些发音原理,这样就可以有意识地纠正"洋腔洋调"的发音问题了。

初学汉语的人们还可能会遇到前边说过的送气清辅音和不送气清辅音的对立问题,有时会分不清"该报(gāibào)"和"开炮(kāipào)"。汉语普通话中送气不送气是很重要的区别特征,发音不清楚会引发很多意义上的误会。学习和纠正发音时要注意,发送气清塞音时,气流较强,在解除阻碍时需加上一个送气段。

(三)零声母

汉语还有一些音节不是以辅音开头,比如安 ān、烟 yān、欧 ōu、有 yǒu、恩 ēn、五 wǔ、云 yún 等,并没有辅音作声母。为了保持汉语音节结构的一致,仍然把声母的位置留出来,只是这个位置上没有辅音,这类音节的声母叫作零声母。我们需要注意的是,虽然这些音节有的拼写出来开头带有 y、w,但这并不是辅音,而是起分隔音节作用的字母,出现在零声母音节开头。

(四)声母和辅音的区别和联系

辅音是从音素角度分析出来的,是各种语言都普遍存在的;声母是对汉语的音节分析得出的。在普通话中声母由辅音充当,但不是说普通话语音系统中的所有辅音都做声母,有一个辅音不出现在音节开头作声母,就是 ng[ŋ]。它只出现在音节结尾,例如帮 bāng、定 dìng、成 chéng、工 gōng、用 yòng 等。普通话辅音声母总表如表 2-4 所示。

表 2-4　普通话辅音声母总表

			双唇音		唇齿音		舌尖前音		舌尖中音		舌尖后音		舌面前音		舌面后音	
			上唇	下唇	上齿	下唇	舌尖	齿背	舌尖	上齿龈	舌尖	硬腭前	舌面前	硬腭中	舌面后	软腭
塞音	清	不送气	b[p]						d[t]						g[k]	
		送气	p[pʰ]						t[tʰ]						k[kʰ]	
塞擦音	清	不送气					z[ts]				zh[tʂ]		j[tɕ]			
		送气					c[tsʰ]				ch[tʂʰ]		q[tɕʰ]			
擦音	清				f[f]		s[s]				sh[ʂ]		x[ɕ]		h[x]	
	浊										r[ʐ]					
鼻音	浊		m[m]						n[n]							
边音	浊								l[l]							

二、韵母

韵母是汉语音节中声母之后的部分,共有 39 个。

(一)韵母的分类

按照韵母的结构可以把韵母分为单韵母、复韵母和鼻韵母。

1. 单韵母

由一个单元音构成的韵母是单韵母,也叫单元音韵母。普通话的单元音韵母有 10 个。

a[A] 舌面央低不圆唇元音　　　　　　例如:八 bā　茶 chá　阿 ā

o[o] 舌面后半高圆唇元音　　　　　　例如:哦 ò　莫 mò　破 pò

e[ɤ] 舌面后半高不圆唇元音　　　　　例如:饿 è　喝 hē　这 zhè

ê[ɛ] 舌面前半低不圆唇元音　　　　　　　例如：诶 ê

（[ɛ] 这个元音，通常出现在复韵母中，作单元音韵母只有叹词"诶""欸"这种情况）

i[i] 舌面前高不圆唇元音　　　　　　　例如：衣 yī　你 nǐ　西 xī

u[u] 舌面后高圆唇元音　　　　　　　例如：不 bù　五 wǔ　呼 hū

ü[y] 舌面前高圆唇元音　　　　　　　例如：雨 yǔ　句 jù　女 nǔ

以上 7 个单韵母都是舌面单元音韵母，可以单独成音节。

-i[ɿ] 舌尖前不圆唇元音　　　　　　　例如：字 zì　词 cí　四 sì

（只出现在声母 z、c、s 后边）

-i[ʅ] 舌尖后不圆唇元音　　　　　　　例如：支 zhī　持 chí　是 shì　日 rì

（只出现在声母 zh、ch、sh、r 后边）

以上两个单韵母是舌尖元音韵母，前边带一个短横-，表示这两个韵母不能单独成音节，只能跟在特定声母后构成音节。

er[ɚ] 卷舌元音　　　　　　　例如：儿 ér　耳 ěr　二 èr

卷舌元音韵母不能在前边加辅音声母拼合成音节，只能单独成音节。

2. 复韵母

　　复韵母又叫复元音韵母，是由两个或三个元音组成的韵母，共有 13 个。复韵母的发音是从一个元音滑动到另一个元音，口型有快速改变的过程。组成复韵母的几个元音中有一个是开口度较大、比较响亮的，这是主要元音。按照主要元音的位置，复元音韵母又可以分为前响复韵母、后响复韵母和中响复韵母。

　　前响二合元音韵母有 4 个。

ai[ai]　　　例如：爱戴 àidài　　　拆开 chāikāi　　　派来 pàilái

ei[ei]　　　例如：配备 pèibèi　　　黑莓 hēiméi　　　匪类 fěilèi

ao[au]　　　例如：犒劳 kàoláo　　　逃跑 táopǎo　　　早操 zǎocāo

ou[ou]　　　例如：漏斗 lòudǒu　　　口头 kǒutóu　　　抽走 chōuzǒu

　　这几个复韵母中响度大的主要元音在韵母前边，发音时韵母前音比较清晰，后音轻而模糊，舌位从低到高。

　　后响二合元音韵母有 5 个。

ia[iA]　　　例如：下嫁 xiàjià　　　假牙 jiǎyá　　　掐架 qiājià

ie[iɛ]　　　例如：歇业 xiēyè　　　趔趄 lièqie　　　揭帖 jiētiě

ua[uA]　　　例如：耍滑 shuǎhuá　　　刮花 guāhuā　　　抓娃娃 zhuāwáwa

uo[uo]　　　例如：龌龊 wòchuò　　　硕果 shuòguǒ　　　蹉跎 cuōtuó

üe[yɛ]　　　例如：雀跃 quèyuè　　　约略 yuēlüè　　　绝学 juéxué

　　这几个复韵母中响度大的主要元音在后边，发音时后音相对清晰响亮，前音轻而模糊，舌位是从高到低，开口度逐渐增大。

　　中响三合元音韵母有 4 个。

uai[uai]　　　例如：摔坏 shuāihuài　　　快拽 kuàizhuài　　　外拐 wàiguǎi

uei[uei]（ui）　　例如：溃退 kuìtuì　　　醉鬼 zuìguǐ　　　追尾 zhuīwěi

iao[iɑu]　　　例如：娇俏 jiāoqiào　　　调料 tiáoliào　　　药效 yàoxiào

iou[iou](iu)　　例如:绣球 xiùqiú　　　　悠久 yōujiǔ　　　　牛柳 niúliǔ

这几个韵母中响度较大的主要元音在中间,发音时中间的元音较为清晰响亮,开头和尾音相对轻而模糊,舌位从高到低再到高。

3. 鼻韵母

鼻韵母由元音加上鼻辅音组成,分为舌尖中鼻韵母 n[n]结尾的前鼻音韵母和舌根鼻音 ng[ŋ]结尾的后鼻音韵母两类,共有 16 个。

前鼻音韵母有 8 个。

an[an]	例如:漫谈 màntán	参展 cānzhǎn	暗淡 àndàn
ian[iæn]	例如:艰险 jiānxiǎn	连年 liánnián	店面 diànmiàn
uan[uan]	例如:转弯 zhuǎnwān	软管 ruǎnguǎn	穿暖 chuānnuǎn
üan[yæn]	例如:源泉 yuánquán	全卷 quánjuàn	轩辕 xuānyuán
en[ən]	例如:很嫩 hěnnèn	沉闷 chénmèn	认真 rènzhēn
uen[uən]	例如:春困 chūnkùn	伦敦 lúndūn	温顺 wēnshùn
in[in]	例如:近亲 jìnqīn	民心 mínxīn	拼音 pīnyīn
ün[yn]	例如:军训 jūnxùn	均匀 jūnyún	熏晕 xūnyūn

后鼻音韵母有 8 个。

ang[aŋ]	例如:帮忙 bāngmáng	肮脏 āngzāng	上当 shàngdàng
iang[iaŋ]	例如:亮相 liàngxiàng	阳江 Yángjiāng	娘娘腔 niángniangqiāng
uang[uaŋ]	例如:网状 wǎngzhuàng	窗框 chuāngkuàng	装潢 zhuānghuáng
eng[əŋ]	例如:逞能 chěngnéng	风灯 fēngdēng	蒸腾 zhēngténg
ueng[uəŋ]	例如:翁 wēng	瓮 wèng	嗡 wēng
ing[iŋ]	例如:精英 jīngyīng	领命 lǐngmìng	庆幸 qìngxìng
ong[uŋ]	例如:工农 gōngnóng	冲动 chōngdòng	红松 hóngsōng
iong[yŋ]	例如:汹涌 xiōngyǒng	穷窘 qióngjiǒng	炯炯 jiǒngjiǒng

(二)韵母发音辨正

1. 单韵母

对于学习汉语的人们来说,学习单元音韵母要特别注意汉语特有的舌尖元音韵母 -i[ɿ]、-i[ʅ]。练习发[ɿ]音,可以先发声母 s 音,然后振动声带,保持以舌尖前端节制气流,发出的乐音成分就是舌尖前元音。练习发[ʅ]音,可以先发声母 sh 音,之后保持住口腔形状振动声带,以舌尖后部节制气流,就比较容易发出舌尖后元音。

舌面元音单韵母 e[ɤ]也是发音的难点。发 e[ɤ]音时,可以先发 o[o]音,舌位确定后把圆唇展平,变成不圆唇元音,就可以发出 e 韵母了。也可以先发舌面前半高不圆唇元音[e],保持唇形不变,将舌位向后,带出[ɤ]音。这里需注意拼音字母使用的是 e,其读音并不是舌面前元音[e],而是舌面后元音[ɤ],学习时应加以区分。

2. 复韵母

对于汉语学习者来说,ai、ao 两个韵母中的主要元音有细微的不同,ai 中的 a 发音靠前,是舌面前元音,而 ao 中的 a 是舌面后元音,发音时需准确把握。

　　üe 韵母的发音也存在一定的困难，韵母开始的[y]音是舌面前高圆唇元音，拼音书写中，üe 单独成音节以及在声母 j、q、x 之后时常常省去 ü 上边的两点，如 jué、yuè，要注意不能混同于 u。

　　复韵母 uei 和 iou 在自成音节的时候写作 wei 和 you，发音时起始元音不能丢掉。在和辅音声母相拼时，中间的主要元音省略不写，例如 jiǔ、kuì，实际发音需要注意不能丢失主要元音。事实上这两个韵母中间的主要元音的确会在一定条件下弱化。例如"优""由""休""球"，在这些阴平、阳平（第一声、第二声）音节里 iou 的主要元音不是很明显，但是在"有""又""秀""旧"这样上声、去声（第三声、第四声）的音节中就很清楚。这里韵母不是从 i 直接到 u，而是中间有明显的过渡音，发音应当清晰。uei 的主要元音也是这样，例如在"微""围"第一声、第二声的音节里，ui[uei]中的主要元音[e]比较模糊，而在"伟""位"第三声、第四声音节中很明显。除了受到声调的影响以外，这个韵母的主要元音还受到声母的影响。比较一下"推 tuī""腿 tuǐ""归 guī""贵 guì"，韵母 uei 有一些细微的差别。"推"平声音节（第一声）主要元音不明显，"腿"上声音节（第三声）主要元音比较清晰；而在"归""贵"中主要元音都比较明显，这和声母有关。在舌根音声母 g、k、h 之后以及上声、去声（第三声、第四声）音节中，ui[uei]韵母的主要元音不弱化，发音时不能从 u 直接到 i，中间有[e]这一主要元音，需要明确发音。

3. 鼻韵母

　　韵母 uen 在单独成音节时写作 wen，前边加辅音声母时书写要省去主要元音，写作 -un，比如"春 chūn""婚 hūn""论 lùn""滚 gǔn"。发音时要注意中间的主要元音[ə]。首先，wen 中的拼音字母 e 的发音不是[e]，而是位置较低较靠后的央元音；其次，同 -i(o)u、-u(e)i 一样，中间的主要元音不能省略，特别是在上声、去声（第三声、第四声）音节中以及在声母 g、k、h 之后比较明显，发音不是 u 带上鼻音韵尾，而是中间有清晰的主要元音。

　　很多汉语学习者（如日语母语的学习者）区别前鼻音和后鼻音有困难，特别是 in 和 ing 韵母。这里要注意，这两个鼻韵母在元音 i 和鼻音韵尾之间其实可以有个轻微的过渡音[ə]，特别是后鼻音 ing 里更为明显。如果分不清、读不准这两个鼻韵母，可以在发后鼻音韵母时加上过渡音，发出类似 i(e)ng 的音，就比较容易区别了。

　　an、ang 两个鼻韵母的区分相对明显一些，主要元音是有差别的，前鼻韵母 an 中 a 是舌面前元音[a]，后鼻韵母 ang 中 a 是舌面后元音[ɑ]。有的学习者容易把 ang 中的元音发成前元音，听起来就和前鼻音韵母 an 混淆了，需要注意纠正元音。

　　还有几个容易弄混的韵母：ueng、ong、iong。ueng 不和声母相拼，自成音节，一般书写为 weng，相当于韵母 eng 加上 u 韵头；韵母 ong 的元音不是 o，而是[u]，不能单独成音节，只能放在辅音声母后组成音节，与 ueng 韵母相比，没有央元音[ə]；iong 韵母虽然使用字母 i、o，单独成音节的时候写作 yong，但实际只有一个元音[y]，这个韵母要直接发出[y]音紧接着带上后鼻音韵尾，而不是从 i 到 o 的滑动。

（三）韵母的结构

　　按照中国传统语言学的分析，汉语韵母的结构可分为三个部分：韵头、韵腹、韵尾。韵腹其实就是复韵母或者鼻韵母里发得比较响亮的主要元音；在韵腹前面、发音比较模糊、很快带过去的元音部分就是韵头,也称为介音;在韵腹后边收尾的音是韵尾,有的韵尾是元音,有的韵尾是辅音(鼻音)。单元音韵母没有韵头、韵尾。表2-5所示为汉语韵母结构类型表。

表 2 - 5 汉语韵母结构类型表

例字	韵母	韵头	韵腹	韵尾
白	ai		a	i
被	ei		e	i
高	ao		a	o(实际读 u)
狗	ou		o	u
家	ia	i	a	
姐	ie	i	e	
花	ua	u	a	
国	uo	u	o	
学	üe	ü	e	
坏	uai	u	a	i
回	uei	u	e	i
交	iao	i	a	o(实际读 u)
九	iou	i	o	u
班	an		a	n
天	ian	i	a	n
欢	uan	u	a	n
全	üan	ü	a	n
真	en		e	n
文	uen	u	e	n
民	in		i	n
军	ün		ü	n
南	an		a	n
忙	ang		a	ng
想	iang	i	a	ng
光	uang	u	a	ng
梦	eng		e	ng
翁	ueng	u	e	ng
京	ing		i	ng
红	ong		o(实际读 u)	ng
用	iong		io	ng

从表2-5我们可以看出,汉语普通话的韵头(介音)一般都是 i、u、ü,韵尾一般是 i、u、n、ng。韵腹位置在前的复元音韵母就是前响韵母,韵腹位置在两个元音中间的复韵母是中响韵母,韵腹位置在后的复韵母是后响韵母。韵母发音时要注意韵腹需清晰响亮,书写拼音时,声调符号一般标注在韵腹上。

根据韵母开头元音的发音特征,中国传统音韵学把韵母分为开口呼、齐齿呼、合口呼和撮口呼四类,合称为"四呼"。

开口呼:韵腹不是 i、u、ü,或没有 i、u、ü 韵头的韵母。两个不能单独成音节的舌尖元音韵母-i([ɿ],出现在声母 s 组后边)和-i([ʅ],出现在声母 sh 组后边),都属于开口呼韵母,这是按其实际的音值来分类的,它们不是舌面元音韵母 i([i],可以单独成音节)。a、o 、e 、ê 、-i([ʅ]、[ʮ])、er、ai、ei、ao、ou、an、en、ang、eng 是开口呼韵母。

齐齿呼:韵腹是 i 或者韵头是 i 的韵母。i、ia、ie、iao、iou(iu)、ian、in、iang、ing 是齐齿呼韵母。

合口呼:韵腹是 u 或者韵头是 u 的韵母。u、ua、uo、uai、uei(ui)、uan、uen、uang、ueng、ong 是合口呼韵母。这里需要注意 ong 的韵腹是[u],因此属于合口呼。

撮口呼:韵腹是 ü 或者韵头是 ü 的韵母。ü、üe、üan、ün、iong 是撮口呼韵母。要注意的是,iong 韵腹定为[y],属于撮口呼韵母。

对韵母进行四呼的划分,对我们发现汉语普通话声母和韵母的配合规律很有帮助。后边将有专节详细论述。

普通话韵母总表如表 2-6 所示。

表 2-6　普通话韵母总表

		"回呼"分类			
		开口呼	齐齿呼	合口呼	撮口呼
按结构分类	单韵母 (单元音韵母)	a[A]	i[i]	u[u]	ü[y]
		o[o]			
		e [ɤ]			
		ê [ɛ]			
		-i [ʅ]			
		-i [ʮ]			
		er [ɚ]			
	复韵母 (复元音韵母)		ia[iA]	ua[uA]	
				uo[uo]	
			ie[iɛ]		üe[yɛ]
		ai[ai]		uai[uai]	
		ei[ei]		uei[uei]	
		ao[au]	iao[iɑu]		
		ou[ou]	iou[iou]		
	鼻韵母 (鼻音韵母) 前鼻音韵母	an[an]	ian[iæn]	uan[uan]	üan[yæn]
		en[ən]		uen[uən]	
			in[in]		ün[yn]
	后鼻音韵母	ang[ɑŋ]	iang[iɑŋ]	uang[uɑŋ]	
		eng[əŋ]		ueng[uəŋ]	
			ing[iŋ]		iong[yŋ]
				ong[uŋ]	

(四)韵母和元音的区别和联系

元音是从音素角度分析出来的,各种语言都普遍存在;韵母是对汉语的音节分析得出的。在普通话中,韵母由元音组合或元音加辅音构成。元音充当韵母,有时一个元音构成韵母,例如 a、e;有时由几个元音构成韵母,例如 ai、iou;有的韵母里还有鼻辅音,例如 an、ing。

三、声调

声调指整个音节的音高变化。汉语中声调非常重要,起着区别词的意义的作用。有的语言里音节的音高也可以变化,但是并不区别词的意义,不能算作声调,而是语调。汉语中声母、韵母完全一样的情况下,声调不同,整个音节表示的意义也会不同。例如"初级 chūjí""出击 chūjí",声调不同,词义也不同。

在语音学基础知识部分,我们学习过,每个人的音高不同,女性、小孩的音高偏高,男性的音高偏低。但语言的音高变化是相对音高,是每个人在自己的音高范围内进行升高或降低的变化。

描述汉语的声调要从调值和调类两个方面来说。调值指声调的实际读法或者音值。现在描写汉语声调调值的方法是应用语言学家赵元任创制的五度标记法:把声调高低大致分为 5 度,从低到高用 1、2、3、4、5 五个数字依次表示。1 度最低,2 度半低,3 度居中,4 度半高,5 度最高。用线将声调的起始音高到最终音高,包括中间的音高曲折等点连起来,就明显看出这个声调的具体调值和调型了。例如声调又高又平,从 5 度到 5 度,那么调值就记为55,能看出这是个高平调;如果声调从最高降到最低,从 5 度到 1 度,调值就记为 51,这是个全降调。普通话四个声调的调值如图 2-3 所示。

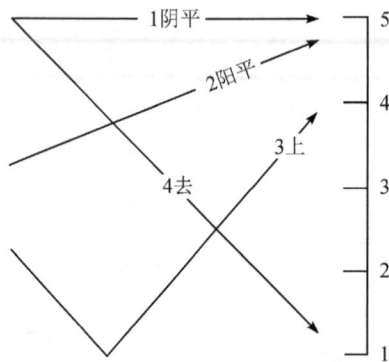

图 2-3　普通话四个声调的调值

这样就标示出了高低升降变化的形式,比较直观。如果和国际音标一起记录音节,可以标在音标的右上角。例如:初级 chūjí [tʂʻu⁵⁵ tɕi³⁵]。

调类是把调值相同的音归在一起划分出的声调的类别。一种语言或方言里有几种基本调值就有几种调类。普通话有四种基本调值,就可以归纳出四个调类。

根据古今声调演变的来源,普通话的四个调类名称为阴平、阳平、上(shǎng)声、去声,具体的调值如表2-7所示。

表2-7 汉语普通话声调

例字	调类	调值	调型	声调序号
兵	阴平	55	高平调	第一声
强	阳平	35	中升调	第二声
马	上声	214	降升调	第三声
壮	去声	51	全降调	第四声

中古时期的汉语声调有四个调类,称为平声、上声、去声、入声,根据声母的情况又分为阴平、阳平、阴上、阳上、阴去、阳去、阴入、阳入。现代汉语普通话和各方言的调类由此演变而来,过程非常复杂。现在研究方言调类仍使用这些名称,但是各个方言的调类数量、具体的调值差异非常大。例如:北京话有阴平、阳平、上声、去声4个调类,西安话也有阴平、阳平、上声、去声4个调类,上海话有阴平、阴去、阳去、阴入、阳入5个调类,广州话有阴平、阳平、阴上、阳上、阴去、阳去、阴入、中入、阳入9个调类。北京话和西安话四个相同调类的调值也不相同,如表2-8所示。

表2-8 北京话与西安话声调对比

例字	调类	北京话调值	西安话调值
兵	阴平	55	21
强	阳平	35	24
马	上声	214	41
壮	去声	51	44

学习汉语声调时,一般难点是上声调(第三声)。要注意上声不要起得太高,另外掌握上声在语流中的变调规律(以后章节将学到上声的变调),上声调就容易读准了。读阴平调(第一声)时要保持调值高平,读阳平调(第二声)中间不能拖长以免出现明显的曲折变化。汉语普通话读去声(第四声)的字最多,要注意开头调值最高,结尾调值最低,要快速果断地从高调值降到底,这样读出的声调就更准确、更地道。

四、汉语音节结构

(一)汉语音节

我们已经了解,音节是自然听感上最小的语音单位。汉语普通话的音节包括声母、韵母、声调三个部分。声调有区分意义的作用,汉语基本每个音节都有声调,因此音节之间界限清晰。

汉语拼音音节表如表2-9所示。

表2-9 汉语拼音音节表(不带声调)

声母＼韵母	a	o	e	-i	-u	-ü	ê	er	ai	ao	ou	ei	-ia	-iao	-ie	-iou	-ua	-uai	-uo	-uei	-üe
零声母	a	o	e	yi	wu	yu	ê	er	ai	ao	ou	ei	ya	yao	ye	you	wa	wai	wo	wei	yue
b	ba	bo		bi	bu				bai	bao		bei		biao	bie						
p	pa	po		pi	pu				pai	pao	pou	pei		piao	pie						
m	ma	mo	me	mi	mu				mai	mao	mou	mei		miao	mie	miu					
f	fa	fo			fu						fou	fei									
d	da		de	di	du				dai	dao	dou	dei		diao	die	diu			duo	dui	
t	ta		te	ti	tu				tai	tao	tou	tei		tiao	tie				tuo	tui	
n	na		ne	ni	nu	nü			nai	nao	nou	nei		niao	nie	niu			nuo		nüe
l	la		le	li	lu	lü			lai	lao	lou	lei		liao	lie	liu			luo		lüe
z	za		ze	zi	zu				zai	zao	zou	zei							zuo	zui	
c	ca		ce	ci	cu				cai	cao	cou	cei							cuo	cui	
s	sa		se	si	su				sai	sao	sou								suo	sui	
zh	zha		zhe	zhi	zhu				zhai	zhao	zhou	zhei					zhua	zhuai	zhuo	zhui	
ch	cha		che	chi	chu				chai	chao	chou						chua	chuai	chuo	chui	
sh	sha		she	shi	shu				shai	shao	shou	shei					shua	shuai	shuo	shui	
r			re	ri	ru					rao	rou								ruo	rui	
j				ji		ju							jia	jiao	jie	jiu					jue
q				qi		qu							qia	qiao	qie	qiu					que
x				xi		xu							xia	xiao	xie	xiu					xue
g	ga		ge		gu				gai	gao	gou	gei					gua	guai	guo	gui	
k	ka		ke		ku				kai	kao	kou	kei					kua	kuai	kuo	kui	
h	ha		he		hu				hai	hao	hou	hei					hua	huai	huo	hui	

续表

韵母

声母	an	ang	-ong	en	eng	-ian	-iang	-iong	-in	-ing	-uan	-uang	-uen	-ueng	-ün	-üan
零声母	an	ang		en	eng	yan	yang	yong	yin	ying	wan	wang	wen	weng	yun	yuan
b	ban	bang		ben	beng	bian			bin	bing						
p	pan	pang		pen	peng	pian			pin	ping						
m	man	mang		men	meng	mian			min	ming						
f	fan	fang		fen	feng											
d	dan	dang	dong	den	deng	dian				ding	duan		dun			
t	tan	tang	tong		teng	tian				ting	tuan		tun			
n	nan	nang	nong	nen	neng	nian	niang		nin	ning	nuan					
l	lan	lang	long		leng	lian	liang		lin	ling	luan		lun			
z	zan	zang	zong	zen	zeng						zuan		zun			
c	can	cang	cong	cen	ceng						cuan		cun			
s	san	sang	song	sen	seng						suan		sun			
zh	zhan	zhang	zhong	zhen	zheng						zhuan	zhuang	zhun			
ch	chan	chang	chong	chen	cheng						chuan	chuang	chun			
sh	shan	shang		shen	sheng						shuan	shuang	shun			
r	ran	rang	rong	ren	reng						ruan		run			
j						jian	jiang	jiong	jin	jing					jun	juan
q						qian	qiang	qiong	qin	qing					qun	quan
x						xian	xiang	xiong	xin	xing					xun	xuan
g	gan	gang	gong	gen	geng						guan	guang	gun			
k	kan	kang	kong	ken	keng						kuan	kuang	kun			
h	han	hang	hong	hen	heng						huan	huang	hun			

我们观察汉语普通话的所有音节可以看出：

(1)汉语音节必须有韵腹，也就是说一定要有元音，除了嗯(ng)这样极少数的语气词。

(2)单个汉语音节最少1个音素，例如"五 wǔ"；最多四个音素，例如"装 zhuāng"。

(3)普通话音节的韵尾可以是元音韵尾，由 i 或 u 充当；也可以是鼻音韵尾，由 n 或 ng 充当。

(4)普通话语音中元音占优势，加上声调的变化，使汉语带有更多的音乐性。

汉语普通话音节基本结构类型如表 2-10 所示。

表 2-10　汉语音节结构类型表

例字	拼音	声母	韵母				声调
			韵头（介音）	韵腹	韵尾		
					元音韵尾	辅音韵尾	
以	yǐ	ø	/	i	/	/	上声
牙	yá	ø	i	a	/	/	阳平
爱	ài	ø	/	a	i	/	去声
安	ān	ø	/	a	/	n	阴平
位	wèi	ø	u	e	i	/	去声
员	yuán	ø	ü	a	/	n	阳平
低	dī	d	/	i	/	/	阴平
决	jué	j	ü	e	/	/	阳平
周	zhōu	zh	/	o	u	/	阴平
本	běn	b	/	e	/	n	上声
帅	shuài	sh	u	a	i	/	去声
床	chuáng	ch	u	a	/	ng	阳平

(二)普通话声韵配合规律

普通话声韵配合规律简表如表 2-11 所示。

表 2-11　普通话声韵配合简表

		韵母			
		开口呼	齐齿呼	合口呼	撮口呼
声母	双唇音 b p m	+	+	+(只与 u 拼)	－
	唇齿音 f	+	－	+(只与 u 拼)	－
	舌尖前音 z c s	+	－	+	－
	舌尖中音(清)d t	+	+	+	－
	舌尖中音(浊)n l	+	+	+	+
	舌尖后音 zh ch sh r	+	－	+	－
	舌面前音 j q x	－	+	－	+
	舌面后音 g k h	+	－	+	－
	零声母 ø	+	+	+	+

从表 2-11 我们可以看出普通话的声母、韵母是如何配合的。

(1)双唇音声母 b、p、m 能跟开口呼、齐齿呼韵母相拼,例如 bai、pa、mian、die;只能跟合口呼韵母中的单韵母 u 相拼,例如 bu、pu、mu;不能跟撮口呼相拼。

(2)唇齿音声母 f 能与开口呼韵母相拼,例如 fan;可以与合口呼韵母中的"u"相拼,例如 fu;不能跟齐齿呼或撮口呼韵母相拼。

(3)舌尖前音声母 z、c、s 和舌尖后音声母 zh、ch、sh、r,只能与开口呼和合口呼韵母相拼,例如 zai、cuo、se、zhen、chu、shan、ruo;不能跟齐齿呼、撮口呼韵母相拼。

(4)舌尖中音声母 d、t、n、l 中,清音 d 和 t 能跟开口呼、合口呼、齐齿呼韵母相拼,例如 tan、di、tuan;不能跟撮口呼韵母相拼。浊音 n 和 l 能跟四呼韵母相拼,例如 lou、nei、lun、nüe、ling。

(5)舌面前音声母 j、q、x 能与齐齿呼、撮口呼韵母相拼,例如 jian、qie、qun、xue,不能与开口呼、合口呼韵母相拼。

(6)舌面后音声母 g、k、h 只能跟开口呼、合口呼韵母相拼,例如 gai、kou、hu、guan。

五、汉语拼音方案

(一)《汉语拼音方案》的内容

《汉语拼音方案》包括了字母表、声母表、韵母表、声调符号、隔音符号五个部分。以下是 1958 年 2 月 11 日第一次全国人民代表大会第五次会议通过的《汉语拼音方案》全文。

1. 字母表

字母表如表 2-12 所示。

表 2-12　字母表

字母	A a	B b	C c	D d	E e	F f	G g
名称	ㄚ	ㄅㄝ	ㄘㄝ	ㄉㄝ	ㄜ	ㄝㄈ	ㄍㄝ
	H h	I i	J j	K k	L l	M m	N n
	ㄏㄚ	ㄧ	ㄐㄧㄝ	ㄎㄝ	ㄝㄌ	ㄝㄇ	ㄋㄝ
	O o	P p	Q q	R r	S s	T t	
	ㄛ	ㄆㄝ	ㄑㄧㄡ	ㄚㄦ	ㄝㄙ	ㄊㄝ	
	U u	V v	W w	X x	Y y	Z z	
	ㄨ	万ㄝ	ㄨㄚ	ㄒㄧ	ㄧㄚ	ㄗㄝ	

V 只用来拼写外来语、少数民族语言和方言。

字母的手写体依照拉丁字母的一般书写习惯。

2. 声母表

声母表如表 2-13 所示。

表 2-13 声母表

b	p	m	f	d	t	n	l
ㄅ玻	ㄆ坡	ㄇ摸	ㄈ佛	ㄉ得	ㄊ特	ㄋ讷	ㄌ勒
g	k	h		j	q	x	
ㄍ哥	ㄎ科	ㄏ喝		ㄐ基	ㄑ欺	ㄒ希	
zh	ch	sh	r	z	c	s	
ㄓ知	ㄔ蚩	ㄕ诗	ㄖ日	ㄗ资	ㄘ雌	ㄙ思	

在给汉字注音的时候,为了使拼式简短,zh ch sh 可以省作 ẑ ĉ ŝ。

3. 韵母表

韵母表如表 2-14 所示。

表 2-14 韵母表

	i ㄧ 衣	u ㄨ 乌	ü ㄩ 迂
a ㄚ 啊	ia ㄧㄚ 呀	ua ㄨㄚ 蛙	
o ㄛ 喔		uo ㄨㄛ 窝	
e ㄜ 鹅	ie ㄧㄝ 耶		üe ㄩㄝ 约
ai ㄞ 哀		uai ㄨㄞ 歪	
ei ㄟ 欸		uei ㄨㄟ 威	
ao ㄠ 熬	iao ㄧㄠ 腰		
ou ㄡ 欧	iou ㄧㄡ 忧		
an ㄢ 安	ian ㄧㄢ 烟	uan ㄨㄢ 弯	üan ㄩㄢ 冤
en ㄣ 恩	in ㄧㄣ 因	uen ㄨㄣ 温	ün ㄩㄣ 晕
ang ㄤ 昂	iang ㄧㄤ 央	uang ㄨㄤ 汪	
eng ㄥ 亨的韵母	ing ㄧㄥ 英	ueng ㄨㄥ 翁	
ong (ㄨㄥ) 轰的韵母	iong ㄩㄥ 雍		

(1)"知、蚩、诗、日、资、雌、思"等七个音节的韵母用 i,即:知、蚩、诗、日、资、雌、思等字拼作 zhi,chi,shi,ri,zi,ci,si。

(2)韵母儿写成 er,用作韵尾的时候写成 r。例如:"儿童"拼作 ertong,"花儿"拼作 huar。

(3)韵母ㄝ单用的时候写成 ê。

(4) i 行的韵母,前面没有声母的时候,写成 yi(衣),ya(呀),ye(耶),yao(腰),you (忧),yan(烟),yin(因),yang(央),ying(英),yong(雍)。

u 行的韵母,前面没有声母的时候,写成 wu(乌),wa(蛙),wo(窝),wai(歪),wei(威), wan(弯),wen(温),wang(汪),weng(翁)。

ü 行的韵母,前面没有声母的时候,写成 yu(迂),yue(约),yuan(冤),yun(晕);ü 上两点 省略。

ü 行的韵母跟声母 j,q,x 拼的时候,写成 ju(居),qu(区),xu(虚),ü 上两点也省略;但是 跟声母 l,n 拼的时候,仍然写成 nü(女)、lü(吕)。

(5) iou,uei,uen 前面加声母的时候,写成 iu,ui,un,例如 niu(牛),gui(归),lun(论)。

(6) 在给汉字注音的时候,为了使拼式简短,ng 可以省作 ŋ。

4.声调符号

声调符号具体如下:

阴平	阳平	上声	去声
—	/	V	\

声调符号标在音节的主要母音上。轻声不标。例如:

妈 mā	麻 má	马 mǎ	骂 mà	吗 ma
(阴平)	(阳平)	(上声)	(去声)	(轻声)

5.隔音符号

a,o,e 开头的音节连接在其他音节后面的时候,如果音节的界限发生混淆,用隔音符号 (')隔开,例如:pi'ao(皮袄)。

(二)《汉语拼音方案》的制定原则

1958 年批准通过的《汉语拼音方案》是在音位理论的基础上制定的。先归纳出汉语普 通话的所有音位,包括元音音位和辅音音位,然后根据这个音位系统设计拼音方案。元音音 位有 10 个,具体为:/a/、/o/、/ə/、/e/、/u/、/i/、/y/、/ɣ/、/ʅ/、/ɚ/;辅音音位有 22 个,具体 为:/p/、/pʻ/、/m/、/f/、/ts/、/tsʻ/、/s/、/t/、/tʻ/、/n/、/l/、/tʂ/、/tʂʻ/、/ʂ/、/z/、/tɕ/、/tɕʻ/、/ɕ/、 /k/、/kʻ/、/x/、/ŋ/。

拼音字母与元音音位的对应:

a —— /a/　例如:看 kàn[kʻan⁵¹]　白 bái[pai³⁵]　大 dà [tA⁵¹]　家 jiā[tɕiA⁵⁵] 厂 chǎng[tʂʻaŋ²¹⁴]　猫 māo[mao⁵⁵]　　　元 yuán[yæn³⁵]　前 qián[tɕʻiæn³⁵]

o —— /o/　例如:波 bō[po⁵⁵]　　　国 guó[kuo³⁵]　　口 kǒu [kʻou²¹⁴]

　　 /u/　例如:聊 liáo[liɑu³⁵]　　逃 táo[tʻɑu³⁵]　　轰 hōng[xuŋ⁵⁵]

需要注意的是,ao、iao 的韵尾实际是 u(汉语普通话里的元音韵尾只有[i]和[u]两个)。 《汉语拼音方案》把韵母 au 和 iau 里的韵尾 u 用 o 来表示,是为了容易辨认。手写体 n 和 u 很容易相混,也就是说"an"和"au"不易分辨,"ian"和"iau"不易分辨,因此在不影响使用和 学习的前提下,ao、iao 韵母中的[u]就由 o 来代表。此外,韵母 ong 也是由 o 代表[u]的音,需注意分辨。

另外,"播、泼、摸"这一类字的韵母,是单元音韵母,但实际语音带一个弱化了的过渡音 u。从节省字母用量考虑,拼音方案委员会在 bo 和 buo 两种拼音形式中选择省略 u 介音的拼写方式,在学习 bo、po、mo 音节的时候要注意把这个过渡音读出来。

e ——/ə/ 例如:哥哥 gēge[kɤ⁵⁵ kə]

　　/e/ 例如:给 gěi[kei²¹⁴]　　节 jié[tɕie³⁵]　　月 yuè[ye⁵¹]

i ——/i/ 例如:皮 pí[pʰi³⁵]

　　/ɿ/ 例如:字 zì[tsɿ⁵¹]　　思 sī[sɿ⁵⁵]

　　/ʅ/ 例如:之 zhī[tʂʅ⁵⁵]　　日 rì[ʐʅ⁵¹]

舌尖前不圆唇元音[ɿ]、舌尖后不圆唇元音[ʅ]和舌面前高不圆唇元音[i]在《汉语拼音方案》中用 i 字母来代表,主要是因为这三个元音各有不同的出现环境,处于互补关系,只用一个字母来表示比较经济,可以减少字母的数量,而且不会相混。但是这对初学汉语拼音的学习者来说,可能会造成一定的困扰,需要注意区分 i 在不同情况下的实际音值。

u ——/u/ 例如:读 dú[tu³⁵]　　关 guān[kuan⁵⁵]　　文 wén[uən³⁵]

ü ——/y/ 例如:局 jú[tɕy³⁵]　　雨 yǔ[y²¹⁴]　　选 xuǎn[ɕyæn²¹⁴]

　　　　　　　　却 què[tɕʰyɛ⁵¹]

er ——/ɚ/ 例如:而 ér[ɚ³⁵]

拼音字母与辅音音位的对应如下:

b——/p/ 例如:爸 bà[pA⁵¹]　　　p ——/pʰA⁵¹/ 例如:怕 pà[pʰA⁵¹]

m ——/m/ 例如:漠[mo⁵¹]　　　f ——/f/ 例如:罚 fá[fA³⁵]

z ——/ts/ 例如:在 zài[tsai⁵¹]　　c ——/tsʰ/ 例如:层 céng[tsʰəŋ³⁵]

s ——/s/ 例如:瑟 sè[sɤ⁵¹]

d ——/t/ 例如:单 dān[tan⁵⁵]　　t ——/tʰ/ 例如:瘫 tān[tʰan⁵⁵]

n ——/n/ 例如:诺 nuò[nuo⁵¹]　　l ——/l/ 例如:洛 luò[luo⁵¹]

zh ——/tʂ/ 例如:债 zhài[tʂai⁵¹]　　ch ——/tʂʰ/ 例如:柴 chái[tʂʰai³⁵]

sh ——/ʂ/ 例如:筛 shāi[ʂai⁵⁵]　　r ——/ʐ/ 例如:染 rǎn[ʐan²¹⁴]

j ——/tɕ/ 例如:绢 juàn[tɕyæn⁵¹]　　q ——/tɕʰ/ 例如:劝 quàn[tɕʰyæn⁵¹]

x ——/ɕ/ 例如:眩 xuàn[ɕyæn⁵¹]

g ——/k/ 例如:过 guò[kuo⁵¹]　　k ——/kʰ/ 例如:廓 kuò[kʰuo⁵¹]

h ——/x/ 例如:或 huò[xuo⁵¹]

ng ——/ŋ/ 例如:隆 lóng[luŋ³⁵]　　朋 péng[pʰəŋ³⁵]　　映 yìng[iŋ⁵¹]

(三)《汉语拼音方案》的拼写规则

1. y 和 w 的使用规则

y 和 w 只是区隔音节的符号,不能看作声母。在零声母的情况下:

当 i、u 作韵头时,音节开头分别把 i、u 改写为 y 和 w,如:雅 yǎ、叶 yè、言 yán、邀 yāo、忧 yōu、央 yāng(iong 中的 i 也改写为 y,如:勇 yǒng),瓦 wǎ、完 wán、我 wǒ、外 wài、伟 wěi、闻 wén、翁 wēng、网 wǎng。

当 i 作主要元音时(单独成音节或后边加鼻韵尾),音节开头也是加 y,如:一 yī、义 yì、音 yīn、英 yīng。

当 u 单独成音节时,在音节前加 w,如:无 wú、五 wǔ。

ü 开头的音节前加 y,同时去掉 ü 上的两点,如:雨 yǔ、约 yuē、源 yuán、韵 yùn。

y、w 开头的音节,都是零声母音节。在书写中,i、u、ü 开头的零声母音节通过添加或改写成 y、w 两个字母的方式,与其他音节分隔开来。a、o、e 开头的音节可以通过隔音符号分隔。

2. 隔音符号

a、o、e 开头的零声母音节,如果在其他音节后与前一音节分辨不清楚,需要用隔音符号(')分开。例如:

抚爱 fǔ'ài	恋爱 liàn'ài	皮袄 pí'ǎo	煎熬 jiān'áo
西安 Xī'ān	方案 fāng'àn	平安 píng'ān	上岸 shàng'àn
饥饿 jī'è	企鹅 qǐ'é	偶尔 ǒu'ěr	莲藕 lián'ǒu
鱼贯而入 yúguàn'érrù		不辞而别 bùcí'érbié	

3. ü 省略两点

ü 开头的韵母与声母 j、q、x 相拼,以及单独构成零声母音节的时候,ü 上的两点省略,写作 ju、jue、juan、jun、qu、que、quan、qun、xu、xue、xuan、xun。

j、q、x 可以和撮口呼相拼,但不能跟合口韵母相拼,所以 ü 省略两点不会和 u 相混。不过对于初学汉语的学习者来说,可能会与 u 相混,在拼读 j、q、x 和 ü 开头的韵母结合的音节时,声母和韵母都是难点,需要特别注意。此外,yu、yue、yuan、yun 这些零声母音节开头的元音是圆唇音[y],不能读作"[iu]"。

4. iou、uei、uen 韵母的省写

iou、uei、uen 作零声母音节的时候,i、u 改写为 y、w;前边有辅音声母时,韵腹省略不写,分别写成 iu、ui、un。这种省写形式在汉语拉丁化拼音运动中早已出现,《汉语拼音方案》在韵母表上列出的是完整的形式,在实际拼写中,零声母音节使用隔音字母 y 和 w,前加辅音声母时采用省略中间主要元音的拼写形式,因此韵母表上的全拼式只是理论上的写法,在实际使用不会出现。

从拼写设计的角度看,省写使拼写形式简短,书写方便。但初学汉语的学习者可能只根据字母书面形式拼读,漏读主要元音,导致韵母缺少完整的动程,发音不够饱满,这一点需要注意避免。

5. 声调符号的标写

声调符号要标在韵母的韵腹上,如茶 chá、课 kè、物 wù、雨 yǔ、安 ān、恰 qià、摆 bǎi、较 jiào、江 jiāng、观 guān、号 hào、够 gòu、忧 yōu、微 wēi、稳 wěn、果 guǒ、中 zhōng、原 yuán、越 yuè;在 i 上标调号时,上边的点省略,如易 yì、饮 yǐn、英 yīng。韵母 iou、uei 在辅音声母后韵腹省写,调号就标在最后的韵尾上,如贵 guì、回 huí、酒 jiǔ、休 xiū;韵母 uen 在韵腹省写时,调号标在韵头 u 上,如论 lùn、婚 hūn。汉语学习者在初学拼音时往往标错声调的位置,了解汉语韵母的结构有助于正确标出调号。轻声不标调,如便宜 piányi、收成 shōucheng。

(四)汉语拼音正词法

1996 年汉语拼音正词法基本规则发布实施,规定了使用《汉语拼音方案》拼写现代汉语的规则,包括分词连写法、成语拼写法、外来词拼写法、人名地名拼写法、标调法、移行规则等。这里主要介绍几条分词连写的基本原则。

(1)拼写普通话基本上以词为单位,词和词之间有空格。例如:

爱 ài	表演 biǎoyǎn	冰激凌 bīngjīlíng
采取 cǎiqǔ	寂寞 jìmò	加油站 jiāyóuzhàn

历史上有很多名人是左撇子。

Lìshǐ shang yǒu hěn duō míngrén shì zuǒpiězi。

(2)表示一个整体概念的双音节和三音节结构要连写。例如:

开会 kāihuì	打破 dǎpò	走来 zǒulái
并非 bìngfēi	聊以 liáoyǐ	岂不 qǐbù
恨不得 hènbude	对不起 duìbuqǐ	不得已 bùdéyǐ
差不多 chàbuduō	说得上 shuōdeshàng	打照面 dǎzhàomiàn

桂林山水甲天下。

Guìlín shānshuǐ jiǎtiānxià。

(3)四个音节以上的表示一个整体概念的名称,按词或语节分开写;不能按词(或语节)划分的要连写。例如:

卖关子 mài guānzi	城隍庙 Chénghuáng Miào
中华人民共和国 Zhōnghuá Rénmín Gònghéguó	
研究生院 yánjiūshēngyuàn	满不在乎 mǎnbùzàihū

(4)单音节词重叠要连写,双音节词重叠 ABAB 式要分写,AABB 式当中加短横。例如:

看看 kànkan	坐坐 zuòzuo	年年 niánnián	乖乖的 guāiguāi de
讲解讲解 jiǎngjiě jiǎngjiě		管教管教 guǎnjiào guǎnjiào	
感受感受 gǎnshòu gǎnshòu		休息休息 xiūxi xiūxi	
客客气气 kèke-qìqì		恍恍惚惚 huǎnghuang-hūhū	
嘟嘟囔囔 dūdu-nāngnāng		快快乐乐 kuàikuai-lèlè	

(5)为方便阅读和理解,一些场合(如缩略词)可以用短横。例如:

中小学 zhōng-xiǎo xué	七八岁 qī-bā suì	湘蜀菜 Xiāng-Shǔ cài
可口可乐 Kěkǒu-kělè	松仁玉米 sōngrén-yùmǐ	五四运动 Wǔ-sì Yùndòng

六、轻声和儿化

在一个词内部受韵律或意义等因素影响而出现的语音变化,属于内部音变,汉语里常见的内部音变是轻声和儿化。

(一)轻声

1.轻声的调值

汉语普通话中有的音节会失去原有的声调,读得又短又轻,不但声调丢失,同时音长也变短了,音强也有所减弱。有的词本身就读轻声调。轻声音节的音高受到前一个音节影响,一般来说,去声(51)后的轻声最低,上声(214)后的轻声最高。各种情况下的轻声调值如下:

阴平(55) + 轻声· → 55 + 2(半低)

例如:窗户 chuānghu   东西 dōngxi   吃的 chīde   规矩 guīju

阳平(35) + 轻声· → 35 + 3(中)

例如:咳嗽 késou   明白 míngbai   拿着 názhe   石头 shítou

上声(214) + 轻声· → 211 + 4(半高)

例如:喜欢 xǐhuan   打量 dǎliang   剪子 jiǎnzi   好的 hǎode

去声(51) + 轻声· → 51 + 1(低)

例如:客气 kèqi   见识 jiànshi   镜子 jìngzi   木头 mùtou

轻声音节也会产生韵母或声母的变化。例如"是的"中"的"读轻声,单元音韵母央化,声母也发生浊化,变成[ʂʅ51 də]。"豆腐"中的"腐"读轻声,韵母容易脱落,变成[tou51 f]。

2. 轻声的作用

轻声在实际的语言运用中可以区分词义或词性。

(1)区分词义。例如:

人家:rénjiā,"家"读本调时表示住户、家庭;

　　　rénjia,"家"读轻声时作代词,代指别人或自己。

大爷:dàyé,"爷"读本调时,以前指有地位的男性,后来表示不劳动、傲慢的男性;

　　　dàye,"爷"读轻声时表示伯父或尊称年长的男性。

老子:Lǎozǐ,"子"读本调时指中国古代道家思想的代表人物;

　　　lǎozi,"子"读轻声时指父亲(口语),或者表示骄傲的自称。

孙子:Sūnzǐ,"子"读本调时指中国古代的军事家;

　　　sūnzi,"子"读本调时指儿子的儿子。

东西:dōngxī,"西"读本调时指方向,东边和西边;

　　　dōngxi,"西"读轻声时指各种事物。

(2)区分词性。例如:

买卖:mǎimài,"卖"读本调时指买和卖的交易行为,动词;

　　　mǎimai,"卖"读轻声时指生意,名词。

花费:huāfèi,"费"读本调时指使用、消耗,动词;

　　　huāfei,"费"读轻声时指使用、消耗掉的钱,名词。

铺盖:pūgài,"盖"读本调时指平铺覆盖,动词;

　　　pūgai,"盖"读轻声时指褥子和被子,名词。

3. 需要读轻声的情况

(1)语法轻声。

结构助词要读轻声,例如:

我的家 wǒ de jiā   飞快地跑 fēikuài de pǎo   跑得快 pǎo de kuài

动态助词要读轻声,例如:

跑了 pǎo le   走着 zǒu zhe   去过 qù guo

语气词要读轻声,例如:

去吧! Qù ba!   走啊! Zǒu a!   是吗? Shì ma?

名词或代词后的方位词要读轻声,例如:

桌上 zhuō shang   书里 shū li

动词、形容词后的趋向动词要读轻声,例如:

走去 zǒu qu   出来 chū lai   看起来 kàn qilai

量词"个"要读轻声,例如:

两个 liǎng ge   几个 jǐ ge

名词、代词的后缀要读轻声,例如:

桌子 zhuōzi   看头 kàntou   人们 rénmen

部分叠音词后一个音节、词语重叠式的后一个音节要读轻声,例如:

猩猩 xīngxing   看看 kànkan

(2)词汇轻声。

还有一些词语,第二个音节要读轻声,这些词语没有特定规律,需要在学习时逐一认读记忆。例如:

便宜 piányi   衣服 yīfu   麻烦 máfan   意思 yìsi   招呼 zhāohu

以下必读轻声词根据《普通话水平测试用必读轻声词语表》改编,原表共 546 条,去掉其中 206 条带"子"词缀的词语,7 条带"们"词缀的词语,2 条带"了"的词语,1 条带量词"个"的词语等,共 328 条。

爱人	àiren	巴掌	bāzhang	爸爸	bàba
白净	báijing	帮手	bāngshou	棒槌	bàngchui
包袱	bāofu	包涵	bāohan	本事	běnshi
比方	bǐfang	扁担	biǎndan	别扭	bièniu
拨弄	bōnong	簸箕	bòji	补丁	bǔding
不由得	bùyóude	部分	bùfen	财主	cáizhu
裁缝	cáifeng	苍蝇	cāngying	差事	chāishi
柴火	cháihuo	称呼	chēnghu	锄头	chútou
畜生	chùsheng	窗户	chuānghu	刺猬	cìwei
凑合	còuhe	耷拉	dāla	答应	dáying
打扮	dǎban	打点	dǎdian	打发	dǎfa
打量	dǎliang	打算	dǎsuan	打听	dǎting
大方	dàfang	大爷	dàye	大夫	dàifu
耽搁	dānge	耽误	dānwu	道士	dàoshi
灯笼	dēnglong	提防	dīfang	地道	dìdao

地方	dìfang	弟弟	dìdi	弟兄	dìxiong
点心	diǎnxin	东家	dōngjia	东西	dōngxi
动静	dòngjing	动弹	dòngtan	豆腐	dòufu
嘟囔	dūnang	队伍	duìwu	对付	duìfu
对头	duìtou	多么	duōme	耳朵	ěrduo
废物	fèiwu	风筝	fēngzheng	福气	fúqi
甘蔗	gānzhe	干事	gànshi	高粱	gāoliang
膏药	gāoyao	告诉	gàosu	疙瘩	gēda
哥哥	gēge	胳膊	gēbo	跟头	gēntou
工夫	gōngfu	公公	gōnggong	功夫	gōngfu
姑姑	gūgu	姑娘	gūniang	骨头	gǔtou
故事	gùshi	寡妇	guǎfu	怪物	guàiwu
关系	guānxi	官司	guānsi	罐头	guàntou
规矩	guīju	闺女	guīnü	蛤蟆	háma
含糊	hánhu	行当	hángdang	合同	hétong
和尚	héshang	核桃	hétao	红火	hónghuo
后头	hòutou	厚道	hòudao	狐狸	húli
胡琴	húqin	糊涂	hútu	护士	hùshi
皇上	huángshang	活泼	huópo	火候	huǒhou
伙计	huǒji	机灵	jīling	脊梁	jǐliang
记号	jìhao	记性	jìxing	架势	jiàshi
嫁妆	jiàzhuang	见识	jiànshí	将就	jiāngjiu
交情	jiāoqing	叫唤	jiàohuan	结实	jiēshi
街坊	jiēfang	姐夫	jiěfu	姐姐	jiějie
戒指	jièzhi	精神	jīngshen	舅舅	jiùjiu
咳嗽	késou	客气	kèqi	口袋	kǒudai
窟窿	kūlong	快活	kuàihuo	阔气	kuòqi
喇叭	lǎba	喇嘛	lǎma	懒得	lǎnde
浪头	làngtou	老婆	lǎopo	老实	lǎoshi
老太太	lǎotàitai	老爷	lǎoye	姥姥	lǎolao
累赘	léizhui	篱笆	líba	里头	lǐtou
力气	lìqi	厉害	lìhai	利落	lìluo
利索	lìsuo	痢疾	lìji	连累	liánlei

凉快	liángkuai	粮食	liángshi	溜达	liūda
萝卜	luóbo	骆驼	luòtuo	妈妈	māma
麻烦	máfan	麻利	máli	马虎	mǎhu
码头	mǎtou	买卖	mǎimai	馒头	mántou
忙活	mánghuo	媒人	méiren	妹妹	mèimei
门道	méndao	眯缝	mīfeng	迷糊	míhu
苗条	miáotiao	苗头	miáotou	名堂	míngtang
名字	míngzi	明白	míngbai	蘑菇	mógu
木匠	mùjiang	木头	mùtou	那么	nàme
奶奶	nǎinai	难为	nánwei	脑袋	nǎodai
能耐	néngnai	念叨	niàndao	念头	niàntou
娘家	niángjia	奴才	núcai	女婿	nǚxu
暖和	nuǎnhe	疟疾	nuèji	牌楼	páilou
盘算	pánsuan	朋友	péngyou	脾气	píqi
屁股	pìgu	便宜	piányi	漂亮	piàoliang
婆家	pójia	婆婆	pópo	铺盖	pūgai
欺负	qīfu	前头	qiántou	亲戚	qīnqi
勤快	qínkuai	清楚	qīngchu	亲家	qìngjia
拳头	quántou	热闹	rènao	人家	rénjia
认识	rènshi	扫帚	sàozhou	商量	shāngliang
晌午	shǎngwu	上司	shàngsi	上头	shàngtou
烧饼	shāobing	少爷	shàoye	舌头	shétou
什么	shénme	生意	shēngyi	牲口	shēngkou
师父	shīfu	师傅	shīfu	石匠	shíjiang
石榴	shíliu	石头	shítou	时候	shíhou
实在	shízai	拾掇	shíduo	使唤	shǐhuan
世故	shìgu	似的	shìde	事情	shìqing
收成	shōucheng	收拾	shōushi	首饰	shǒushi
叔叔	shūshu	舒服	shūfu	舒坦	shūtan
疏忽	shūhu	爽快	shuǎngkuai	思量	sīliang
算计	suànji	岁数	suìshu	太太	tàitai
特务	tèwu	挑剔	tiāoti	跳蚤	tiàozao
铁匠	tiějiang	头发	tóufa	妥当	tuǒdang

唾沫	tuòmo	挖苦	wāku	娃娃	wáwa
晚上	wǎnshang	尾巴	wěiba	委屈	wěiqu
位置	wèizhi	稳当	wěndang	稀罕	xīhan
媳妇	xífu	喜欢	xǐhuan	下巴	xiàba
吓唬	xiàhu	先生	xiānsheng	乡下	xiāngxia
相声	xiàngsheng	消息	xiāoxi	笑话	xiàohua
谢谢	xièxie	心思	xīnsi	星星	xīngxing
猩猩	xīngxing	行李	xíngli	兄弟	xiōngdi
休息	xiūxi	秀才	xiùcai	秀气	xiùqi
学生	xuésheng	学问	xuéwen	丫头	yātou
衙门	yámen	哑巴	yǎba	胭脂	yānzhi
烟筒	yāntong	眼睛	yǎnjing	秧歌	yāngge
养活	yǎnghuo	吆喝	yāohe	妖精	yāojing
爷爷	yéye	衣服	yīfu	衣裳	yīshang
意思	yìsi	应酬	yìngchou	冤枉	yuānwang
月饼	yuèbing	月亮	yuèliang	云彩	yúncai
运气	yùnqi	在乎	zàihu	早上	zǎoshang
怎么	zěnme	扎实	zhāshi	眨巴	zhǎba
栅栏	zhàlan	张罗	zhāngluo	丈夫	zhàngfu
帐篷	zhàngpeng	丈人	zhàngren	招呼	zhāohu
招牌	zhāopai	折腾	zhēteng	这么	zhème
枕头	zhěntou	芝麻	zhīma	知识	zhīshi
指甲	zhǐjia	指头	zhǐtou	主意	zhǔyi
转悠	zhuànyou	庄稼	zhuāngjia	壮实	zhuàngshi
状元	zhuàngyuan	字号	zìhao	自在	zìzai
祖宗	zǔzong	嘴巴	zuǐba	作坊	zuōfang
琢磨	zuómo				

（二）儿化

1. 儿化韵的发音

儿化是指音节中的韵母带上卷舌色彩的音变现象。书写的时候在词尾加上"儿"表示，例如"那儿""歌儿""小孩儿"。这个"儿"不是一个独立的音节，而是与前边的韵母紧密结合在一起，与前边的字合成一个音节，拼音书写的时候在音节末尾带上"r"，例如"nàr""gēr""xiǎoháir"。"儿"有一定的语法意义，应看作词缀。

49

汉语普通话的韵母基本都可以儿化,儿化时韵母会受到影响发生变化。儿化韵母发音规律如表 2-15 所示。

表 2-15　儿化韵表

韵母	儿化音变	例词
没有韵尾的韵母和 u 韵尾的韵母 (a、o、e、u、ao、ou、ie、üe、ia、iou、iao、uo、ua)	直接加卷舌动作,韵母基本不变	刀把儿 dāobàr、粉末儿 fěnmòr、唱歌儿 chànggēr、靠谱儿 kàopǔr、包儿 bāor、小偷儿 xiǎotōur、半截儿 bànjiér、主角儿 zhǔjuér、月牙儿 yuèyár、小皮球儿 xiǎopíqiúr、跑调儿 pǎodiàor、干活儿 gànhuór、开花儿 kāihuār
i、n 做韵尾的韵母(除 in、ün 以外)(ai、ei、uai、uei、an、en、uan、uen、ian、üan)	韵尾丢失,韵腹卷舌	瓶盖儿 pínggàir、宝贝儿 bǎobèir、一块儿 yíkuàir、香味儿 xiāngwèir、门槛儿 ménkǎnr、没门儿 méiménr、玩儿 wánr、小棍儿 xiǎogùnr、肉馅儿 ròuxiànr、汤圆儿 tāngyuánr
韵母是 i、ü	加央元音[ə]后卷舌	针鼻儿 zhēnbír、蛐蛐儿 qūqur
韵母是 in、ün	韵尾丢失,加央元音[ə]后卷舌,带鼻化音	脚印儿 jiǎoyìnr、合群儿 héqúnr
舌尖元音单韵母-i	韵母发音变成[ə]后卷舌	瓜子儿 guāzǐr、树枝儿 shùzhīr
ng 韵尾的韵母(ang、eng、ing、ong、iang、uang、ueng、iong)	韵尾丢失,韵腹卷舌,带鼻化音(ing、iong 韵母加上央元音[ə]后卷舌,同时鼻化)	帮忙儿 bāngmángr、水坑儿 shuǐkēngr、门铃儿 ménlíngr、胡同儿 hútòngr、花样儿 huāyàngr、门框儿 ménkuàngr、小瓮儿 xiǎowèngr、小熊儿 xiǎoxióngr

2. 儿化的作用

儿化韵在北方方言中很常见,特别是在北京话中很普遍。儿化能够区别词的意义和词性,还可以表示小称,带有一定感情色彩。

(1)区分词义。例如:

眼——眼儿

"眼"表示眼睛;"眼儿"表示小孔或者小洞,如"耳朵眼儿"。

头——头儿

"头"表示头部、脑袋;"头儿"表示首领、带领别人的人。

火星——火星儿

"火星"表示星体的名称;"火星儿"表示很小的燃烧颗粒。

白面——白面儿

"白面"表示小麦磨成的面粉;"白面儿"表示一种毒品。

(2)区分词性。例如:

摊——摊儿

"摊"表示铺开、摆开,是动词;"摊儿"表示设在路边、没有店面的售货处,是名词。

盖——盖儿

"盖"表示遮盖、覆盖的动作,是动词;"盖儿"指有遮盖、覆盖作用的东西,是名词。

儿化可以用来表示小称,即事物小巧的意思,带有口语色彩。例如:"小盆儿""小孩儿""小玩意儿"等。

需要注意区别的是,有时"儿"在词语中并不是读音与前一音节紧密结合的词缀,而是作为独立的音节,带有"男性、孩子、年轻人"等意义的语素,例如"女儿、幼儿、好男儿"等,这些不是儿化韵,读作"nǚ'ér、yòu'ér、hǎo nán'ér"。

以下是普通话水平测试用儿化词语表,但不一定所有语用场合都必须儿化。表中列出原形韵母和所对应的儿化音,用>表示条目中儿化音节的读音。

a>ar	刀把儿 dāobàr	号码儿 hàomǎr
	戏法儿 xìfǎr	在哪儿 zàinǎr
	找茬儿 zhǎochár	打杂儿 dǎzár
	板擦儿 bǎncār	
ai>ar	名牌儿 míngpáir	鞋带儿 xiédàir
	壶盖儿 húgàir	小孩儿 xiǎoháir
	加塞儿 jiāsāir	
an>ar	快板儿 kuàibǎnr	老伴儿 lǎobànr
	蒜瓣儿 suànbànr	脸盘儿 liǎnpánr
	脸蛋儿 liǎndànr	收摊儿 shōutānr
	栅栏儿 zhàlanr	包干儿 bāogānr
	笔杆儿 bǐgǎnr	门槛儿 ménkǎnr
ang>ar(鼻化)	药方儿 yàofāngr	赶趟儿 gǎntàngr
	香肠儿 xiāngchángr	瓜瓤儿 guārángr
ia>iar	掉价儿 diàojiàr	一下儿 yíxiàr

51

	豆芽儿 dòuyár	
ian＞iar	小辫儿 xiǎobiànr	照片儿 zhàopiānr
	扇面儿 shànmiànr	差点儿 chàdiǎnr
	一点儿 yìdiǎnr	雨点儿 yǔdiǎnr
	聊天儿 liáotiānr	拉链儿 lāliànr
	冒尖儿 màojiānr	坎肩儿 kǎnjiānr
	牙签儿 yáqiānr	露馅儿 lòuxiànr
	心眼儿 xīnyǎnr	
iang＞iar(鼻化)	鼻梁儿 bíliángr	透亮儿 tòuliàngr
	花样儿 huāyàngr	
ua＞uar	脑瓜儿 nǎoguār	大褂儿 dàguàr
	麻花儿 máhuār	笑话儿 xiàohuar
	牙刷儿 yáshuār	
uai＞uar	一块儿 yíkuàir	
uan＞uar	茶馆儿 cháguǎnr	饭馆儿 fànguǎnr
	火罐儿 huǒguànr	落款儿 luòkuǎnr
	打转儿 dǎzhuànr	拐弯儿 guǎiwānr
	好玩儿 hǎowánr	大腕儿 dàwànr
uang＞uar(鼻化)	蛋黄儿 dànhuángr	打晃儿 dǎhuàngr
	天窗儿 tiānchuāngr	
üan＞üar	烟卷儿 yānjuǎnr	手绢儿 shǒujuànr

	出圈儿 chūquānr	包圆儿 bāoyuánr
	人缘儿 rényuánr	绕远儿 ràoyuǎnr
	杂院儿 záyuànr	
ei＞er	刀背儿 dāobèir	摸黑儿 mōhēir
en＞er	老本儿 lǎoběnr	花盆儿 huāpénr
	嗓门儿 sǎngménr	把门儿 bǎménr
	哥们儿 gēmenr	纳闷儿 nàmènr
	后跟儿 hòugēnr	高跟儿鞋 gāogēnrxié
	别针儿 biézhēnr	一阵儿 yízhènr
	走神儿 zǒushénr	大婶儿 dàshěnr
	小人儿书 xiǎorénrshū	杏仁儿 xìngrénr
	刀刃儿 dāorènr	
eng＞er(鼻化)	钢镚儿 gāngbèngr	夹缝儿 jiāfèngr
	提成儿 tíchéngr	
ie＞ier	半截儿 bànjiér	小鞋儿 xiǎoxiér
üe＞üer	旦角儿 dànjuér	主角儿 zhǔjuér
uei＞uer	跑腿儿 pǎotuǐr	一会儿 yíhuìr
	耳垂儿 ěrchuír	墨水儿 mòshuǐr
	围嘴儿 wéizuǐr	走味儿 zǒuwèir
uen＞uer	打盹儿 dǎdǔnr	胖墩儿 pàngdūnr
	砂轮儿 shālúnr	冰棍儿 bīnggùnr

	没准儿 méizhǔnr	开春儿 kāichūnr
ueng＞uer(鼻化)	小瓮儿 xiǎowèngr	
-i(舌尖前元音)＞er	瓜子儿 guāzǐr	石子儿 shízǐr
	没词儿 méicír	挑刺儿 tiāocìr
-i(舌尖后元音)＞er	墨汁儿 mòzhīr	锯齿儿 jùchǐr
	记事儿 jìshìr	
i＞i:er(":"表示 增加的元音)	针鼻儿 zhēnbír	垫底儿 diàndǐr
	肚脐儿 dùqír	玩意儿 wányìr
in＞i:er	有劲儿 yǒujìnr	送信儿 sòngxìnr
	脚印儿 jiǎoyìnr	
ing＞i:er(鼻化)	花瓶儿 huāpíngr	打鸣儿 dǎmíngr
	图钉儿 túdīngr	门铃儿 ménlíngr
	眼镜儿 yǎnjìngr	蛋清儿 dànqīngr
	火星儿 huǒxīngr	人影儿 rényǐngr
ü＞ü:er	毛驴儿 máolǘr	小曲儿 xiǎoqǔr
	痰盂儿 tányúr	
ün＞ü:er	合群儿 héqúnr	
e＞er	模特儿 mótèr	逗乐儿 dòulèr
	唱歌儿 chànggēr	挨个儿 āigèr
	打嗝儿 dǎgér	饭盒儿 fànhér
	在这儿 zàizhèr	

u＞ur	碎步儿 suìbùr	没谱儿 méipǔr
	儿媳妇儿 érxífùr	梨核儿 líhúr
	泪珠儿 lèizhūr	有数儿 yǒushùr
ong＞or(鼻化)	果冻儿 guǒdòngr	门洞儿 méndòngr
	胡同儿 hútòngr	抽空儿 chōukòngr
	酒盅儿 jiǔzhōngr	小葱儿 xiǎocōngr
iong＞io(鼻化)	小熊儿 xiǎoxióngr	
ao＞aor	红包儿 hóngbāor	灯泡儿 dēngpàor
	半道儿 bàndàor	手套儿 shǒutàor
	跳高儿 tiàogāor	叫好儿 jiàohǎor
	口罩儿 kǒuzhàor	绝着儿 juézhāor
	口哨儿 kǒushàor	蜜枣儿 mìzǎor
iao＞iaor	鱼漂儿 yúpiāor	火苗儿 huǒmiáor
	跑调儿 pǎodiàor	面条儿 miàntiáor
	豆角儿 dòujiǎor	开窍儿 kāiqiàor
ou＞our	衣兜儿 yīdōur	老头儿 lǎotóur
	年头儿 niántour	小偷儿 xiǎotōur
	门口儿 ménkǒur	纽扣儿 niǔkòur
	线轴儿 xiànzhóur	小丑儿 xiǎochǒur
iou＞iour	顶牛儿 dǐngniúr	抓阄儿 zhuājiūr
	棉球儿 miánqiúr	加油儿 jiāyóur

uo＞uor	火锅儿 huǒguōr		做活儿 zuòhuór
	大伙儿 dàhuǒr		邮戳儿 yóuchuōr
	小说儿 xiǎoshuōr		被窝儿 bèiwōr
o＞or	耳膜儿 ěrmór		粉末儿 fěnmòr

七、语流音变

我们在日常说话的时候,语音通常不是一个一个孤立地出现的,而是处在语流中进行连续的发音。同一个音节在连续发音的情况下可能受前后音的影响发生音变,跟单独说的时候发音不同,这就是语流音变或连读音变。现代汉语中常见的语流音变包括语气词"啊"在句尾的音变、上声(第三声)连读变调、"一"和"不"的连读变调。

(一)"啊"的音变

语气词"啊"读音为 a,常会受到前边音节主要元音或者韵尾的影响发生音变,有时和前一个音素相拼,有时增加一个音素。"啊"字在书写时也可以保持不变,也可以根据实际读音写作"呀、哇、哪"等,如表 2-16 所示。

表 2-16 "啊"的音变规律表

前一音节结尾	"啊"的音变	写法	举例
a,o,e,i,ü (＋a)	ya[iA]	呀	鸡呀 鸭呀 鱼呀 饿呀 谁呀 我呀 学呀 去呀 真累呀 快写呀 乖乖呀
u (＋a)	wa[uA]	哇	苦哇 走哇 好哇 快找哇 跑哇跳哇
n (＋a)	na[nA]	哪	天哪 人哪 看哪 好难哪 多惨哪 盼哪盼哪
ng (＋a)	nga[ŋA]	啊	娘啊 香啊 真红啊 这样啊 等啊等啊
-i[ʅ],er (＋a)	ra[ʐA]	啊	吃啊 是啊 儿啊 快点儿啊
-i[ɿ] (＋a)	[zA]	啊	几次啊 自私啊 儿子啊

(二)上声(第三声)连读变调

上声调值是 214,但在实际的说话中,使用本调的情况并不多,只在单独念时或者语句末尾、停顿的地方读本调214。例如：

早(zǎo,214)!

有问题找领导(dǎo,214)。

上声多数情况会发生变调,但拼音书写上仍然标写原来的声调。

(1)在阴平、阳平、上声前,调值变为211低降调,通常也称为"半上声"或"半三声"。在初学汉语的时候,如果以半三声入手开始学习,可能会使学习者的语音听起来更为自然。

第三声 + 第一声　211 + 55　北京 Běijīng　　感知 gǎnzhī　　抚摸 fǔmō

第三声 + 第二声　211 + 35　古文 gǔwén　　咀嚼 jǔjué　　美食 měishí

第三声 + 第四声　211 + 51　火爆 huǒbào　　讽刺 fěngcì　　琥珀 hǔpò

(2)两个上声相连,前一个上声调值变为35调,也就是常说的"两个三声连读,前一个变二声"。

第三声 + 第三声　35 + 214　橄榄 gǎnlǎn　　仿古 fǎnggǔ　　可喜 kěxǐ

多个上声相连的变调,要根据词或短语的结构层次确定如何变调。

(第三声+第三声)+ 第三声　35 + 35 + 214

展览/馆 zhǎnlǎnguǎn　　手写/体 shǒuxiětǐ　　古朴/感 gǔpǔgǎn

第三声 + (第三声+第三声)　211 + 35 + 214

小/美女 xiǎo měinǚ　　老/领导 lǎo lǐngdǎo　　裹/襁褓 guǒ qiǎngbǎo

请你/写草稿 qǐng nǐ xiě cǎogǎo　　我想/买早点 wǒ xiǎng mǎi zǎodiǎn

我/给你/买手表,所以/想/请你/把手表/保管好。

Wǒ gěi nǐ mǎi shǒubiǎo, suǒyǐ xiǎng qǐng nǐ bǎ shǒubiǎo bǎoguǎn hǎo.

(3)轻声前的上声变调有两种情况:

①按照轻声音节的原本字调,进行上声的变调。

第三声 + 轻声(原调第三声)　35 + ·　例如:

走走 zǒuzou　　想想 xiǎngxiang　　找找 zhǎozhao

等等 děngdeng　　点点头 diǎndiantóu　　打打球 dǎda qiú

挺起 tǐngqi　　　　想起 xiǎngqi

打点 dǎdian　　　　晌午 shǎngwu

第三声 + 轻声(原调第一、二、四声)　211 + ·（偏高）例如:

喜欢 xǐhuan　　　打听 dǎting

骨头 gǔtou　　　　懒得 lǎnde

晚上 wǎnshang　　伙计 huǒji

②本调是上声的轻声音节前,上声变调为211。后缀是"子"的名词或者称谓词(叠词)一般遵守这样的变调规律。

第三声 + 轻声(原调第三声)　211 + ·（偏高）　例如:

宝宝 bǎobao　姐姐 jiějie　奶奶 nǎinai　点点 diǎndian(小孩昵称)

脑子 nǎozi　稿子 gǎozi　爪子 zhuǎzi　饺子 jiǎozi　膀子 bǎngzi

还有少数轻声词也是按这一规则变调,例如:

耳朵 ěrduo　马虎 mǎhu　指甲 zhǐjia

(三)"一"的变调

"一"在不同语音环境下声调会发生变化,书写的时候一般仍然写原本的声调。不过在汉语教学中,为了方便学习者识记,常常标实际的变调。

(1)"一"的本调是阴平,55调值,在单独念、在词语末尾或表序数时读本调。例如:

第一 dìyī　一号 yīhào(表顺序)　一年级一班 yīniánjíyībān　初一 chūyī

统一 tǒngyī　整齐划一 zhěngqíhuàyī　有一说一 yǒuyīshuōyī

(2)"一"在去声(51调值,第四声)前变成35调值,有时标为二声。

"一"＋四声(51)　35＋51　例如:

一向 yíxiàng　一旦 yídàn　一度 yídù　一律 yílù　一辈子 yíbèizi

一个 yíge("个"本调读 gè)　一瞬间 yíshùnjiān　一见钟情 yíjiànzhōngqíng

一脉相承 yímàixiāngchéng　一去不复返 yíqùbúfùfǎn

(3)"一"在阴平、阳平、上声前都读51调值,有时标为四声。

"一"＋一声(55)　51＋55　例如:

一生 yìshēng　一番 yìfān　一些 yìxiē　一忽儿 yìhūr

"一"＋二声(35)　51＋35　例如:

一头 yìtóu　一直 yìzhí　一群 yìqún　一时 yìshí

"一"＋三声(214)　51＋214　例如:

一闪 yìshǎn　一种 yìzhǒng　一盏 yìzhǎn　一本正经 yìběnzhèngjīng

(四)"不"的变调

"不"的本调是去声,51调值,在书写的时候通常仍然写本调。但在汉语教学中,也常标实际变调。

(1)"不"在单独念时、在句子停顿或末尾读本调51调。例如:

我不！Wǒ bù!

在阴平、阳平、上声前都读本调51调。例如:

"不"＋一声(55)　51＋55　例如:

不惜 bùxī　　不甘寂寞 bùgānjìmò

不知不觉 bùzhībùjué　不哼不哈 bùhēngbùhā

"不"＋二声(35)　51＋35　例如:

不妨 bùfáng　不独 bùdú　不得已 bùdéyǐ

不容置疑 bùróngzhìyí　不辞而别 bùcí'érbié　不遗余力 bùyíyúlì

"不"＋三声(214)　51＋214　例如:

不管 bùguǎn　不仅 bùjǐn　不少 bùshǎo

不巧 bùqiǎo　不久 bùjiǔ　不想 bùxiǎng

(2)"不"在去声51调值前变成35调,书写中可以标作第二声,也可以标原调。

"不"＋四声(51)　35＋51　例如:

不是 búshì　不便 búbiàn　不过 búguò　不错 búcuò　不会 búhuì

不用说 búyòngshuō　　满不在乎 mǎnbúzàihū

(3)"不"在固定格式的中间常读轻声。例如：

对不起 duìbuqǐ　　差不多 chàbuduō　　恨不得 hènbude　　动不动 dòngbudòng

八、语调

语调是话语音高、音长、音强的有节奏的变化,包含停顿、重音和句调等,是在说话时表达要强调的内容、逻辑和情绪的重要手段。

1. 停顿

从韵律上说,话语由停顿或连接分成的片段称为"音步"或"意群",音步或意群之后可以有停顿。

停顿包括语法停顿和逻辑停顿。

(1)语法停顿。语言内部词与词之间结合的层次结构、疏密关系可以通过停顿来表现,关系较近的词语连接比较紧密,结构关系稍远的词之间可以有停顿,停顿能使语言表达更为清晰。例如:

我觉得/满心/都是/无法开释的/烦恼。

有时停顿可以分化歧义。例如:

几个学校的老师都来了。

这个句子可以有不同的停顿方式,表达不同的意义。

几个/学校的老师/都来了。

上面这句话里,"几个"修饰"老师",表示"几个老师来了"。

几个学校的/老师/都来了。

上面这句话里,"几个"修饰"学校",表示"老师来自几个学校"。

书面形式中,不同的标点符号或段落可以表示语法结构关系及停顿的时间。一段话语内部,顿号(、)的停顿时间比逗号(,)短,逗号的停顿时间又比分号(;)和冒号(:)短,句号(。)、问号(?)和感叹号(!)后边的停顿时间比较长。段落和段落之间的停顿时间更长。

(2)逻辑停顿。有时在话语中为了突出某一事物、强调某个语义,或者表达某种情感做出停顿,属于"逻辑停顿",又称为"强调停顿"。例如:

父亲 ∨ 细眯眯的眼睛 ∨ 一下子变得 ∨ 那样 ∨ 忧郁。

一般来说,说话时情绪愉快时,语速也比较快,停顿比较少;情绪低沉时,语速较慢,停顿也有所增加。

2. 重音

重音就是语流中念得比较重的音节,我们这里主要说的是语句中的重音,包括语法重音和逻辑重音。

(1)语法重音。句子中的某些语法成分读成重音,这是语法重音。一般来说,谓语核心动词常常读重音。例如:

世平不介意与机器说话。

父亲带给我的光明黯淡了。

最靠近中心语的定语、状语常读重音,例如:

我忽然生出一个荒诞的想法。

她终于找到了珠英。

程度补语一般读重音,例如:

我忽然觉得委屈得不行。

生活沉闷极了。

动词的宾语常常读重音,例如:

梦中救我的是陌生人。

(2)逻辑重音。逻辑重音通常是重读表示强调的词语,也就是句子的焦点。不同语境下,同一句话可以用不同的逻辑重音表达不同的侧重点。例如:

我在食堂吃饭。(回答"谁在食堂吃饭"的问题,强调是"我"而不是别人)

我在食堂吃饭。(回答"你在哪儿吃饭"的问题,强调"在食堂"而不是在其他地方)

我在食堂吃饭。(回答"你在食堂做什么"的问题,强调"吃饭"而不是做别的事)

3. 句调

句调是指整句话的音高升降变化,一般在句尾的音节表现明显,也是语气的标志。我们知道,汉语音节有四个基本声调,属于字调,语句的音高变化模式一般不会改变四声,但同时对声调有制约作用。声调的准确程度会影响语调的正确性。所以在学习汉语的时候要把声调读准确,这样语调就容易掌握,避免产生"洋腔洋调"的情况。口语中常见的句调形式包括几种:

(1)句子音高变化不明显的平调,一般表示陈述或严肃、冷淡的语气,比如思考问题、宣读名单、公布成绩等情况。例如:

这是宇宙杂志社,如果你找发行部,请按 223;如果找编辑部,请按 225。

(2)句调开头高、句尾明显降低的降调,一般表示陈述、祈使、感叹等语气。例如:

唉,谈何容易,我最怕寂寞。

多可爱的胖小子!

(3)句调由低到高的升调,一般表示疑问、反问、惊讶等语气。例如:

那人是你的男友吗?

你是一个寂寞的人吗?

只要差不多就好了,何必太认真呢?

(4)语句音高曲折变化的屈折调,一般在表达特殊感情的时候出现,如表示讽刺的语气,或使用疑问代词提问等情况。

会议上有了他,就是再空洞的会议也会显得内容充实。

我们还年轻,但究竟是什么使我们的感觉日渐迟钝?

九、语音的规范化

语音的规范化就是推广标准的普通话,进行正确发音,不读方言音。在学习汉语时,学习者可能会遇到同一个词不同的汉语教师读音有差别的情况,有可能是遇到了"异读词"。异读词来源很多,有的是来自于北京土音,如"法(Fà)国""俄(È)罗斯""危(wéi)险""复(fú)杂";有的是文白异读,如"确凿"的"凿",口语音是 záo,读书音是 zuò。为了方便教学,普通话审音委员会以约定俗成、承认现实的原则,对一些异读词做出了规范,确定了异读词的读音。目前通行的规范化标准是1985年公布的《普通话异读词审音表》。随着社会生活和语言生活的发展变化,异读词审音也在不断修订。中国国家语委于2011年启动了第三次普通话审音工作,根据当前语言生活发展需要修订1985年发布的《普通话异读词审音表》,2016年6月推出了《普通话异读词审音表(修订稿)》并向全社会征求意见,其中对一些当今时代约定俗成的语音变化情况进行审定。例如:"作"增加了"～践""～死"的zuō读音,强迫(qiǎngpò)审定为"qiángpò","拜"增加了"～～"(告别用语)的báibái读音,"的"增加了"打～dī读音。审音结果有待进一步确认及公布。

随着网络语言发展变化迅速,近年来常常流行使用一些方言音转写的词,例如:

可爱——阔耐、可以——阔以、好的——好滴、怎么办——肿么办、什么——神马、小朋友——小盆友、我们——偶们、非常——灰常、感觉——赶脚。网络用语本身就代表了年轻网民反规则、反权威、解构标准的心理倾向,带有调侃、诙谐、非正式、轻松可爱的意味。汉语学习者需要注意甄别这些不规范的用法,了解这些词的来源,在较正式的场合加以避免,口头表达也应注意遵循普通话语音标准。学习汉语时,应注意读已经确定下来的标准读音。

练习

一、填空题

1. 现代汉语普通话语音系统中,有_____个声母、_____个辅音。

2. 普通话"之""吃""师"的韵母是_____(写出国际音标并描述这个音)。

3. "不对"中的"不"实际调值读_____,"不比"中的"不"实际调值读_____。

4. "专 zhuān"这个音节中的辅音有_____,元音有_____。

5. 普通话语音系统中,舌尖前和齿背构成阻碍而发音的声母有_____。

二、选择题

1. 下列四组字中韵母都是前响韵母的一组字是(_____)。

 A. 冒 害 配   B. 完 雪 言

 C. 问 句 元   D. 之 花 语

2. 汉语普通话中没有(_____)声母。

 A. 双唇音   B. 舌叶音   C. 舌面音   D. 舌根音

3. 一个音与其他音相区别的最根本特征是(_____)。

 A. 音高   B. 音长   C. 音强   D. 音色

4. 下列四组字中全都是齐齿呼韵母的一组字是(_____)。

 A. 皮 鸟 六 钱   B. 刚 绿 七 豆

 C. 亲 欢 句 住   D. 准 装 想 心

5. 普通话韵母 ia 和 ang 中的两个 a 属于(_____)。

 A. 同一音素   B. 不同的音位

 C. 同一音位中的不同变体   D. 同一变体

6. 普通话语音系统中,发音为舌面后高圆唇元音是(　　　　)。

  A. 韵母 o   B. 韵母 a   C. 韵母 i   D. 韵母 u

7. 发音时,双唇构成阻碍而发音的一组声母是(　　　　)。

  A. b　m　p   B. d　t　n　l   C. z　c　s   D. f

8. "双 shuāng"这个音节(　　　　)。

  A. 由六个音位组成   B. 由三个音位组成

  C. 由三个辅音音位两个元音音位组成

  D. 由两个辅音音位两个元音音位组成

9. 英语 speech 和 pitch 中,p 的发音有些不同,它们是(　　　　)。

  A. 不同音位   B. 同一音位   C. 同一音节   D. 不同音素

10. 关于 j、q、x 这组辅音声母,下面哪种说法是正确的?(　　　　)

  A. 可以自由和开口呼相拼   B. 与 g、k、h 组属于一个音位

  C. 可以自由和齐齿呼相拼   D. 可以自由和合口呼相拼

11. 普通话中"不"和"普"的声母属于(　　　　)。

  A. 不同音位   B. 同一音位   C. 不同发音部位 D. 送气声母

12. 下列声母中,都是塞音的是(　　　　)。

  A. b　m   B. n　p   C. t　k   D. zh　s

13. 下列词语中,"不"变为 35 调的是(　　　　)。

  A. 不能   B. 不知道   C. 不好   D. 不去

14. 下列各项中两个字的韵母都是齐齿呼的是(　　　　)。

  A. 遇见   B. 容易   C. 天亮   D. 店主

15. 元、为、安、衣、雨的声母是(　　　　)。

  A. y   B. w   C. ü   D. 零声母

三、朗读辨音

1. 辨音

zū—zhū	chū—cū	shū—sū
zuān—zhuān	chuān—cuān	shuān—suān
zūn—zhūn	chūn—cūn	shǔn—sǔn
zǒng—zhǒng	chóng—cóng—sóng	
zōu—zhōu	chòu—còu	shōu—sōu
zuó—zhuó	chuō—cuō	shuō—suō
zuì—zhuì	chuī—cuī	shuì—suì
zài—zhài	chái—cái	shài—sài
zì—zhì	cì—chì	shì—sì
zé—zhé	chè—cè	shè—sè
zěn—zhěn	chén—cén	shēn—sēn
zēng—zhēng	chéng—céng	shēng—sēng
zā—zhā	chā—cā	shā—sā

zào—zhào	chǎo—cǎo	shào—sào
zān—zhān	chān—cān	shān—sān
zāng—zhāng	cāng—chāng	shāng—sāng
zū—zhū—jū	cū—chū—qū	sū—shū—xū
zuàn—zhuān—juān	cuān—chuān—quān	suān—shuān—xuān
zūn—zhūn—jūn	cūn—chūn—qūn	sǔn—shùn—xùn
zǒng—zhǒng—jiǒng	cóng—chóng—qióng	sōng—xiōng
zōu—zhōu—jiū	còu—chòu—qiū	sōu—shōu—xiū
zuó—zhuó—jué	chuō—cuō—quē	shuō—suō—xuē
zì—zhì—jì	cì—chì—qì	sì—shì—xì
zé—zhé—jié	cè—chè—qiè	sè—shè—xiè
zěn—zhěn—jǐn	cén—chén—qín	sēn—shēn—xīn
zēng—zhēng—jīng	céng—chéng—qíng	sēng—shēng—xīng
zā—zhā—jiā	cā—chā—qiā	sā—shā—xiā
zào—zhào—jiào	chǎo—cǎo—qiǎo	shào—sào—xiào
zān—zhān—jiān	cān—chān—qiān	sān—shān—xiān
zāng—zhāng—jiāng	cāng—chāng—qiāng	sāng—shāng—xiāng

2. 朗读

chū zū qì chē	zhèng shì cí zhí	rèn zhēn zǔ zhī	qǐng qiú zhī chí
出 租 汽 车	正 式 辞 职	认 真 组 织	请 求 支 持
zhé xué shū jí	jī jí xiàng shàng	zì xué chéng cái	zì xìn cóng róng
哲 学 书 籍	积 极 向 上	自 学 成 才	自 信 从 容
cuò cí jǐn shèn	zhì shāng cè shì	rě rén xián qì	shēn zī jiǎo jiàn
措 辞 谨 慎	智 商 测 试	惹 人 嫌 弃	身 姿 矫 健
ruì zhì chén zhuó	sī jī shǒu zé	shí shàng zá zhì	jīng rén zhī jǔ
睿 智 沉 着	司 机 守 则	时 尚 杂 志	惊 人 之 举

四、汉语拼音声韵调分析

1. 写出下列汉字声母的发音部位和发音方法

例字	发音部位	发音方法
成 ch[tʂ']	舌尖后	送气清塞擦音
人		
你		
请		
他		
心		
来		
把		
飞		
这		
字		

2.分析下列汉字的韵母

例字	韵头	韵腹	韵尾	四呼
偶		o	u	开口呼
惶	u	a	ng	合口呼
喧				
宅				
荧				
释				
邃				
甩				
昀				
究				
介				
却				
电				
涩				
笼				
用				

3.分析下列汉字的音节

例字	声母	韵母				声调	
		韵头(介音)	韵腹	韵尾		调类	调值
				元音韵尾	辅音韵尾		
撅	j[tɕ]	ü	e	/	/	阴平	55
黯	∅	/	a	/	n	去声	51
忧							
凑							
荒							
浑							
浊							
虚							
伪							
涉							
惠							
快							
然							

五、简答题

1.普通话辅音声母中,哪些是塞音?哪些是擦音?哪些是塞擦音?哪些是鼻音?

2.你在学习汉语语音时遇到过什么困难?你认为你的国家学习汉语的人们发音时有哪些问题?应该怎么纠正?

六、改正下面拼音的拼写错误

优点 yiōudiǎn　　　　什么 shēnmo

我们 wěmen　　　　西安 xiān

广州 guǎnzoū　　　　绿化 lùhuà

桂林 gùilín　　　　天安门 tiānānmén

有趣 yoǔqù　　　　问题 uèntí

七、语篇朗读(注意语流音变和语调)

"一诺千金"看来只是一种作风,一种实在,一种牢靠,可它的内涵涉及对世界是否郑重。诚挚、严谨的人,做事做人自然磊落,落地生根,一言既出,驷马难追。那种准则的含义已超出了本身,而带着光彩的人类理想和精神正气在其中。

然而处在大千世界,有着太多随意许诺,却从不兑现的人。那种人较之于"一诺千金"的人似乎活得轻松,可惜,这种情景不会长久。一个人失信多了,他的诺言也就被当成戏言大打折扣,全面降价,且不说别人会怎样看轻他,就是他自己,那种无聊、倦怠都会渐渐袭上心头。人一旦沾上那种潦倒的气味,做人的光彩就会大为逊色。

几千条污染了的河流和几百个污染的湖泊,是 20 世纪留下的又一笔"遗产"。有了这笔"遗产",21 世纪的人们就不必再到那些河湖里捕鱼,从而也就少了制造渔船和渔网的麻烦。有了这笔"遗产",许多人就不必再学游泳,从而也就少了被水淹死的危险。有了这笔"遗产",许多人就可以为一种莫名其妙的小病而住进美丽的疗养院,从而把繁重的工作摆脱掉。

虽然左撇子仍然感到诸多不便,但是,不管他喜欢与否,他再也不必迫使自己去适应这个习惯使用右手的世界了。也许有的父母和老师会大声提醒说:"还不快用你的右手!"然而一些敏感的喜欢使用左手的孩子会很不情愿,并开始口吃,两只手也不知所措。强迫一个孩子这样做,简直毫无道理。今天的家长在心理学家的警告下,正在倾向于不去干涉他们的左撇子子女。一种流行的说法是:"你要是个左撇子,那你就去做一个出色的左撇子吧!"

第三章

汉字

导语

　　语言和文字是两个独立存在的系统,这一章我们将学习汉语的文字书写系统——汉字。学习汉字的形体演变有助于了解汉字的历史及中国书法艺术;而懂得造字法可用于认识、记忆生字,推测字义甚至词义。中国人常常口头描述一个汉字的写法,了解汉字的结构能使初学者更加清晰、准确、方便地认知、书写汉字。在中国传统文化的传承中,不可避免会遇到一些繁体字,了解汉字的简化方式和规范化过程,对于理解生活中的用字现象有重要作用。

学习内容

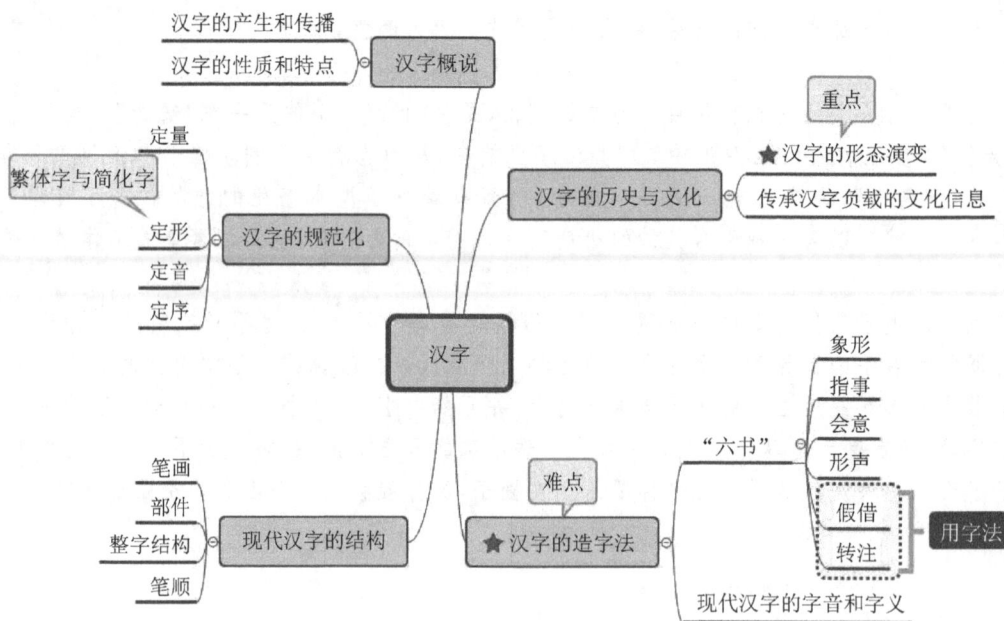

第一节 汉字概说

学习目标

1. 了解汉字的起源、性质和特点
2. 对比汉字和本国使用文字有何不同
3. 认识文字的类型，指出记录母语的文字类型

一、汉字的产生和传播

语言是依靠声音来传递的，而话一说出口就消散了。口头的语言交际存在局限，人类社会需要能将语言记录下来的工具。文字就在这种需求中被创造出来了。

文字是记录语言的书写工具。汉字是记录汉语的书写系统，有悠久的历史。目前所知的最古老的汉字距今大约 3000 年。关于这种文字的发现还有一段故事。19 世纪末，也就是中国历史上的清朝时期，北京有个官员王懿荣因为生病需要常常吃药。他发现有一种中药"龙骨"上有很多符号。王懿荣是一个对古代汉字很有研究的人，他认为这是一种非常古老的文字，就去药店买了很多像这样有文字的"龙骨"回来研究。研究的人越来越多，追根溯源，人们聚集到这种龙骨出土的地方，于是开启了一次重要的考古发现。后来人们知道，这些文字是商代（又叫殷商，约公元前 1600－前 1046）用于占卜记事的文字。那时的人笃信鬼神，常将龟的腹甲和动物（牛、羊等）的骨头用来占卜吉凶，比如农业能不能丰收，会不会下雨，战争会不会胜利，打猎顺利不顺利等，甚至得病、做梦这些事，都希望上天能够告知。占卜的内容以文字的形式刻在甲骨上，这种古文字就被称为"甲骨文"（也叫"卜辞"）。美国有个公司 Oracle，来到中国后中文名字叫"甲骨文"，很多人认为这个翻译的名字很好，oracle 和甲骨文都表示"神谕"。

甲骨文是中国已知最早的比较成熟的文字系统。在这之前经历了漫长的酝酿过程。汉字是怎么产生的呢？古代流传着这样一个故事：大概 4500 多年前的黄帝时期，有个人叫仓颉（Cāngjié）。传说他非常神奇，长着四只眼睛，很会观察世界上的事物。他抬头看见天上的星体，低头看到动物在地上留下的脚印，发现不同的形状可以区别不同的事物，于是造出了象形的汉字。据说他创造文字的时候，天上下小米，鬼神都在夜里哭。这说明文字的产生对于文明发展是一件至关紧要的大事，标志着文明的进程有了质的飞跃。古人说"敬惜字纸"，对有字的纸要恭敬严肃对待，也说明了文字对于文明社会的重要意义。

当然，仓颉造字的故事只是传说，文字并不是一个人能创造出来的。如果真的有仓颉这个人，他很可能是当时一个整理文字、制定文字体系的人。那么汉字的产生经历了怎样的过程呢？

在没有文字的时候，人们用实物、用结绳的方法来记事。但是绳子上的结到底是什么意

思,可能只有结绳的人或者很少人才明白。用这种办法不能记录复杂的事情,不能记录语言。慢慢地,人们开始使用符号或图画来记录事情。在中国一些远古的文化遗址中发现陶器上画有几何符号,比如在西安半坡遗址(约6000年前)发现的陶器上就有100多个类型符号,这可能是文字的前身。人们还用图画来记录事情,汉字就是起源于图画。比如4500多年前山东大汶口文化遗址的陶器上画的一些简单的图画,可能是用来记事或者作为图腾的。我们还不知道这些符号和图画具体表示什么意思,也不明白它们的读音,所以很难说这就是文字。但它们已经有点像后来的甲骨文的样子,也表达了一定的意义,和汉字的出现有承接关系。逐渐地,图画或符号的形体与语言一一对应起来,文字符号系统开始形成。

到了距今3000多年的商代后期,甲骨文字系统发展得比较成熟了,各种造字法已趋完备,并且可以辨别意思,能从中看到很多传承至今的汉字的早期形体。但在目前已发现的4000多个甲骨文中,人们认识的、能理解确切含义的还不到一半。甲骨文之后,汉字又经历了几千年的发展演变,逐渐成为现代的汉字书写体系,并被确定为中国法定的通用文字。在这一过程中,汉字一直被中国人民用以记录语言,也一直没有中断过,记载并传承了中国宝贵的传统文化成果。同时,汉字在很长一段时期内还为世界其他国家人民记录语言服务,越南、朝鲜、韩国、日本在历史上都曾借用过汉字。直到今天,日本还部分使用汉字,新加坡将简化汉字作为通行文字之一。汉字对国际文化交流和传承也起到了重要作用。

二、汉字的性质

文字是记录语言的符号系统,是最重要的辅助交际工具。人类先有了语言后产生文字。不是所有的语言都有对应的文字书写系统,有一些语言并没有文字,人们仍然可以使用自己的语言进行口头交流。比如在中华人民共和国成立时,中国西南有些民族只有语言没有文字。为了保存发展少数民族文化,提高教育水平,20世纪50年代以后,政府组织语言学家和各民族知识分子,在调查研究的基础上,帮助一些民族创制记录民族语言的文字,例如壮族、哈尼族、布依族等。

我们在语音部分谈到,使用什么语音形式来表达词的意义,是约定俗成的。同样,用什么符号记录语言,也是约定俗成的。同一种语言可以采用不同的文字符号,例如2017年哈萨克斯坦开始文字拉丁化改革,使用拉丁字母逐步代替西里尔字母记录哈萨克语。不同的语言也可以采用相同的文字符号,例如20世纪50年代为少数民族创制的文字方案基本上都使用了拉丁字母书写系统。

文字记录语言,把声音变成视觉符号,这是世界文字的共通之处。世界上的文字种类很多,根据文字记录语言的方法不同,可分为表意文字和表音文字两大类。表音文字使用字母或符号记录语言的音素和音节。一般来说,学习表音文字体系时,如果学会了字母发音和拼写规则,看到书面的文字大致能读出词来;听到词的发音,也能大致写下文字,例如英文、俄文、韩文都是这样的书写系统。表意文字则不是直接记录语言的声音,而是记录和表达语言的意义。公元前4世纪,两河流域的苏美尔人创造了楔形文字,尼罗河流域的古埃及人创制了圣书文字,汉字和这些文字基本属于相同类型,早期都是表意的。但从长期的演变发展看,汉字并不是纯表音的文字体系。

有时汉字用字形描写事物,比如"人"𠆢,是一个直立的人的样子。这类完全以形表意、不与语音直接发生联系的字在早期汉字体系中较多,占比较大。有时汉字用字形记录语音,比如,wǒ 是表示自己的人称代词,没有合适的字形,就借用另一个也读 wǒ 的字形"我"(在古汉字里是一种兵器)来记录。有一些音译外来词,比如"巧克力""沙发"等,汉字只是记录了词的读音。还有一种最常见的情况,汉字的形体同时记录意义和语音,比如"饭",左边的"饣"(食)表示和吃的事物有关,右边的"反"表示"饭"的读音。在汉字发展过程中,表音成分大大增加,这样就不能说汉字是纯表意文字。

事实上,没有一种成熟的能记录语言的文字系统,能完全表意而不存在表音成分。语言中很多抽象的事物、概念、表示语法关系的成分等,是无法完全通过表意的方法记录的,总是需要加入一些表音的方法。1957 年,语言学家周有光提出汉字是意音文字的说法,被广泛接受。总的来说,既表音又表意的字在现代汉字里是大多数,汉字符号在记录汉语的时候,用的是表音兼表意的方法,因此我们在这里采用这种观点:汉字是意音文字。

根据文字记录的语言单位不同,还可以将文字分为三种类型:音素文字、音节文字、语素文字。音素文字指文字记录的是语言中的音素,英文就是一种音素文字,例如 dog,d 记录 [d]音素,o 记录[ɔ]音素,g 记录[g]音素。音节文字则记录的是语言中的音节,日文的假名记录的就是一个个音节,例如か记录的是[ka]这个音节。汉字符号记录的是汉语里的什么单位呢?

汉语语法单位包括了语素、词、短语和句子(词汇及语法章节将有详述)。语素是有读音和意义的最小语言单位。比如"学习"的"学""习"就是两个有语音、意义的语素。汉字"学"记录的是"学习""学生""学校""学龄""学期"等词中的"学"语素;汉字"习"记录的是"练习""复习""习得"等词中的"习"语素。还有这样一种情况,比如"葡萄",它只是一个语素,因为"葡""萄"分开,各自都没有意义,只有声音,必须合在一起才能表示"一种水果"的意义。也就是说,这两个汉字合起来记录了一个语素;分开的时候,单个汉字"葡"和单个汉字"萄"记录的只是音节,不包含意义。从总体上看,汉字记录的语言单位是语素。我们可以这样总结现代汉字的性质:现代汉字是表音兼表意的语素文字。

三、汉字的特点

1. 汉字能超越时间和空间

汉字是表音兼表意的语素文字。由于汉字表意的重要功能,使得汉字能够跨越几千年,将中国悠久的历史文化传统保存下来。使用拼音文字记录语言,当语音历经几百年的变迁后,拼写系统也跟着发生变化,因此历史上的拼音文字文献就变得很难读懂,例如 10－11 世纪的中古英语可能需要专家来解读才能看懂。而汉语语音即使发生了很大的变化,但由于跟语音联系并不紧密,字形就相对稳定,中国 10－11 世纪用汉字写的宋代话本、白话小说,现代人比较容易读懂。

在现代汉语概述中我们已经了解到,汉语方言众多,语音分歧很大,有时到了难以相互通话的地步。北京人到了广州,可能完全听不懂广州人的方言,但是看到汉字书写的招牌、菜单、各种文书资料,仍然能够理解。

汉字超越时间和空间的特点,使古代典籍能够被解读,使辽阔疆域内说各种方言的人能够相互交流,在传承文化、维系国家统一方面起到了重要作用。

2. 汉字能够分化同音词

汉语中的不同音节有 400 多个,加上声调,也不过 1300 多个,存在大量的同音现象。例如"yú"这个音节,听到这个语音可能表示"鱼",也可能表示"余",可能表示"愚",这就需要形体不同的汉字来进行区别,保证交际的准确性。汉语里每个音节平均对应 11 个汉字作为不同的书写形式。这也说明了为什么汉语不能以拉丁字母代替汉字进行完全的拼音化。汉字这一书写系统是与它所记录的语言——汉语相适应的。

3. 符号数目多、结构复杂

《汉语大字典》收录 5 万多个汉字;《现代汉语通用字表》收录了 7000 个汉字;《通用规范汉字表》收录 8105 个汉字,其中一级常用汉字有 3500 个。大部分字是由两个甚至更多部件组成,笔画数比较多,字形结构复杂,给人们学习和书写汉字带来一定的困难。

总的来说,随着初学者识字量的增加,就会慢慢掌握汉字的字形、读音、字义的规律,例如学会一个偏旁"饣",就可以学习一系列带有"饣"的字,"饮""饭""饱""饼"等就容易掌握了。利用汉字的系统性能让汉字学习更为高效。

4. 汉字在书写时不分词

汉语书写中,词和词、字和字中间没有空格,阅读时要注意在何处进行分词。这也给计算机自动处理汉语文本带来了困难。中文信息处理中要重点解决的问题之一就是在语篇中进行自动分词。

练习

1. 记录你的母语使用的文字是哪种类型的文字?记录的语言单位是什么?
2. 通过对比汉字与你的母语文字,简述汉字的特点。
3. 根据汉字的特点,谈一谈汉字对于学习汉语的意义。你认为人们能不能在脱离汉字的情况下学好汉语?
4. 谈谈你在学习汉字时遇到的困难,分享你识记汉字的经验。

第二节　汉字的历史和文化

学习目标

1. 了解汉字形态的历史演变过程,能够辨认书法作品或牌匾中典型的甲骨文、金文、小篆、隶书、楷书、草书、行书
2. 分辨常见汉字印刷字体(宋体、楷体、黑体)
3. 了解汉字记录的中国古代文化信息

一、汉字的形态演变

汉字的形态通常是指汉字的形体特征,常衍生出字体与书体两种概念。字体多为文字演变发展所形成的,甲骨文、金文以至简帛文字都属于这一范畴。书体是指文字在书写中形成的风貌,多有篆、隶、楷、行、草之分,属于书法的范畴。其中,篆分为大篆、小篆,秦朝李斯改造六国字体,形成相对标准的篆体,称为"小篆",而将之前的字迹统称为"大篆"。因为周宣王大臣史籀善书,也把小篆之前的文字称为"籀书"。字体与书体除概念区别外,也有一个时代先后问题。汉代许慎将古文字构成规则概括为"六书"之后,文字造形开始稳固,书体取代字体。关于"六书"理论,我们将在下一章节学习。

如前所述,甲骨文是人们在占卜时刻在龟甲兽骨上的文字,也有少量的记事刻辞,如图3-1所示。

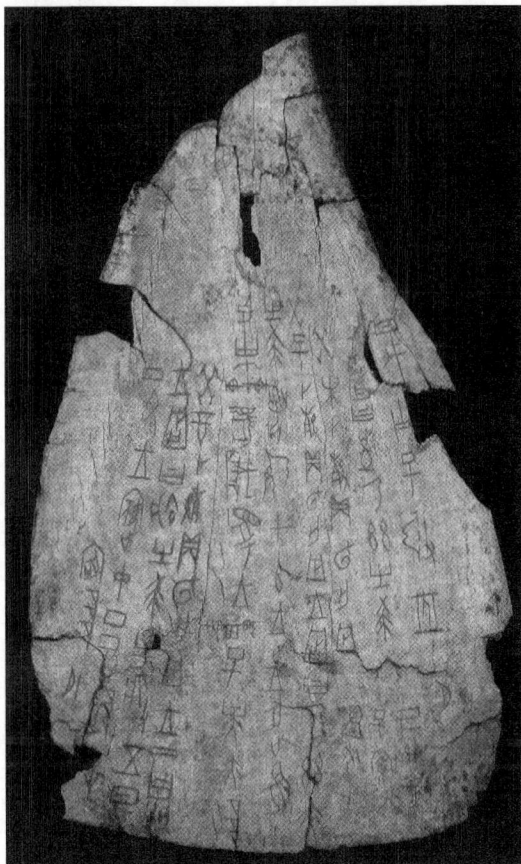

图 3-1 祭祀狩猎涂朱牛骨刻辞

这些记录占卜情况的甲骨多发现于商代晚期的殷墟,也称殷契。西周早期的周原遗址也发现有甲骨文,但文字更为细微。一般认为甲骨文发现于 1899 年,董作宾将甲骨文按时代先后分为五期。陈梦家按不同的贞卜人分出不同组别,体现了字体文例的不同。李学勤在组别基础上分出王室、非王室两系,其中同属王室卜辞的宾组、黄组(按贞卜人的分组)可以看作风格不同的两类。宾组卜辞字体疏朗开阔,黄组则整饬细密。

甲骨文是用刀刻在龟甲或者动物的骨头上的,笔画比较细瘦,转折的地方多方角。甲骨文字形有大有小;有时同一个字有好几种写法,字形还不太固定。

金文通常指铸刻在铜器上的铭文,以铸铭多见。商代后期,人们把关于祭祀战争等大事铸在青铜器上,永远保存和纪念。当时称铜为"金",所以这种文字就叫"金文"。金文的形体也比较像图画,不过字形比甲骨文固定了。金文的字体比较粗、肥,而且线条均匀。刻在青铜器上的金文也叫"铭文"。

商代晚期的金文字数较少,构形简单,有较浓厚的图画意味,多出现波磔的肥笔以及族徽文字,也因此布局松散,图3-2所示为妇好方鼎铭文。西周早期的金文保留一些前代风格,如肥笔,但字数逐渐增多,构形也趋于严谨。

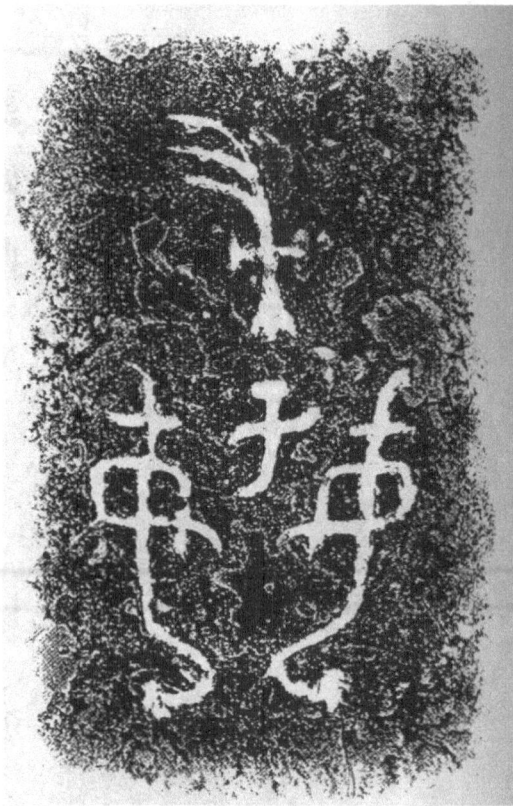

图3-2　妇好方鼎铭文

西周中期以后,长篇铭文流行,字体笔画均一,称之为"玉箸体",毛公鼎就出现在这一时期,如图3-3所示。

因为制铭于器,在鼎、盘等器物上经常见到长篇铭文。商周时期的文字除这些铸刻文字以外,在甲骨、铜器以及玉器上也有手书的文字,一般用墨或朱砂写成。商周时期的古文字还属于图形化阶段。图3-4所示为侯马盟书。

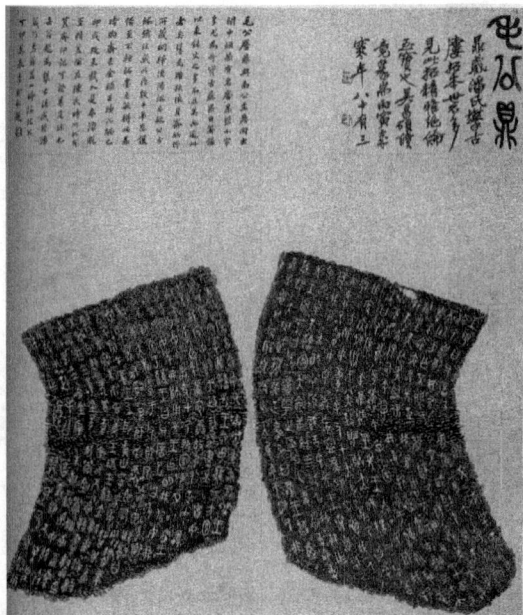

图 3-3 毛公鼎

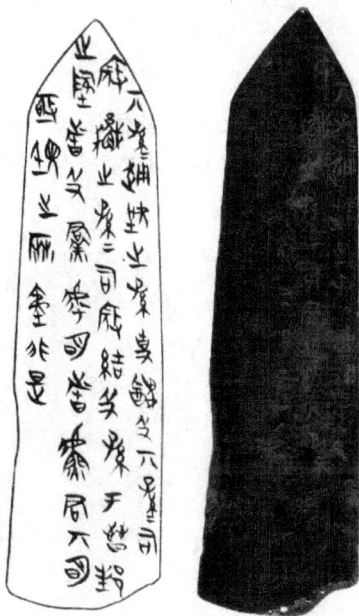

图 3-4 侯马盟书

春秋之后,诸侯国以及公卿力量增加,器物上的铭文增加了许多婚嫁内容,字体也变化较多,并带有镶嵌工艺,如图 3-5 所示。

除此之外,货币、兵器、符节(见图 3-6)、度量衡上都镌铸有文字,有一定的用途,但字形却因势变化。

图 3-5　栾书缶　　　　　　　图 3-6　鄂君启符节

　　战国以后,简帛文字多用墨书写。简帛文字是指书于竹简丝帛上面的文字(见图 3-7),也包括木牍等相关材质,是纸张普遍使用之前的替代形式。因为材料关系,上边的字形不同于铜器上的字体。战国简更为神奇诡谲,秦简不同于篆体,多视之为隶书,而汉简则不同于碑上的隶书,更有手写的意味。

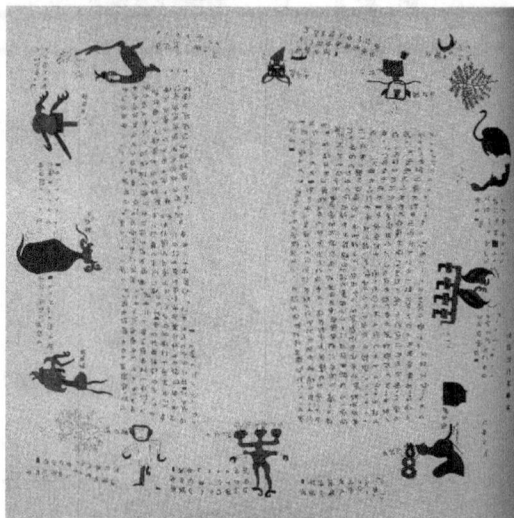

图 3-7　楚帛书

郭店等地的楚简（见图3-8）、睡虎地等地的秦简、武威等地的汉简（见图3-9）都有非常高的文献及书法价值。近些年，简牍一直被持续发现，近年荆州又有大批竹简出土。文献证实，商周时期已开始使用简册，只是未发现实物，到魏晋时期仍使用简书。

图3-8　郭店楚简 老子乙本（局部）　　图3-9　武威王杖诏令简（局部）

以上可称之为字体的演变，其中亦夹杂着书体的变化，比如篆书的情况。战国时期，秦国极力保留周王室的文字，也把这些文字刻在十件石头上，并保留较多的金文特征。因为这十件石块状如鼓形，故称"石鼓文"（见图3-10）。因为其中有出猎内容，又称为"猎碣"。清代晚期的书法家吴昌硕就致力于临写石鼓（见图3-11），成为名家。

秦始皇统一六国后，取消了东方六国文字，将原来的大篆文字约束整齐。秦丞相李斯曾作《仓颉篇》的习字范本，供人学习，并因为始皇出巡封禅，树立《泰山刻石》（见图3-12）、《琅琊刻石》《峄山刻石》等大型刻石，线条均一、精致工整，但有图案化的倾向。小篆除刻石以外，在始皇及二世的诏版上也可见到。

后世篆书蜕变，多适用于碑版的篆额，东汉的《袁安碑》（见图3-13）、《袁敞碑》是少见的篆书入碑的例子。曹魏正始年间的《三体石经》可以对照学习大、小篆及隶书，吴国的《天发神谶碑》充满着用笔隶书结体篆书的异趣，可惜原碑不存。唐代篆书因为李阳冰陡然一振（见图3-14），到明清时代就很少有篆书独立作品了，多为手卷引首，但用字常有错讹。

图 3-10　石鼓文拓本（局部）

图 3-11　清 吴昌硕《临石鼓文》轴

图 3-12　泰山刻石（局部）

图 3-13　袁安碑

图 3-14 唐 李阳冰《三坟记碑》

隶书,传说是秦朝狱吏程邈所创,将篆书的圆转改为方折,结构也有所简省,现多将秦简上的文字视为隶体,又与汉代的"今隶"作为区别,称为"古隶"或"秦隶"。而隶书的真正成熟在于将汉字纵长形态彻底转变成横势,以河北定县出土的宣帝的简牍为标准。隶书的发展成熟表明汉字到了"今文字"时期,相对于甲骨文、金文、篆书的古文字时期,汉字逐渐脱离图形化,变得笔画化。

秦及西汉的隶书常指这一时期的简牍文字,东汉盛行的碑刻,成为隶书发展的基础,但因使用于特有的庄重场合,字体装饰性较强,用笔讲究起讫波挑,有一定程式化,俗称"八分"。图 3-15 所示为刊刻于东汉延熹二年(159 年)的张景碑。

图 3-15 张景碑

一些碑刻名品构建出隶书艺术，如《曹全碑》醇厚、《礼器碑》严谨、《乙瑛碑》俊逸、《史晨碑》宽博，而神道铭记、墓石榜题、砖瓦模文、镜铭印章等也可以视作重要的文字及书法材料。

东汉中后期，书者减少波挑、转折圆转、笔画连带，行书开始出现，到了东汉末期，加重横画顿势以及行书中的尖撇钩挑，笔画也不相连属，真书（也就是楷书）形成。至此汉字书写变成了方正的形态。

草书相传也出现于秦末，意思是隶书的草写，笔画波挑源自隶书的八分。从居延、敦煌的纪年简牍来看，西汉中期还没有成熟的草书。东汉以后，草书成熟。与魏晋的"今草"相比，字形保留隶书笔法，尾笔也有波磔，而且字字独立，多称为"章草"。魏晋时期，是楷、草、行各种书体发展的时代，也是出现真正意义书法家的时代，如钟繇、王羲之、王献之等。因为纸张保存问题，现在没有王羲之纸本真迹，只有双钩填墨、摹写以及刻帖的复制本。"二王（王羲之、王献之父子）"的草书，处在章草向今草的过渡，字与字的连笔变得普遍，唐代张旭、怀素的大草（见图3-16），更加注重字间牵丝连属，注重线条的律动。

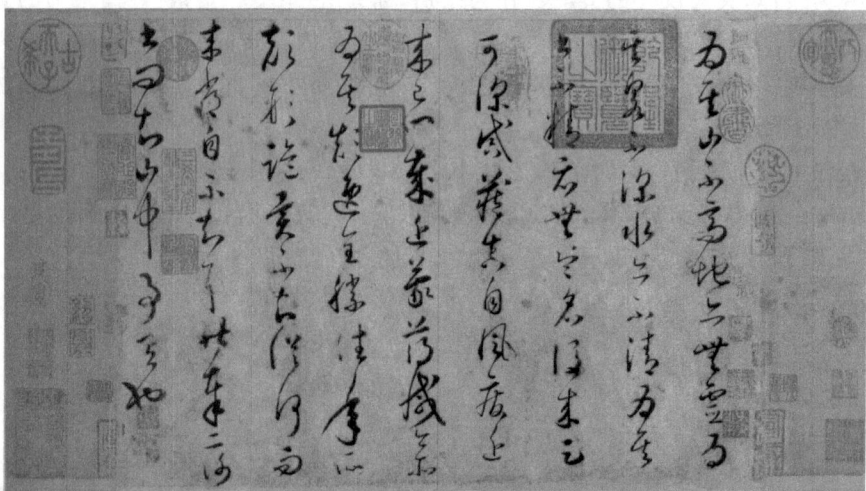

图3-16　唐怀素《论书帖》（宋人临本）

钟繇《宣示表》等作品已是楷书，但仍保留隶书意味，如图3-17所示。发现于云南的《爨宝子碑》《爨龙颜》则是处于楷、隶之间，并有相当的行书笔意。

北朝的墓志、造像题记则是沿袭汉碑作风，但字体已经楷化，通称为"魏碑"，其中以北魏的元氏诸志为代表，如图3-18所示。

因为中央与地方的差别，以及文化素养的不同，碑文别字比较普遍。这种情况早在汉代石刻题记就已出现，唐代碑刻抄经中也偶有发现，或称俗字。隋代是楷书重要的过渡时期，字形秀丽端美，初唐欧阳询、虞世南、褚遂良、薛稷（并称"欧、虞、褚、薛"）都擅楷书，后称唐楷四家。中唐之后，颜真卿攀上楷书之峰。除有用笔中正的美誉以外，其字宽严，一般作为初学楷书的范本，见图3-19。

受到唐人崇尚笔法的影响，行书在"二王"高峰之后，相较委顿。李邕《麓山寺碑》行笔迅疾，但字间独立，行气割裂，如怀仁《集王圣教序》。颜真卿《祭侄文稿》虽被誉为天下第二行书，但多因是稿本，字迹自然，如图3-20所示。

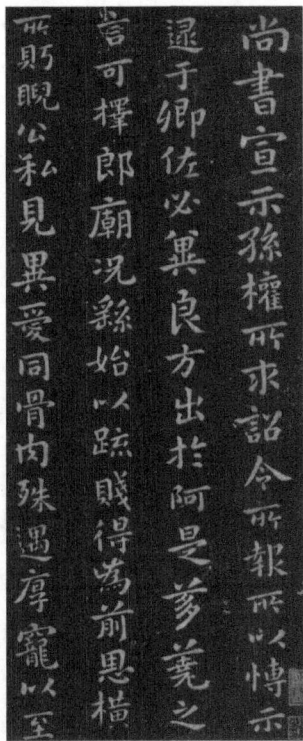

图 3-17 宣示表（局部）

图 3-18 元桢墓志（局部）

图 3-19 颜家庙碑（局部）

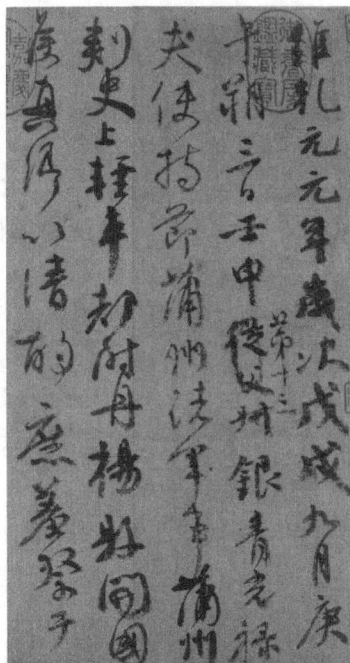

图 3-20 颜真卿祭侄文稿（局部）

到宋代以后,受宋人崇尚笔意的促进和发展,行书迎来复兴,不仅涌现出苏轼、黄庭坚、米芾、蔡襄(一说蔡京)(并称苏、黄、米、蔡)四位书法大家,而且有"祖帖"之称的《淳化阁帖》对魏晋时期的行书做了集中收录。至此,汉字形体基本稳固,书体成为书者个人的选择,逐渐转变为书法风格的要素。图3-21所示为米芾珊瑚帖。

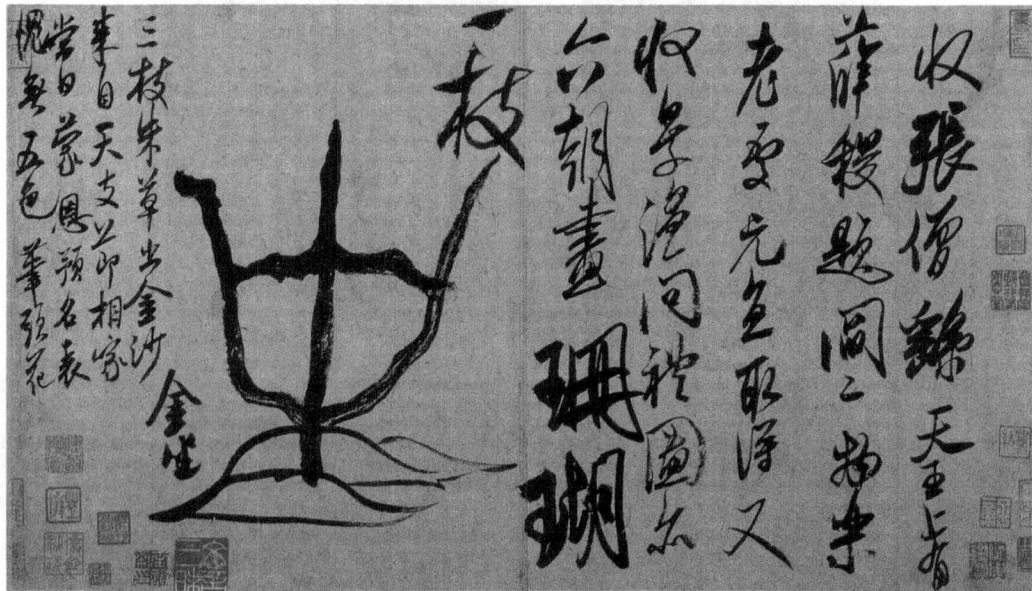

图3-21　米芾珊瑚帖

二、现代汉字印刷字体

现代汉字的字体可以有印刷体和手写体。印刷体是汉字在书报上出现的字体,现在使用较多的是宋体、仿宋体、楷体、黑体。一些电脑软件里(比如 Microsoft word)还可以安装更多的字体文件,这样就有更多的印刷字体,比如常见的行楷、隶书、幼圆等。手写体则是人们在日常工作和生活中书写时用到的字体,一般用楷书,不过为了写得快,人们也常常用行书。

三、汉字文化信息举例

汉字是汉民族文化的符号,记录了中国文化发生和发展的历史,包括了很多历史文化内容。我们可以通过汉字回望中国古代社会。

1. 中国古代人怎样认识自然

远古时期,人们的认识能力比较低,只能用想象对强大的自然做出自己的解释。我们可以从古老的汉字看到中国古代先民们对世界的认识。

昔:甲骨文字形是 𦤀 ,有"水"和"日",是"以前""从前"的意思。这可能是先民对很久以前大洪水的记录。从前发生过可怕的大洪水,太阳都被淹没,"以前""从前"的意思就用记录大洪水的字形来表示。中国有一个远古的传说"大禹治水",讲的是在大洪水时期,英雄大禹带领人民治理洪水的事情。

天:甲骨文字形是 🔥,这个字是一个站着的人,强调人头顶上的事物,表示"头顶上的天空"。古代人不懂为什么天上会下雨下雪,不懂为什么会闪电刮风,无法解释这些自然现象,觉得天很神秘。古代的王说自己是天的儿子,也就是"天子"。人们崇拜天,皇帝也在一些特殊的时节祭天,北京的天坛就是明朝、清朝皇帝祭天的地方。

地:小篆字形是 🔥,左边是"土",右边是"也"。表示地像母亲一样,可以生长出很多东西。中国历史上是一个农业社会,皇帝定期祭祀土地,祈祷丰收。

中国人对天地非常崇拜,皇帝祭祀天地,人们结婚也要"拜天地"。

土:甲骨文字形是 🔥,像地上的小土堆。古代人们认为土地是所有事物的母亲,人也是用泥土做成的。远古神话"女娲造人"就是讲一位女神用泥土做成人,又给了他们生命的故事。

人:甲骨文字形是 🔥,象形字。这个字形说明人们已经认识到自己和动物的不同,人是站立的,并且能用手使用工具。

2. 中国远古的图腾崇拜

龙(龍):甲骨文字形是 🔥。在中国,龙是最神奇的图腾动物。在 6000 年前的一个古墓中就发现了用贝壳摆成的一条龙,这是最早的龙图腾。中国的龙和西方的龙不一样,中国的龙没有翅膀,但可以在空中翻飞游动,可以喷水降雨。中国是个农业国家,人们最期望风调雨顺,干旱无雨的时候人们就要向龙王求雨。后来龙成了帝王的专属代表,皇帝称自己为"真龙天子"。

凤(鳳):甲骨文字形是 🔥,这是传说中的美丽吉祥的鸟,全身有彩色的羽毛。凤,也就是凤凰,是百鸟之王,传说它出现的时候世界就会安定。

龙和凤都是人们想象出来的动物。

华(華、花):甲骨文字形是 🔥,这是象形字,古代"华""花"通用。陕西的华山,可能因为它的山峰看起来像花朵,所以叫"花山",也叫"华山"。"华(花)"可能是黄河附近一些氏族部落的图腾,很多此地文化遗址出土的陶器上都有花的纹样。中国自古称"华夏",就来源于这些部族,现在"华"可以代指中国,例如"华人""华语"。

3. 中国远古时期的祖先崇拜

中国人也崇拜祖先,认为祖先给了他们生命,也会保护他们,所以也要祭祀祖先。

祖:甲骨文字形是 🔥,有人认为这个字形是表示祭祀祖先的牌位。

宗:甲骨文字形是 🔥,表示一个屋子里有一个放祖先牌位的桌子。后来"宗"表示同一个祖先的不同分支。

有"示"或者"礻"的汉字,常和祭祀、祝福、神、崇拜有关系。"示"的字形表示古代人祭祀用的桌子或者台子。

4. 中国古代农业生产

远古时代的人们,主要用渔猎的方法生存。

渔:这个字在甲骨文中有多种写法,例如 🔥 🔥 🔥,商代的时候人们已经能用垂钓或网捞等方式来捕鱼。

下面的一些字表示当时人们打猎的方法。

逐：甲骨文字形是，表示一只野猪在前面跑，后面有人的脚步追赶。

射：甲骨文字形是，指用弓箭射杀动物。

敢：金文字形是，指从动物前面抓住它，后来表示勇敢。

罗(羅)luó：甲骨文字形是，表示用网抓鸟。

获(獲)huò：甲骨文字形是，用手抓鸟，表示得到。

后来人们开始在家里驯养动物。

牢：甲骨文字形是，表示养牛的圈。

家：甲骨文字形是，表示屋子里有一头猪，人们如果有房子、有猪，能够生活，就成为一个家。

远古时的人们也要用采摘的方法得到食物。

采：甲骨文字形是，上面是一只手，下面是长着果实的树，表示“采摘”。

后来人们学会自己种粮食，农业开始发展。

禾：甲骨文字形是，是农作物的样子。很多有“禾”的汉字跟农作物有关系。比如“稻”，甲骨文字形是，左边是“禾”，表示农作物，右边上面是手，下面是一种容器，表示用手把稻谷做成米。

年：甲骨文字形是，像人背着收获的庄稼，表示谷物成熟。那时农作物一年成熟一次，农作物成熟就用来表示时间。

5. 中国古代人的婚姻和家庭

女：甲骨文字形是。从“女”字的字形就可以看出，这是一个双手交叉，跪坐在地上的女性形象。

男：甲骨文字形是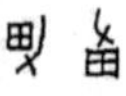，表示在田地里劳动的是男性。“男”“女”两个字的字形表明了古代两性的分工。

安：甲骨文字形是，房子里坐着一个女人，表示安定、安宁的意思。

夫：甲骨文字形是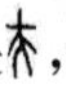，是一个正面的站立的人，头上的“一”是头发束起来，表示这是一个成年的男子。

妻：甲骨文字形是，是一个女子的形象，上面有一只手抓住头发，有研究者认为这体现了远古“抢婚”的遗风，妻子是抢来的。也有人认为这其实是女性结婚后将头发梳起来的样子。

妇(婦)：甲骨文字形是。女人结婚以后就是“妇”，这个字就是一个女人拿着扫帚打扫的样子，表示女性婚后在家庭中的分工。

好：甲骨文字形是，女人有孩子就是“好”。在古人看来，多生孩子是很好的事情，在当

时生育对女性来说非常重要。

孝:甲骨文字形是⿰，表示孩子扶助老人、尊敬长辈的意思。在中国,"孝"是最重要的品德,人们应该尊敬自己的父母长辈,照顾他们,听他们的话,这是"孝顺"。

6. 古人的衣食住行

衣:甲骨文字形是⿰,像中国古代的衣服。现在中国人说"衣裳",在古代是两个词,上面穿的是"衣",下面穿的"裳"(裙)。"裤"字那时候写成"绔""袴",其实不是现在的裤子的样式,那时只有两条腿的部分。后来才有类似现在式样的裤子,是受别的民族影响产生的。现在很多有"衣"或"衤"的字,都跟衣服有关系。

即:甲骨文字形是⿰,是一个人对着食器跪坐,准备吃饭的样子。"即"也表示接近的意思。

既:甲骨文字形是⿰,表示一个人背对着食器,也就是刚吃完饭要离开的样子。"既"也有已经完成、结束的意思。从"即""既"两个字可以看出来,古人吃饭是席地而坐的。

鼎:甲骨文字形是⿰,鼎原本是用来煮肉和放熟肉的食器。一般有三足两耳,这是古代最大的用来做饭的东西。后来变成有重要意义的礼器,代表国家权力。

豆:甲骨文字形是⿰,在古代是用来放咸菜、肉酱等食物的器具,有木制的,有陶做的,也有青铜的。

酒:甲骨文字形是⿰,是一个装酒的坛子,我们可以看到古代盛酒器的大致形状。

福:甲骨文字形是⿰,这个字就是用酒来祭祀,请求天神或者祖先帮助和保护。有了天神、祖先的帮助和保护,这就是福。

尊:甲骨文字形是⿰,像人两只手捧着酒器的样子。尊可以指用来装酒的器皿,也可以表示双手捧酒,后来发展出"尊贵、尊敬"的意思。

宫:甲骨文字形是⿰,表示有很多房间的大房子,一般是地位比较高的人住的房屋。后来专指帝王住的地方。很多表示建筑物的字都带有"宀"部件。

户:甲骨文字形是⿰,字形是单扇的门。一般是小家庭的门或者是大房子里房间的门,"户"后来就有了家庭、住户的意思。

门:甲骨文字形是⿰,指两扇的门,一般是指大门。

行:甲骨文字形是⿰,是一个象形字,本来的意思是"大路",又可以表示行走。古汉语里的"走"不是走路,而是跑步的意思。

走:甲骨文字形是⿰,像一个正在甩开手奔跑的人。表示走路用"步",甲骨文字形是⿰,像两只脚一前一后行走的样子。

车:甲骨文字形是⿰,古代人出远门要坐车,战争的时候也会有兵车,这个字就是古代车的形状。

7. 文化生活

中国古代人的文化生活也很丰富。

乐(樂 yuè)：甲骨文字形是 ⅄，表示丝弦乐器，像琴的样子。中国古代人认为音乐可以改变人，让人变得善良知礼，有教化作用，学生都要接受音乐教育。

舞：甲骨文字形是 ⅄，字形像一个人双手拿着树枝或者牛尾跳舞。远古的舞蹈主要功能并不是娱乐，而是人和大自然的交流，希望获得天神的帮助和保护。后来才慢慢有了娱乐的作用。

美：甲骨文字形是 ⅄。有观点认为，这是一个头上戴着羊角或者羽毛的人的形象，意思是人打扮得很漂亮。远古时代人们把动物的角、羽毛戴在头上，显示自己的力量，后来就变成了装饰。

聿(yù)：甲骨文字形是 ⅄，像手拿着笔杆的样子，这个字表示古代书写用的笔。这种形式的笔在殷商时期已经出现。后来"聿"加上"竹"，成为后起字"筆"（笔）。"书（書）" ⅄、"画（畫）" ⅄ 都是手拿毛笔写字画画的样子。

册：甲骨文字形是 ⅄。在纸发明以前，中国古代人把字写在竹简上，然后用绳子把竹简编在一起。"册"表现的是竹简连在一起的古代书籍的样子。

典：甲骨文字形是 ⅄，两只手把书捧起来，表示书的地位很尊贵，所以"典"一般表示古代留下来的、重要的书。现在所用的字典、词典是很重要的、作为标准的书。

练习

一、填空题

1. 在中国远古的传说中，创造汉字的人是 _____。

2. 商和西周时期，铸刻在青铜器上的文字叫作 _____。

3. _____是中国已发现的古代文字中最早的比较成熟的文字系统。

4. 秦朝时民间就已经流行的一种比较容易的汉字写法，把弯曲的汉字线条拉直，这种字体是 _____。

5. 甲骨文和金文是 _____ 阶段的汉字，从隶书开始，汉字进入到 _____ 阶段。

二、实践题

1. 在街道、校园、旅游名胜等地观察招牌、匾额、楹联、石刻等，指出各类字体和书体。

2. 在 Word 或 PowerPoint 中使用不同的印刷字体为一段文章进行排版，至少包括宋体、楷体和黑体。

第三节　汉字的造字法

学习目标

1. 掌握汉字的造字原理,能够判断常见的汉字是按照哪一种造字法造出来的(象形、指事、会意、形声)

2. 指出形声字的形旁和声旁

3. 了解形声字的声旁和形旁的作用,通过比较一组形旁相同或声旁相同的汉字,理解和记忆生字

一、汉字造字法

我们前面说过,汉字起源于图画,可是那么多汉字都是用画画的方法造出来的吗? 当然不是。两千年前,中国东汉时期有个文字学家叫许慎,写了中国第一部字书《说文解字》,这也是一部文字学著作,收录了 9353 个汉字。在《说文解字·叙》中,他总结并解释了汉字学家归纳的六种汉字造字方法,即象形、会意、指事、形声、转注和假借,也就是"六书":

"周礼八岁入小学,保氏教国子,先以六书。一曰指事,指事者,视而可识,察而可见,上下是也;二曰象形,象形者,画成其物,随体诘诎,日月是也;三曰形声,形声者,以事为名,取譬相成,江河是也;四曰会意,会意者,比类合宜,以见指撝,武信是也;五曰转注,建类一首,同意相受,考老是也;六曰假借,假借者,本无其字,依声托事,令长是也。"

在商周时期,这几种造字方法已经齐备。"六书"是汉字学家根据古代汉字总结出来的理论,汉字的发展过程中,很多新汉字是也依据六书原则创造,字形的整理和规范也要参照六书理论。因此研究和学习汉字,需要理解"六书"。

(一)象形

按照许慎的说法,"象形者,画成其物,随体诘诎,日月是也",意思是象形造字法就是画出一个事物的形体,笔画按物体的形象曲折变化,像"日""月"就是用这种方法造出来的字。我们现在看"日"、"月"的甲骨文字形态,就像太阳、月亮的样子。象形字来源于图画,但与图画有本质的不同。它是一种书写符号,不需要细致逼真,只要记录事物大概的样子就可以。

有的象形字是描画事物的整体轮廓,如人、山、水、木、鱼、云 等。

有的象形字描画事物的最有代表性的特征,如羊、牛 等。

有的象形字如果单独描画出形体不容易识别,因此还要画出相关的物体,如天、果 等。

象形字有时注意突出事物特征作为区别,例如"马""豕""虎"都是侧面的动物形象,甲骨

文的字形突出了不同动物的特点，"豕"（图）强调猪肥大的腹部，"虎"（图）强调老虎张开大嘴露出的牙齿，"马"（图）强调马的鬃毛。

尽管象形造字法尽可能地描画事物形象，但记录语言仍有很大的局限性，复杂的事物就很难画出了，而且抽象的事物也无法描画。因此象形字并不多。《说文解字》收录的 9353 个汉字中，据清代汉字学家王筠统计，象形字不过 264 个。象形字虽然少，却是汉字构成孳生的基础。象形字一般是一个单独的部分，即"独体字"，能够成为组字部件构成其他汉字。

（二）指事

许慎说："指事者，视而可识，察而见意，上下是也。"意思是用指事造字法造出来的字，一看就认识，仔细察看体会，就能明白这个字所表示的意思，上、下就是用这种方法造出来的指事字。其实就是用象征性符号，或者在象形字上加上指事符号来表示这个字的意思。比如一（图）、二（图）、三（图）是直接用符号来表示的字；又比如上（图）、下（图）用符号的位置表示上、下两个方位；再比如刃（图）是象形的刀加上指事符号，标示刀的某个部位就是刀刃；本（图）、末（图）是用符号标示出树木的根部和树梢；亦（图）本义是人的腋下，这个字就在"人"字中增加指向腋下的符号；朱（图）本义是树木中芯红色的部分，字形就是"木"加上符号指出红色的部分。

汉字中指事字很少。据王筠统计，《说文解字》所收录的汉字中指事字只有 129 个，后世几乎没有创造指事字。

（三）会意

许慎说会意是"比类合谊，以见指撝，武信是也。"意思是说会意造字法是两个或几个象形字合起来组成一个字，表示一个新的意义。"武"甲骨文字形是（图），由戈、止两个部分组成。戈是一种兵器，止是脚趾，表示行走，两个字合起来组成"武"，表示拿着兵器去战斗。"信"包括人和言两个字，合起来表示人说的话，即信息的意思。会意法就是结合几个字的意义产生新字，这样造出的会意字一般由两个以上部件组成，是"合体字"。比如从（图）、林（图）、步（图）、焚（图）、鸣（图）、休（图）、取（图）、寇（图）等。会意造字法的表意方式突破了象形和指事的局限，能表示一些抽象的事物和意义，提高了汉字的表意能力，造字数量大大增加。据王昀统计，《说文解字》所收 9353 个汉字中，有 1254 个会意字。一些近现代汉字也使用会意造字法，例如掰、岩、灶等。但是会意字记录语言仍存在局限，在造字量上也还是有限，不能满足记录语言的需要。

（四）形声

许慎指出："形声者，以事为名，取譬相成，江河是也。"意思是形声用表示事物类别的字，加上与事物名称声音相同或相近的字，一起组成新字，例如江、河就是这样造出的形声字。江、河都与水相关，左边的"氵"表意，右边是与这两个事物名称声音相近的"工""可"，组合起来就成为"江""河"两个字。这样，形声字就包括"形"和"声"两个部分，表意的部分称为"形旁""形符""意符"，表音的部分称为"声旁""声符""音符"。从结构上看，很多形声字是左形右声，也就是形旁在左边，声旁在右边，如江、河、骑、饭、妈、姑、情；有右形左声的，如鸭、放、刻；有上形下声的，如箭、空、雾、蔷；有下形上声的，如：聋、努、剪、背；有内形外声的，如问、闻、闷;有外形内声的,如闺、阁、圆;有形符占一角的形声字,如疆、岛、腾;有声符占一角的,如旗、病、房。

有了形声法,汉字就不单单表意了,还增加了表音成分,这样就具有了很强的生成能力,可以大量造字。在商周的甲骨文系统中形声字的比例还不是很高,到了东汉许慎的《说文解字》中,约80%的汉字是形声字。利用这种方法,能为层出不穷的新事物造出新字,汉字系统可以随着汉语的发展不断丰富,满足了记录语言的需要。汉字因此成为了成熟的意音文字。现代大量汉字是通过形声法造出的,形声字达到90%,特别是一些化学元素、化合物、医药品的用字,例如镭、铀、氧、吡、嗪、胺等。

(五)假借

许慎说假借是"本无其字,依声托事,令长是也"。意思是本没有记录某个词的字,借用一个声音相同或相近的词的字形,来记录有音无字的那个词,而不用另造一新字。这种字只是因为同音而被借来记录与原本字义无关的词,成为假借字,如令、长都是假借字。令的甲骨文字形是 𝄐,本义发布命令。有个官职名称与"令"同音,因此借用"令"这个字来记录官职名。因此"令"表示官名时是假借字。

假借法并没有造出新字,而是借用已有的、记录其他词的字,因此假借并不是真正意义上的造字法,而是一种用字法。

随着语言的丰富和发展,很多表示抽象事物的词和表达语法意义的虚词无法通过象形、会意、指事这样纯表意的造字法来记录。假借法则可以满足这一需要。例如:

北,甲骨文字形是 𝄐 ,这个字本来是两人背对,表示背离的意思,原造字法是会意。因为表示方向的词与这个表示背对的词发音相同,就借用"北"字表示方向。经过长期使用,久借不还,这个"北"字就专门用来表示方向了。为了区别同音词,人们就为"两人相背"的本义用形声法另外造一个新字——"背"。

其,甲骨文字形是 𝄐 ,这个字形本义是簸箕这种用具,原造字法是象形。发音和第三人称代词、语气副词相近,就被借用表示代词和语气副词。而原来表示簸箕的词就另用形声法造了新字"箕"。

斤,甲骨文字形是 𝄐 ,这个字本义是斧子,原造字法是象形。因与表示重量单位的词同音就被借用,并长期沿用下来。

汉语中有很多这样的假借字,是在汉字不够记录词的时候,用声音相同或相近的字来代替的方法。随着长期的使用,这些词对应的汉字就固定下来。也就是说,假借字其实记录的是汉语的语音,词义与字形没有关系。

其实很多音译外来词也是使用假借法来记录的。例如"巧克力",如果单独看"巧""克""力"三个字,本义都不表示这种食品。它们合在一起,是记录词的语音形式。又如"沙发""纽约""尼龙""芝士""里根""加拿大""奥林匹克"等词,这些汉字都有其本义,但是合在一起就不表示原意,而只是使用它们的语音形式来记录音译外来词。

有的假借字在使用一段时间后又不再使用了,由于为这些词造了新的专用字,假借字就被替代了。如"吴公"是借用来表示一种虫子的假借字,后来人们以形声法为这种虫造了新字"蜈蚣","吴公"就不再使用了。

假借法突破了表意文字的局限,不另造新字,而是用已有的汉字作为表音符号记录语言中有音无字的词,不需要造新字,又使汉字能够记录语音,成为既表音又表意的符号系统,大大增强了汉字记录语言的能力。

由于假借字的使用,汉字就出现了一字表多词的现象。例如:"米"字本义指谷物的种子,后借用表示长度单位"meter"。此外,还存在同一词有多种不同汉字写法的情况,例如从隋代到元代,中国台湾称为流求,也写作流虬、留求、流球等。又如一种满族的甜点心,汉字记作萨其马、沙琪玛、沙其马多种写法。"ice cream"引入汉语后,这个词的后半部分以汉字记音,可以写作"冰激凌",也可以写作"冰淇淋"。假借法给记录语言的声音带来了方便,也省去了另造字的麻烦,但有时一字表多词、多字表一词的情况也对汉语学习带来了一些困难。汉语学习者在遇到假借字时要注意区分字本义和语音的关系。

(六)转注

许慎说转注是"建类一首,同意相受,考老是也"。"考""老"是一组转注字。但是对于这个"建类一首,同意相受",汉字学家有很多种不同的解释,至今没有定论。有的认为文字出现了引申义,就为这个字增加一个表义偏旁,造出新字来表示引申义,原来的字在新字中既表音又表意,这种造字方法就是转注法。有的认为转注是用假借字加上表义的偏旁,造出新字,表示文字的假借义。这类新字就是转注字。还有的认为转注是一对同部首的字意义相近,声音相同或相近,可以相互注释而形成的字叫转注字,例如"老"和"考"互相可以解释。无论如何,转注是古人用字义解释字的用字方法,也不是造字方法。一般认为转注字是部首相同、字义相同、读音相近的一组字。

二、现代汉字的字音和字义

"六书"是从历史角度对汉字的创制进行的总结。汉字发展到现代,成为一种成熟的既表音又表意的符号系统。我们在了解造字法原则的基础上,可以从字音和字义两方面观察现代汉字。了解汉字形、音、义之间的复杂关系,可以帮助汉语学习者更好地认识和理解汉字的系统,从而按照规律识记汉字。

(一)现代汉字的字音

现代汉字是一个成熟的意音文字系统,汉字字形与字音的关系如下。

1. 一个字形记录一个音节

在语音章节已经学习过,汉字一般是一个字记录一个音节,除了儿化韵是由两个汉字记录一个儿化音节,例如"画儿"huà;一个字记录两个音节的情况,如"瓩"读 qiānwǎ,目前已经不再使用。

2. 同一个音节可以用多个字形来记录,同一个汉字也可以有一个以上读音

我们知道,汉语中存在大量的同音现象,一个语音形式要负担很多不同的意义,一个音节可以由多个汉字来记录。例如"bā"这个音节,《新华字典》收录的同音汉字有八、扒、叭、朳、巴、芭、吧、岜、疤、蚆、笆、羓、粑、鲃、捌共计 15 个。因此对于汉语学习者来说,汉字是非常重要的区别意义的方式,如果学汉语忽视汉字,学习有可能缺乏可持续性。在词汇不断输入的过程中,没有汉字帮助区别意义,大量同音词容易混淆,会对理解话语的意义造成不小

的困难。

另一方面,有的汉字还有多个读音,也就是说汉字系统中存在多音字。这其实是用同一个字表示了多个词,这些字形相同、字音和字义不同的词叫同形词。例如:好,读 hǎo,是形容词,表示优点多或让人满意;读 hào,是动词,表示喜欢。在阅读的时候要在上下文中确定字的读音和意义,比如"读好书"中的"好"读 hǎo,"好读书"中的"好"读 hào。《现代汉语常用字表》中的 3500 字中,有 400 余个多音字,占到 10% 以上,学习时需要联系语境掌握。

3. 现代汉字的读音有方音差别

中国地域广阔,不同的地域有独特的方言及其语音系统,而汉字却是超越空间局限的通用书写系统。同一个汉字在不同地方的读法不同,但这并不影响各地人民对汉字及书面材料的理解。

4. 现代汉字的字形大多不能准确表音

汉字毕竟不是拼音文字,虽然具有表音的功能,但这一功能比较弱。有的汉字没有声旁,例如使用象形、会意、指事等造字法创制的汉字,不具备表音功能。而且这些汉字常常记录的是基本词汇,如女、子、日、月、水等,需要一一记忆,才能正确读出字音。

汉字还有 80% 以上是形声字,带有表音符号——声旁,例如"蝎"的声旁"易"读音就和整个字的读音相同。但声旁的表音作用很有限:首先,声旁不是拼音字母,仍是一个个的汉字或汉字部件,这些汉字部件有时做声旁表音,有时又可以做形旁表意。例如"门"在"闻""问"等字中做声旁,在"阖""闲"等字中做形旁。因此看到带"门"的形声字,也不能随意确定字音。其次,汉语的语音系统历经各个时期,已经发生了巨大的变化。古读同音的字,到现代可能已经不同音;古读音不同的字,现代可能变成同音。例如"番"这个字在上古时期,声母是双唇音,到现代演变为唇齿音。同样以"番 fān"为声旁的形声字,"潘 pān""翻 fān"读音不同。"工"是"江"的声旁,两个字古音的声母相同,但现在已经有很大差异。再次,汉字的字形也经历了种种演变,这一过程中有的字声旁缺失,有的变形,已经看不出来。例如"春",小篆字形 𣾓,是个会意兼形声字,其中有个表音的部件"屯",上古音系舌上音声母归舌头音,"春"与"屯"读音一样,"屯"作为"春"的声旁表音。但是经过隶变,"春"字的这个声旁没有了。又如"广",繁体字形"廣"是个形声字,简化后声旁"黄"省略了。"欢",繁体字"歡"的声旁"雚"在简化后被"又"替换了。再如"贼",这个字金文形式是 𣓏,形旁是"戈",声旁是"则",现代汉字中左边的声旁笔画已经发生了形变,不容易辨认出来。

现代形声字整字读音和声旁读音的关系具体如下:

(1)字音和声旁读音完全相同。根据统计,只有约 26% 的形声字读音与声旁读音完全相同。例如:"芳 fāng"和声旁"方 fāng","烤 kǎo"和声旁"考 kǎo","洋 yáng"和声旁"羊 yáng","柿 shì"和声旁"市 shì","漫 màn"和声旁"曼 màn","暮 mò"和声旁"莫 mò","犷 guǎng"和声旁"广 guǎng"。

(2)字音与声旁声调不同。例如"请 qǐng""情 qíng""晴 qíng"和声旁"青 qīng",声母韵母都相同,声调不同。又如"妈 mā"和声旁"马 mǎ","饭 fàn"和声旁"反 fǎn","姑 gū"和声旁"古 gǔ","按 àn"和声旁"安 ān","镇 zhèn"和声旁"真 zhēn","梅 méi"和声旁"每 měi","摹 mó"和声旁"莫 mò"。

(3)字音与声旁声母相同,韵母不同。例如:"唇 chún"和声旁"辰 chén","绿 lù"和声旁"录 lù","砧 zhēn"和声旁"占 zhàn","幕 mù"和声旁"莫 mò","蛤 há"和声旁"合 hé","泊 bó"和声旁"白 bái"。

(4)字音与声旁韵母相同,声母不同。例如:"精 jīng"和声旁"青 qīng","纯 chún"的声旁"屯 tún","畔 pàn"和声旁"半 bàn","裸 luǒ"和声旁"果 guǒ","蓬 péng"和声旁"逢 féng","客 kè"和声旁"各 gè"。

(5)字音与声旁声母、韵母都不相同。例如:颠 diān"和声旁"真 zhēn",声韵调均不同。又如:"排 pái"和声旁"非 fēi","江 jiāng"和声旁"工 gōng","胖 pàng"和声旁"半 bàn","络 luò"和声旁"各 gè","课 kè"和声旁"果 guǒ","骈 pián"和声旁"并 bìng"。

总的来说,形声字声旁的表音功能有很大局限,声旁能确切表音的形声字不多,非形声字也不带有表音声旁,因此不能随便根据字的半边来读整字。

5. 利用声旁认读、识记汉字

虽然说汉字的声旁无法准确表音,但它在汉语学习者学习汉字的时候还是可以起到一定作用的。例如:可利用声旁成组记忆汉字,像"摹、幕、寞、漠、摸、馍、墓、幕"有同样的声旁"莫",可以一组联系起来识记,有同样声旁"匋"的"掏、陶、淘、萄"也可以成组记忆。还可以利用声旁分辨形近字,"沧 cāng、抢 qiǎng"的声旁是"仓 cāng","沦 cāng、抡 lūn"的声旁是"仑 lún",这两组形近字,声旁字形分清楚后,两组声旁不同的字也可以随之区分。

(二)现代汉字的字义

1. 现代汉字字义的特点

(1)多数汉字的字义是语素义。

我们知道,汉字是语素文字,记录的语言单位是语素,多数情况下一个字的字义就是所记录的语素意义,例如"人、走、好、女"等。但不是每个汉字都有字义,能记录语素。比如"葡""萄""蜘""蛛"等汉字,单独出现时只有语音形式,没有字义,这时一个汉字记录的是一个音节,不是语素,而"葡萄""蜘蛛"这样合起来才是一个语素。

(2)现代汉字字义和字形的表意关系更为松散。

汉字在创制之初是象形表意的,这是汉字产生的基础,所以早期汉字,特别是表示日常事物的基本词汇所使用的汉字,是能够从字形看出字义的。比如说"雨"、"鸟"等,能很容易从字形看出所代表的事物。但汉字在演变过程中逐渐从图画抽象为符号,形体变化后就不易看出字义了。例如"目",从甲骨文的形态发展到现代汉字已经不太像眼睛的样子了。再加上假借字的存在,很多借来的字已经不表示初造字时的本义,如"其",本义是一种器具,从字形看不出代词的意思。汉字演变至今,字形和字义的关系已经松散了许多,表意功能有所减弱。

(3)现代汉字同一个字形常记录多个字义。

现代汉字常用一字表多义,例如"引"字,在字典里有这些意义:①拉;②引导;③离开;④伸着;⑤引起,使出现;⑥惹;⑦用作证据或理由。这主要是由于词义的分化,词汇章节专有论述。另外,假借字的应用也使得一个字可以记录多个语素,表示更多意义。例如"打",既读 dǎ 表示击打的动作,也可以读 dá 表示数量单位(12个)。

2. 现代汉字形旁的表意功能

现代汉字字形的表意主要是依靠形旁(或称意符)和字义固定的联系来实现。实际上在形声字里,形旁主要提示跟字义有关系的信息。形声字形旁和整字字义的关系有下列几种。

(1)形旁完全表意。

少量形声字形旁意义跟整字意义完全相同,如"船"的形旁"舟","爸"的形旁"父","眼"的形旁"目","站"的形旁"立","辉"的形旁"光"等。

(2)形旁基本表意。

有很多形声字的形旁意义跟字义一致。有时形旁表示字义的类别,例如:"鸭""鸽""鹦鹉"的形旁是"鸟",这些字表示的都是鸟类;"铁""钾""铝""铂"等的形旁是"金",都表示金属类;"蚊""蜂""蟋蟀"的形旁是"虫",都表示昆虫类,"杨""柳""柏""桦"的形旁是"木",表示字义都属于树木类。

有时形声字形旁的意义和整字意义有某种关系,例如:"搬""抬""抱"的形旁为"手",表示这些字与手的动作有关;"炒""烧""烤"的字义与"火"相关;"江""河""湖""海"与"水"有关;"跑""跳""跃"都是与"足"有关的动作。有的形声字形旁和字义有间接的关系。如"芳"形旁为"艹",即跟"草"相关,但并不是指一种草本植物,而是香草的气味;"椅"形旁为"木",但并不是一种树木,而是由木头做成的一种坐具;"鞭"的形旁是"革",表示该物品可能由皮革制成;"霉"的形旁是"雨",但并不是一种降水现象,而是由于长时间降雨天气潮湿引起的现象。

(3)形旁不表意。

还有一些形声字,形旁的意义和字义无关。这主要是由于词义的历史演变引起的。例如:"错"的形旁是"金",本义是在金属上涂饰,后因为词义演变,"错"字衍生出了"不正确""不符合实际""交叉"等意义,这种情况下,形旁"金"就失去了表意的功能。"骗"的形旁是"马",本义表示跃上马背,但现在表示欺骗的意思,与形旁"马"的意义无关。"特"的形旁是"牛",本义是指公牛,而现在"特"表示特别、特殊,与"牛"的意义无关。"球"形旁是"玉",本义是一种美玉,现在"球"的字义与形旁已经无关了。

总的来看,现代形声字形旁的表意功能并不强,即使能表意,也只能表示大概的意义类别或范围,不能准确地表达字义。因此完全依靠字形猜字意是行不通的。

但是,在汉字学习中,形声字的表意功能对识记汉字仍然具有意义。形旁可以帮助学习者联想或推测汉字所记录意义的大致范围,例如"燃"形旁是"火",可能跟"火"有关;"贷"形旁是"贝",可能跟钱有关;"琥珀"形旁是"玉",可能跟珠宝有关;"摩"的形旁是"手",可能跟手的动作有关。此外,形旁有助于区别具有相同声旁的同音字。例如:"萱、瑄、喧、暄"有同样的声旁"宣",也都读 xuān,不同的形旁"艹、玉、口、日"分别代表了不同的意义范围,这组字也就容易区分开了。

练习

一、指出下列汉字所使用的造字法(象形、会意、指事、形声)

1. 警(   )　　　2. 看(   )　　　3. 二(   )　　　4. 证(   )

5. 采（　　）   6. 战（　　）   7. 政（　　）   8. 衣（　　）

9. 河（　　）   10. 森（　　）   11. 末（　　）   12. 上（　　）

13. 木（　　）   14. 云（　　）   15. 跨（　　）   16. 箭（　　）

17. 休（　　）   18. 鸟（　　）   19. 清（　　）   20. 好（　　）

二、写出下列汉字的现代字形

1. ⿰_____   2. ⿰_____   3. ⿰_____

4. ⿰_____   5. ⿰_____   6. ⿰_____

三、分析形声字

1. 健：形旁_____ 声旁_____   2. 淘：形旁_____ 声旁_____

3. 疲：形旁_____ 声旁_____   4. 馆：形旁_____ 声旁_____

5. 锻：形旁_____ 声旁_____   6. 袖：形旁_____ 声旁_____

6. 糕：形旁_____ 声旁_____   8. 链：形旁_____ 声旁_____

7. 桥：形旁_____ 声旁_____   10. 瓶：形旁_____ 声旁_____

四、按要求写汉字

1. 写出 3 个 "木" 作形旁的形声字：_____、_____、_____。

2. 写出 3 个 "包" 作声旁的形声字：_____、_____、_____。

3. 写出 3 个 "讠" 作形旁的形声字：_____、_____、_____。

4. 写出 3 个 "正" 作声旁的形声字：_____、_____、_____。

五、简答题

有一副著名的对联："云朝朝朝朝朝朝朝朝散，潮长长长长长长长长长消"。对联中有两个多音字"朝"和"长"，应该怎么读？怎么理解这副对联？

第四节　现代汉字的结构

学习目标

1. 认识汉字基本笔画

2. 能将汉字拆分为基础部件

3. 能说出常用的偏旁部首的名称

4. 能用笔画及偏旁描述一个汉字如何书写

5. 了解笔顺的基本原则，按照正确笔画顺序书写汉字

现代汉字由古代汉字演变至今，已经成为一个成熟的书写符号系统。现代汉字的整字由部件构成，部件由笔画构成，我们分析汉字的结构，就从最小的单位笔画开始。

一、笔画

笔画是构成汉字楷书字形的最小书写单位。写汉字时,从落笔到提笔,这一小段书写就是"一笔",或称"一画"。现代汉字中笔画数多的字有三十多画,如"齉"36画;笔画数最少的字只有一画,如"一、乙"。

现代汉字有多种笔画的形状变化,2001年发布的《GB13000.1字符集汉字折笔规范》规定了汉字的5种主笔形为:一(横)、丨(竖)、丿(撇)、丶(点)、乛(折)。与主笔形对应的从属笔形(除"撇"外的主笔形都有相对应的从属笔形),称为附笔形。汉字附笔形中,㇀(提)归为一(横),亅(竖钩)归为丨(竖),㇏(捺)归为丶(点),乛(横折撇)、乚(竖弯钩)等折笔归入乛(折)。五种主笔形分别用序号1、2、3、4、5表示,笔形按先主后附依次排序(如折笔中的"横折竖""横折撇"……的序号分别用5.1、5.2……表示)。横、竖、撇、点四种主笔形及其对应的附笔形,称为平笔笔形;主笔形折及其对应的附笔形称为折笔笔形。GB13000.1字符集汉字(印刷宋体)折笔笔形共分25种(如表3-1所示,省去部分例字)。

表3-1 GB 13000.1字符集汉字折笔笔形

折数	序号	名称		笔形	例字
		全 称	简称(或俗称)		
1折	5.1	横折竖	横折	㇆(㇇)	口 / 敢
	5.2	横折撇	横撇	㇇(㇇)	又 / 令
	5.3	横钩		亅	买
	5.4	竖折横	竖折	㇗(㇗、㇊)	山 / 母 / 发
	5.5	竖弯横	竖弯	㇄	四
	5.6	竖折提	竖提	㇊	长
	5.7	撇折横	撇折	㇜(㇛)	公 / 车
	5.8	撇折点	撇点	㇛	女
	5.9	撇钩		㇒	乂
	5.10	弯竖钩	弯钩(俗称)	)	犹
	5.11	捺钩	斜钩(俗称)	㇂	代
2折	5.12	横折竖折横	横折折	㇅	凹
	5.13	横折竖弯横	横折弯	㇟	朵
	5.14	横折竖折提	横折提	㇊	计
	5.15	横折竖钩	横折钩	㇆(㇆)	同 / 也
	5.16	横折捺钩	横斜钩(俗称)	㇈	飞
	5.17	竖折横折竖	竖折折	㇞	鼎
	5.18	竖折横折撇	竖折撇	㇞(㇞、㇞)	专 / 奥 / 夹
	5.19	竖弯横钩	竖弯钩	㇉	己
3折	5.20	横折竖折横折竖	横折折折	㇎	凸
	5.21	横折竖折横折撇	横折折撇	㇋	及
	5.22	横折竖弯横钩	横折弯钩	㇌(㇟) ㇌	几 / 艺
	5.23	横折撇弯竖钩	横撇弯钩(俗称)	㇌	阳
	5.24	竖折横折竖钩	竖折折钩	㇉(㇉)	马 / 号
4折	5.25	横折竖折横折竖钩	横折折折钩	㇋(㇋)	乃 / 杨

学写汉字时,每个笔画应该书写到位,有时笔形相近容易弄混,要注意区别。例如:"乚"竖弯钩和"乀"(捺)以及"丶"(点)很相近,汉语学习者在书写时常常写不准确,将"见"写成"贝","兄"写成"只"。

笔画组成汉字,构成了各种空间关系。主要有以下几种空间关系:

分离关系:笔画和笔画之间互不相连,也不交叉,处于相互分离的关系(但这种分离的距离并不远)。请观察以下汉字笔画之间的空间关系:小、八、少、门、六、心。

连接关系:笔画和笔画之间有连接,但是并不交叉。请观察以下汉字笔画之间的空间关系:口、人、几、工、刀、户。

相交关系:笔画和笔画之间互相交叉。请观察以下汉字笔画之间的空间关系:十、又、九、车、力、也。

当然,笔画较多、较复杂的汉字常包含多种空间关系。例如"我"字左边的笔画有连接关系和相交关系,右边既有相交关系,又有分离关系。学习书写汉字时要注意这种空间关系,才能写准确。有时不注意笔画的空间关系差异,往往会出现错误。例如:"刀"和"力","甲""由"和"申",这些字形因为笔画空间关系的细微不同而有所区别,书写时笔画的相交或相接如果弄混,整个字就写错了,需要留意。

二、部件

1. 什么是部件

由笔画组成的具有组配汉字功能的构字单位,例如:木、心、口、也、亻、可、衣。有少数部件本身是一个笔画,如乙、一、丨,像这种由一个笔画构成的部件称为单笔部件;由两个以上笔画构成的部件是多笔部件,如力、又。最小的、按照规则不能再拆分的部件是基础部件,例如"男"字中的"田""力","江"中的"工"。由多个部件组成的部件是合成部件,例如:"想""箱""湘""霜"等字中的"相",是由"木""目"两个基础部件构成,又作为合成部件和其他部件组成整字,"倍""部""菩""焙""陪"等字中的"咅",是由立、口两个部件构成的合成部件。有的汉字结构比较复杂,由多个部件构成,这样拆分下来就有多个层级。例如"搬",可以先拆分出两个部件"扌""般",这是一级部件;接着"般"又可以拆分成"舟"和"殳",这是二级部件;"殳"又可以继续拆分成三级部件"几"和"又"。到此拆分部件就完成了。

如果按照能不能直接独立构成汉字来观察,部件可以分为两种:一种是成字部件,比如"女""马""木""心"等,可以单独成字;还有一种是非成字部件,比如"氵""疒""宀""忄"等,不能单独成字,需要和其他部件一起组成汉字。

我们为什么需要对汉字进行部件的拆分呢?首先,对汉字结构进行部件的拆分,比较方便称说,也容易识记,可减少汉字教学和中文信息处理的困难,并以此作为汉字编码的依据基础。此外,汉字在长期的发展过程中逐渐符号化,字形的形象性减弱,更加依靠部件和部件的组合来区别字形。

部件的拆分遵循一定的原则和规则。2009 年中国国家语言文字工作委员会发布使用的《现代常用字部件及部件名称规范》中,明确指出了部件拆分的原则是:根据字理、从形出发、尊重系统、面向应用。具体的部件拆分规则如下:

字形结构符合造字理据的,按理据进行拆分,例如:好——根据古代会意字的造字本意拆分为"女""子"两个部件。

无法分析理据或字形与字理矛盾的,依形进行拆分,例如:朋——拆分成"月""月";

笔画交叉重叠的不拆分,例如:东——不做拆分,不能拆为七、小。

拆开后的各部分均为非成字部件或均不再构成其他汉字的,不拆分,例如:非——不可拆分为左右两个部分。

因构字造成基础部件相离的,拆分后仍将相离部分合一,保留部件原形,例如:裹——拆分为"衣""果"。

2. 部件名称

为了方便称说和汉字教学,我们给汉字部件和部位进行命名。

有的部件按读音命名。成字部件仅有一个读音的,按其读音命名;多音的,选取较常用的读音命名,例如"口 kǒu、木 mù、火 huǒ、石 shí"。部分比较生僻的成字部件,给出读音后再按部位命名,代表字尽量选择常用或与该字读音相同的字,例如"丩"的名称是"丩(jiū)/纠(jiū)字边","聿"的名称是"聿(yù)/律(lǜ)字边"。

非成字的单笔部件,按规范的笔画名称命名,例如"丨"称为"竖","丿"称为"撇";成字的单笔部件,根据笔画和字音双重命名,例如"一"称为"横(héng)/一(yī)","乙"称为"横折弯钩/乙(yǐ)"

还有一些通行的非成字部件用俗称命名,例如"辶"称为"走之","氵"称为"三点水","宀"称为"宝盖","冖"称为"秃宝盖","彳"称为"双立人"等。

按部位命名部件可以更确切地描述部件:

位于上下、上中下结构上部的部件称"x字头",例如"青"称为"青字头","マ"称为"勇字头"。

位于上下、上中下结构下部的部件称"x字底",例如"廾"称为"弄字底"。

位于左右结构左部的部件称"x字旁",例如"丬"称为"将字旁"。

位于左右结构右部的部件称"x字边",例如"尤"称为"枕字边"。

位于包围结构外部的部件称"x字框",例如"囗"称为"围字框"。

位于包围结构中部的部件称"x字心",例如"巛"称为"巡字心"。

位于上中下结构或半包围结构中部的部件称"x字腰",例如"曰"称为"衰字腰"。

位于汉字四角部位的部件称"x(字)角",例如"歺"称为"餐左角","勹"称为"黎右角","凵"称为"临下角"。

有了部件的名称,我们就可以比较容易地说清楚一个汉字的部件构成。例如:"宝盖头、必字腰、山字底",是"密"。

《现代常用字部件表》对现代汉语 3500 个常用汉字逐一进行部件拆分、归纳与统计,收录了 441 组 514 个部件。以下选取了构字数最多的 50 个部件列出,如表 3-2 所示。

表3-2　最常用汉字部件简表

部件	名称	构字数	例字
口	口	516	吧哀舍扣
日	日	232	晒旧旦宣
木	木	218	柏沐案闲
氵	三点水	204	江衍阔梁
扌	提手旁	197	打拗哲籀
艹	草字头	167	草满塔警
一	横/一	161	旦灭丛脸
亻	单立人	156	体保夜鞭
土	土	136	地社幸庄
人	人	116	从合囚坐
十	十	108	什古早质
又	又	106	邓叹受怪
宀	宝盖	104	安牢容蛇
月	月/肉月	93	期明胆服
女	女	89	好安姿威
讠	言旁	79	话谴辩罚
辶	走之	79	送迷远近
纟	绞丝旁	77	红绑辫蕴
青	青字底	77	青肩前婿
贝	贝	77	坝员婴赢
八	八	72	叭分只俊
亠	玄字头	72	亢亩充液
冖	秃宝盖	70	写罕劳晕
阝	双耳	70	队邦椭堕
大	大	68	驮夸头因
心	心	67	悲闷媳瘾
刂	立刀	64	别箭偷罚
厶	厶/私字边	64	私台宏流
忄	竖心	64	惭懂性怀
田	田	64	佃奋画衡
禾	禾	64	种秃秦乘
寸	寸	62	村封寻将
虫	虫	62	虾独蚕闽
止	止	61	址步企斌
夂	冬字头	59	冬务处客
火	火	59	炒秋焚毯

续表

部件	名称	构字数	例字
钅	金旁	59	针锈锄衔
匕	匕	58	北此它化
广	广	57	扩康俯遮
力	力	56	动男伤荔
勹	句字框	55	勾泡葡渴
尸	尸	55	居卢殿霹
攵	反文	55	改玫傲整
乂	乂/艾字底	52	艾区驳樊
目	目	52	睛相看循
山	山	49	岭仙岁岔
ナ	左字框	45	左雄爱贼
⺌	尚字头	45	光尚尝膛
巾	巾	45	帕帅帚闹
立	立	45	站亲竖霎

3. 部件、偏旁和部首

我们也经常在字典里看到"偏旁""部首",这两者和汉字的部件有什么不同?

"偏旁"是传统的汉字字形分析法对汉字结构进行的划分,一般把汉字左边的部分称为"偏",右边的部分称为"旁",后来汉字中上、下、左、右各部分的构件都统称为偏旁。这是介于部件和整字之间的结构单位。例如"想"可以分成上面的"相"和下方的"心"两个偏旁,"惶"可分成"忄"和"皇"两个偏旁;如果进行部件切分,"想"可以分为"木""目""心"三个部件,"惶"可以分成"忄""白""王"三个部件。偏旁有时是单个的部件,有时是部件的组合。偏旁还常常和整字的读音和意义有联系,表音的部分是声旁(如"相""皇"),表意的部分是形旁("心""忄")。而部件是对汉字形体结构进行分析得出的结果,与是否表达汉字的读音或意义没有直接关系。

现代汉字中有很多字有相同的部件,如果把含有某个相同部件的字排列在一起,作为代表排在开头的这个部件就是部首,一般用于排列汉字以及检索汉字。例如,都有"木"这个部件的字归在一部,包括了"松、柏、杨、架、植、树、林、相"等字,这些字归在"木部","木"这个部件就是部首。可以说,部首是可以成批构字的部件。事实上这也是传统文字学对汉字的分析方法。东汉许慎在《说文解字》里首先建立部首,将 9353 个汉字按小篆字形分为 540 部,每部选一个字为部首,确定了 540 个部首。这个部首主要是作为表意的形旁统领该部的汉字意义类别,例如"贝"部的部首是"贝","凡贝之属皆从贝","高"也是部首,"凡高之属皆从高"。到了现代汉字系统中,《新华字典》《现代汉语词典》所列部首为 189 个。部首便于字典、词典的编纂和检字,和部件不完全重合。例如"搬"这个字的部件包括了"扌""舟""几""又"四个基础部件,其中"扌"是部首,如果利用部首在字典中检字,这个字按左边的部件归入"手(扌)"部,在"手(扌)"部首检字表里查找"搬"字。

三、整字的结构

现代汉字的结构可以分为单部件字和多部件字两大类。

1. 单部件字

单部件字是由一个末级部件构成的字,比如"火""上""下""人",也叫独体字。有的字笔画交叉连属,或呈镶嵌式,即使笔画数较多,也无法分出相离的两个部件,仍看作独体字或单部件字,例如"夷""事""东""更"。单部件字多来源于象形字、指事字,如"女""三"。由于汉字形体的演变,有的古代字形为合体字的,现在变成了单部件字,如"及"𠃌 甲骨文中是一个会意字,由手和人两部分组成,表示赶上前边的人,演变至今已无法分离出两个部件,成为独体字。

2. 多部件字

多部件字是由两个或两个以上部件构成的字,比如"部""件""树""邃""谜""语",也称合体字。合体字有的是来源于会意字,如"休""从""焚""监"等,有的来源于形声字,如"江""刻""级"等。

多部件字的结构形制主要有以下几类:

左右结构:有左右均衡的,如"讲""响""浊";有左中右结构的,如"谢""嘲""假";有一边包含了上下结构的,如"摆""惚""股""副""款";还有的右边部分包含了包围结构,如"诞""谜""撅""涵""烟"。

上下结构:有上下均衡的,如"星""青""患";有上中下结构的,如"意""鼻""荒""荧";有上半部分或下半部分包括左右结构的,如"挚""望""梦""势""瑟""茫""荡""寂";有一部分带有包围结构的,如"蓬""筒";还有品字结构的也归入这一类,如"晶""森""淼""磊""鑫"。

包围结构:有两面包围的,如"压""戴""遥""屈""翘""逊""屡""氧";三面包围的,如"闷""同""冈""区""凶""画";全面包围的,如"国""固""圆"。

对称结构:如"坐""幽""爽""巫""噩"。

总的来说,很多汉字的构造比较复杂,包含各种结构形式,如"箍"包括了上下结构、左右结构、包围结构,如"噬"包括了左右结构、上下结构、对称结构。掌握了汉字的基本结构类型和部件,可以提高认识和书写汉字的效率。特别是在写汉字的时候,要注意每个部件的空间组合关系,该分离的要分离,该紧凑的要紧凑,整个字形才能写得端正、美观。

四、笔顺

书写汉字的时候,要注意笔画的先后顺序。先写哪一笔、后写哪一笔,都有一定的顺序,不能随便乱写,也不能像画画一样,笔顺错误常称作"倒插笔"。掌握汉字书写的笔顺规则,避免"倒插笔",可以提高书写的速度。

书写汉字的基本笔顺规则如下:

先横后竖,如:十、丰;

先撇后捺,如:人、八;

先上后下,如:三、兰;

先左后右,如:川、例;

先外后里,如:区、凶、局;

先中间后两边,如:小、办;

先进去后关门,如:国、田。

也有一些补充规则,例如两面包围的字,如果在外面的偏旁笔画比较少,占的空间较小,则先写里边,再写外边,像"过"字就是先写里边的"寸",再写外边的"辶","建"字先写"聿",再写"廴";外边偏旁笔画比较多,占整字空间较大时,就先写外边,再写里边,像"题"字,先写外边的"是",再写里边的"页","毡"字先写外边的"毛",再写里边的"占"。

学习者在学写汉字的时候,要尽量掌握各部件的正确笔顺,根据笔顺规则,准确书写整字就相对容易实现了。

1997年中国国家语言文字工作委员会发布了《现代汉语通用字笔顺规范》,统一了7000个通用汉字的笔顺,为汉字教学、汉字信息处理提供了标准和依据。

练习

一、填空题

1. 一横、一竖、一撇、一捺,有可能组成什么字? _____。

2. "虫字旁,马字边",这是什么字? _____。

"禾字头,女字底",这是什么字? _____。

"单人旁,足字边",这是什么字? _____。

"竖心旁,青字边",这是什么字? _____。

"上字头,心字底",这是什么字? _____。

3. 写出3个包含部件"宀"的汉字:_____、_____、_____。

写出3个包含部件"氵"的汉字:_____、_____、_____。

写出3个包含部件"纟"的汉字:_____、_____、_____。

写出3个包含部件"灬"的汉字:_____、_____、_____。

写出3个包含部件"攵"的汉字:_____、_____、_____。

二、写出下列汉字的跟随式笔顺

录 ——

固 ——

串 ——

迹 ——

映 ——

三、写出下面汉字的总笔画数

永(　　)　　练(　　)　　予(　　)　　酣(　　)　　啤(　　)　　谨(　　)

第五节　汉字的规范化

学习目标

1.认识一些常见字及偏旁的繁简转化,会辨认常见繁体字
2.会书写自己的中文名字的繁体形式
3.正确、规范地使用和书写现代汉字,纠正汉字偏误

汉字的规范化是对汉字的使用制定统一明确的标准,以利于教学及汉字信息处理。汉字规范化包括了定量、定形、定音、定序四个方面的内容。

一、定量

在汉字绵延使用几千年的过程中,有新的字不断产生,也有旧的字不再使用。从古至今到底有多少汉字? 具体的数字很难统计。我们只能从各种字书、韵书、字典中一窥究竟,如表 3 - 3 所示。

表 3 - 3　主要字书收字情况

时期	字书/字典	收字数量
东汉(公元 2 世纪)	《说文解字》	9353
晋(公元 5 世纪)	《字林》	12824
南北朝(公元 6 世纪)	《玉篇》	22726
唐(公元 7 世纪)	《切韵》	12150
宋(公元 11 世纪)	《广韵》	26194
明(公元 17 世纪)	《字汇》	33170
清(公元 18 世纪)	《康熙字典》	47043
中华人民共和国成立后(1990 年)	《汉语大字典》	54678

从表 3 - 3 可以看出,汉字的总量一直在增加,大概有五六万,在国际编码的汉字字符集里收录的汉字甚至达到 8 万。而实际上,有很多是现代已经不用的字,比如:"騽(zhù)"指后左足白色的马,"駂(bǎo)"指黑白杂色的马,"骃(yīn)"指浅黑带白色的杂毛马,"駽(xuān)"指青黑色的马,"骢(cōng)"指青白色的马。但这些汉字基本上都成了"死字",已经不在书面使用了。此外,还有大量异体字。比如"窗"就有"囱、牕、牎、窓、窻"等多种写法,这些字形记录的是同音同义的语素,在实际使用上来说属于多余的符号。鲁迅的小说《孔乙己》里塑造了一个迂腐、麻木、穷困潦倒的底层知识分子孔乙己,他懂得"回字有四样写法",自以为博学。这里"回"字的四样写法,实际就是异体字现象。如果我们除掉一些不再使用的汉字和

异体字,据文字学家统计历代的文字资料,通常使用的汉字数量其实没有太大变化,基本保持在 5000—6000 字。

现代汉字的总量有多少呢?《新华字典》收录了汉字 11000 个左右,基本接近现代汉字的总量。为减轻汉字学习和使用难度,适应出版需要,规范汉字使用,需要对汉字字量进行一定的精简。20 世纪 50 年代以来,现代汉字逐渐淘汰了一些异体字,更改了一些仅在地名中使用的生僻字,同时统一了计量单位名称用字,淘汰了类似"瓩""浬"等双音节汉字,改用"千瓦""海里"表示。1988 年中国国家语言文字工作委员会和新闻出版署联合发布了《现代汉语通用字表》,共收录了通用字 7000 个。通用字是书写现代汉语一般情况下要用到的汉字,其中核心部分是常用字,有 3500 个左右。《现代汉语常用字表》收录的 3500 个常用字又分为 2500 个常用字和 1000 个次常用字。这 2500 个常用字的覆盖率达到了近 98%,也就是说掌握了这些汉字,日常阅读书籍报刊基本没有问题了。2013 年 8 月,中国国务院公布了《通用规范汉字表》。该表收字 8105 个,分为三级。一级字表为常用字集,收字 3500 个,主要满足基础教育和文化普及的基本用字需要,也可以作为义务教育阶段的识字标准。二级字表收字 3000 个,常用度仅次于一级字。一、二级字表合计 6500 字,主要满足出版印刷、辞书编纂和信息处理等方面的一般用字需要。三级字表收字 1605 个,是姓氏人名、地名、科学技术术语和中小学语文教材文言文用字中未进入一、二级字表的较通用的字,尽量满足各类证件制作用字和医药、气象、环境等学科门类专业用字的需要,适应信息化时代各领域用字的要求。《通用规范汉字表》还附有《规范字与繁体字、异体字对照表》和《〈通用规范汉字表〉笔画检字表》。

汉字总量非常多,而沿用了几千年,到今天仍是有效的记录语言的系统,仍然能被人们掌握、使用,原因就在于其中有这部分高频常用字。因此对于汉语学习者来说,学汉字的重点应该放在常用字上。面向汉语学习者的《汉字等级大纲》共收录汉字 2905 个,这其中绝大部分选自字频最高的 2500 个汉字。

二、定形

(一)简化汉字

19 世纪末 20 世纪初,中国有些知识分子认为中国落后是因为科学教育没有普及,而科学教育不普及是因为汉字繁难,提出汉字应该拼音化。那时候就有学者提出简化汉字,减少汉字笔画。而在实际的使用中,早在魏碑上就已经出现简化的汉字写法。唐朝的写本、宋元明清的戏曲小说等民间刻印的书籍中,都出现大量简化字,如"声(聲)""礼(禮)""万(萬)""尽(盡)"等。20 世纪 20 年代以后,研究、整理简化汉字的人越来越多,也出版了一些整理简体字的书。中华人民共和国成立后,为了发展和普及教育,方便人们识字阅读、提高文化水平,20 世纪 50 年代中国开始了全面的汉字简化工作。1956 年《汉字简化方案》公布,将中国使用了两三千年的繁体字简化,以便人们学习和使用。这个方案收录简化字 515 个,简化偏旁 54 个。1977 年又公布了《第二次汉字简化方案(草案)》,但这一方案存在不少缺点,很快收回修改。1986 年,为纠正社会上简化字的混乱使用情况,中国国家语言文字工作委员会明令废止《第二次汉字简化方案》,并重新发布《简化字总表》,收录简化字 2235 个,成为简化汉字的规范。

汉字简化的具体方法主要包括以下几种：

(1)简易的行草书写作楷书。人们快速书写时的行书或草书中,有一些简省汉字字形,把这些简化的草书字形用来写成楷书的形式,例如：

長—长　　專—专　　東—东　　為—为　　學—学　　書—书

(2)采用古字。利用形体比较简单的古字,代替形体复杂的后起字。有一些字创制之后被借用表达抽象的意义,原来的意义就造新的形体比较复杂的形声字来表达,以示区别。简化时可以恢复较简单的古字的形体,例如：

雲—云　　電—电　　從—从　　氣—气　　鬚—须

(3)局部删除。保留部分,省去原字形中比较繁杂的部分,例如：

醫—医　　飛—飞　　親—亲　　廣—广　　奪—夺　　號—号　　豐—丰　　滅—灭

(4)同音假借。几个读音相同或相近的汉字中,用形体比较简单的字代替形体复杂的字,例如：

几、幾—几　　斗、鬥—斗　　台、臺—台　　谷、穀—谷　　干、乾、幹—干
出、齣—出　　丑、醜—丑　　后、後—后　　面、麵—面　　里、裡、裏—里

(5)另造新字,不使用原来较为复杂的结构或偏旁,例如：

塵—尘　　義—义　　護—护　　竈—灶　　衛—卫　　驚—惊　　響—响　　畢—毕

(6)改换偏旁,使用形体简单的部件代替原字中复杂的部件,例如：

筆—笔　　態—态　　據—据　　礎—础　　擔—担　　這—这　　戰—战　　犧—牺
郵—邮　　懼—惧　　願—愿　　鄭—郑　　執—执　　實—实　　寶—宝　　隱—隐
漢—汉　　歡—欢　　僅—仅　　學—学　　舉—举　　區—区　　風—风　　攬—揽

(7)简化偏旁后类推,例如：

言→讠　　説—说　　誠—诚　　諾—诺　　談—谈　　計—计　　許—许
金→钅　　鉛—铅　　釘—钉　　銅—铜　　銀—银　　鋪—铺　　錯—错
貝→贝　　貸—贷　　攢—攒　　貴—贵　　負—负　　贏—赢　　則—则
鳥→鸟　　鳩—鸠　　鴣—鸪　　島—岛　　裊—袅　　鴨—鸭　　鴿—鸽
馬→马　　馳—驰　　駁—驳　　媽—妈　　駕—驾　　駟—驷　　騰—腾
門→门　　閱—阅　　悶—闷　　閣—阁　　簡—简　　聞—闻　　閑—闲

汉字简化后,大大降低了学习识记的难度,对中国教育普及、人民文化水平的提高起到了重要的推动作用。目前在世界各国的汉语学习中,规范的现代简化汉字是教学主流,以华语为官方语言之一的新加坡也使用简化汉字。

需要注意的是,简化字和繁体字大部分情况是一一对应的,但还有少部分一个简化字对应两三个繁体字的情况。例如:"发"是"发财"的"發"和"头发"的"髮"的简化字,"干"是"干预"的"干""干活"的"幹"和"干净"的"乾"的简化字,"后"是"后边"的"後"和"王后"的"后"的简化字,"里"是"里外"的"裡(裏)"和"十里路"的"里"的简化字,"松"是"松树"的"松"和"轻松"的"鬆"的简化字,"复"是"重复"的"複"和"回复"的"復"的简化字。因此,在需要书写繁体字的场合,要特别注意不能对应错误。

(二)整理异体字

如前文所述,异体字其实是记录语言时的冗余现象,一个语素用一个字形记录就可以

了,多个异体字增加了汉字字量,也造成了学习的负担,因此需要进行规范,确定一个"选用字"为规范的正体字,淘汰其他多余的异体字。1955 年出台《第一批异体字整理表》,按照"从俗、从简"的原则,经过多次调整,淘汰非规范异体字 1024 个。

2009 年,为满足社会各领域对汉字应用的需要,方便人们的语言生活,促进文化传承,促进教育、国际交流和信息化建设,中国教育部、国家语言文字工作委员会组织专家历时 8 年制定的《通用规范汉字表》推出了征求意见稿。为尊重社会习惯,方便人们用字需要,字表将《第一批异体字整理表》中的 51 个异体字恢复收录,主要用作人名、地名,如"喆""淼""堃""昇"等,对异体字也不再简单地提"淘汰""废除",但在使用上有明确要求。2013 年,《通用规范汉字表》正式发布,进一步提升了中国通用语言文字的规范化、标准化及信息化水平,此后社会一般应用领域的汉字使用均以《通用规范汉字表》为准,原有相关字表停止使用。

对于汉语学习者来说,应依据最新的标准和规范,学习正确书写规范汉字,特别是要避免笔画错漏、方位关系偏差、写别字的现象。此外,来自日本、韩国等汉字文化圈国家的学习者应注意本国使用的汉字与现代规范汉字的差异。

三、定音

对汉字读音的规范,在上一章"语音的规范"部分已经提到,就是确定汉字的标准读音。1985 年中国国家语言文字工作委员会、国家教委、广播电视部联合公布了修订后的《普通话异读词审音表》,对一千多条异读词进行了审定,为汉字定音打下了基础。随着社会交际中语言生活的发展变化,2011 年新一轮的普通话异读词审音工作启动。2016 年推出《普通话异读词审音表(修订稿)》面向社会征求意见。新的审音表公布后,将更好地体现语言的发展现状,适应当前语言生活,服务于人们交际沟通。

四、定序

汉字的定序就是确定汉字的排列顺序。编纂字典、辞书等工具书,制订电脑编码方案,编排资料目录,给人名表单排序,都需要有一个标准的汉字排序法。

目前汉字字序排列最常用到的是音序和形序。音序依据字音,形序依据字形。

音序法就是根据汉字的拼音排列顺序,声母韵母相同的,按声调阴平、阳平、上声、去声、轻声的顺序排列,这样音节的顺序就可以固定下来。但是同音字的排列顺序还没有完全统一,有的字典按字的笔画数排列,例如"青""清""轻""倾"都读 qīng,就按笔画数"青(8 画)、轻(9 画)、倾(10 画)、清(11 画)"的顺序排列。笔画数都相同的就按横、竖、撇、点、折的笔形顺序排列。例如"伴""扮"读音相同,笔画数也相同,由于"扮"第一笔是横(一),"伴"第一笔是撇(丿),所以"扮"排在"伴"的前边。这其实是音序结合形序的排序法。

形序法有按部首排列的和按笔画排列的。按部首排列从许慎的《说文解字》就开始了。由中国教育部、国家语委组织研制的语言文字规范《汉字部首表》和《GB 13000.1 字符集汉字部首归部规范》自 2009 年 5 月公布实施,其中包括 201 部首,并确定了部首的排序。同部首内的汉字按照除部首外的剩余笔画数进行排列。按笔画、笔形排列相对比较直观,笔画数少的字在前,笔画数多的字在后;笔画数目相同的字,再按照第一笔笔形横(包括提)、竖、撇、点、折(包括各种折笔笔形)的顺序排列;如果笔画数相同、第一笔笔形也相同,看第二笔的笔形，以此类推。在很多需要对名单上的人名进行排序的场合，常根据姓氏笔画排定。

现在常见的字典收字多以音序法排列，但同时有音序检字表和部首检字表，有的还有笔画检字表。

练习

写出下面繁体字对应的简体字，并朗读这段话

唐朝是中國古代歷史上經濟、政治和文化最發達的時期之一。首都長安城（現在的西安）的人口有一百多萬，大批外國人來到中國學習或者做生意，也有很多中國人到外國做買賣。直至今天，一些國家還用"唐人"和"唐人街"這樣的詞語。當時有些來中國學習的日本人，學習結束以後就留在中國，人們稱之為"留學生"。後來，所有來中國學習的外國人都被稱為"留學生"。

第四章

现代汉语词汇 ◀••

导 语

　　这一章学习现代汉语的词汇,主要包括构词法和词义。构词法,事实上是语法的一部分,是下一章节语法(句法)部分的基础。了解现代汉语的词是怎么构成的,对理解句子怎么构成非常重要。学好词的构成方式,对认识、理解、运用生词很有帮助。词的意义不是一成不变的,是随着历史发展不断变化的,这种变化包括旧意义的消亡、新意义的产生。与语音、句法相比,词汇最能体现时代和民族的特征,因此学习现代汉语词汇也是了解中国文化的重要途径。

学习内容

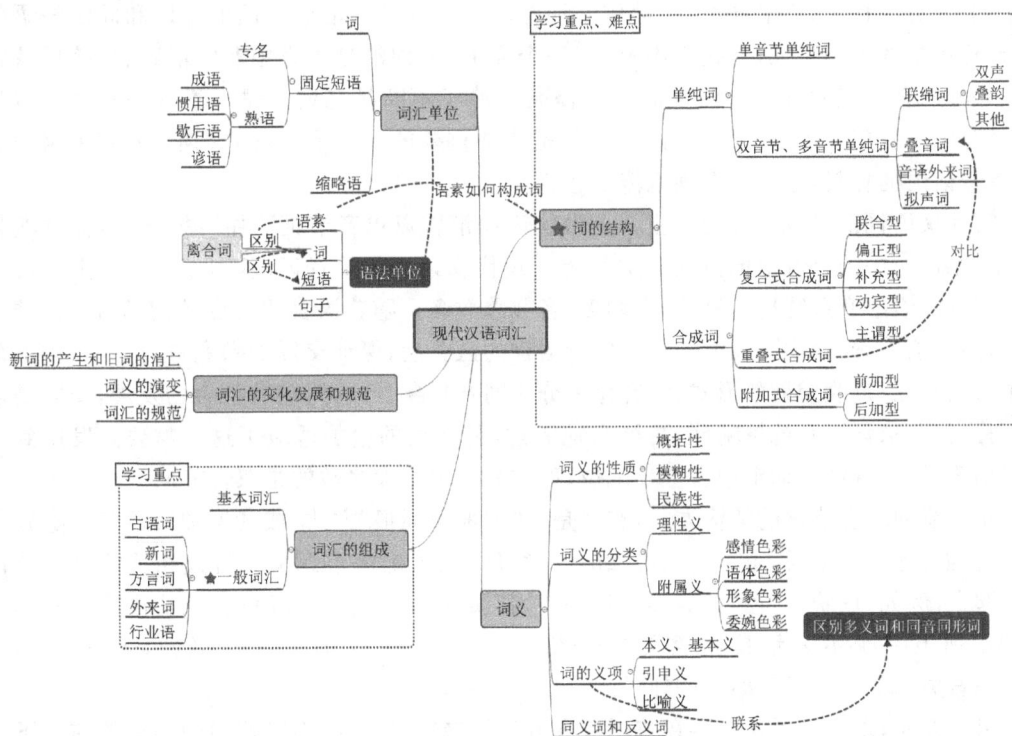

第一节　词汇概说

学习目标

1. 了解什么是词汇
2. 了解语言单位的层级性以及词在其中的位置（语素—词—短语—句子）
3. 理解语素、词、短语的区别，能辨别一个语言单位是语素、词，还是短语
4. 掌握一些离合词的用法，并能纠正离合词的使用偏误
5. 了解固定短语的类别，能举出惯用语、成语、歇后语、谚语的例子，并分别举出使用场景，在言语表达中正确、恰当地使用一些固定短语
6. 了解缩略语的构成方式，并找出生活中常见的缩略语

一、什么是词汇

词汇又称语汇，是语言的建筑材料，是一种语言里或特定范围所使用的词语的总和，如汉语词汇、英语词汇、口语词汇、文学作品词汇、HSK 五级词汇等。词汇是词和固定短语的集合，但单个的词不是词汇，我们不能说"一个词汇"。词汇是语言中非常活跃、直接反映社会发展和语言嬗变的部分。语言能力的提高有赖于不断扩充词汇量。不管是儿童习得母语，还是学习一门外语，积累足够的词汇都是非常重要的。有了丰富的词汇，才有了组织成句、构成话语的材料，才能够准确地传情达意。

现代汉语词汇以双音节词为主。上古汉语词汇曾以单音节词为主。据统计，先秦典籍《论语》《孟子》中的单音节词占到70％以上。现代汉语里的单音词，基本上是历史上的传承词。上古汉语语音系统比较复杂，声调多，音节总数多。随着语言的演变，语音简化，声调减少，入声韵消失，同音词大大增加。要保持语言的区分度，保证交际的顺利进行，语言内部需要进行调整，通过改变词的形式、复音化来分化同音现象。此外，随着社会的发展，交际需求不断提高，要求词汇系统更精确、更严密地表意，复音词的增加适应了这一需要。发展到现代汉语阶段，复音词在词汇中占主导地位，而这其中占绝大多数的是双音节词。

单音节词双音节化的结构方式，有时是以"词根＋词根"方式，或者增加表示意义类别的成分，例如：冬——冬天，东——东边，红——红色，或者把两个意义相近或相关的单音节词组合起来，例如：皮肤、途径、美丽、牙齿、完毕、富贵、奔跑、玩耍、流淌；有时是在原有的单音节词后加上一个不表示具体意义的词缀，例如：鼠——老鼠，师——老师，木——木头，石——石头，桌——桌子，杯——杯子。

另一方面，现代汉语还有多音节词双音节化的趋势，也是在不影响明确表意的前提下尽量简化语音形式的需要。例如：环境保护——环保，对外贸易——外贸，高级中学——高中，高速铁路——高铁。

现代汉语词汇还有一个结构上的特点,就是词的内部结构关系与短语、句子的结构关系基本一致。现在我们就来了解有层级关系的几个语言单位,这是学习现代汉语词汇单位及构词法的基础。

二、语素、词和短语

(一)语素

我们知道语言是以声音传递的,首先具备语音形式。若音节表达一定的意义,就可以构成语素。语素是语音和语义结合的最小单位,也是构词单位。例如"烦"是一个语素,它的语音形式是"fán",表达的意义是"心情不愉快"。它能够和另一个语素"恼"构成一个词"烦恼"。又比如,构成"住宅"这个词的语素是"住""宅","住"的语音形式是"zhù",表达的意义是居住、生活,"宅"的语音形式是"zhái",表达的意义是住的房子。以上"烦""住""宅"都是语言中最小的有意义的单位——语素。再看"蹒跚",拆开来看,"蹒"单独没有意义,只是一个无意义的音节"pán","跚"也不表示意义,只有语音形式"shān"。"蹒"和"跚"两个音节必须结合起来,才能表达"走路缓慢不稳"的意义。因此"蹒跚"是一个语素。又如"蝴蝶","蝶"有语音形式"dié",也表达语义,是一个语素;而"蝴"却没有语义内容,只有语音"hú",这种情况下,"蝴蝶"仍然只是一个语素,两个音节合起来表达一个意义。再比如"巧克力",三个音节"qiǎo""kè""lì"合起来表达一种食物的意义,也是一个语素。如果拆分开来,"巧""克""力"单独都无法表示这种食品或与之相关的意义。

汉语语素既有单音节的,也有双音节甚至多音节的。单音节语素是汉语语素最常见、最基本的形式,例如:谜、星、盯、甩、美、愁、寒、暄。双音节语素则多是古代汉语中的联绵词或者历代来自外族语言的音译借词。例如:蹒跚、徘徊、萝卜、葡萄、沙发。多音节语素基本上都是音译的外来词,例如:温哥华、奥林匹克、麦克风。

如果根据语素的构词能力来划分,语素可分为成词语素和不成词语素。成词语素是指能够直接单独成为词的语素。例如:"按""鹿""哑"等,可以和别的语素构成词,如"按钮""鹿角""嘶哑";也可以单独成词和其他词组成句子,如"请按门铃""一只鹿跑出来""嗓子哑了"。

双音节和多音节语素都能独立成词,是成词语素。

另一类是不成词语素,如"语""机""忧",它们本身不能单独成词,只能同别的语素组合成词。如"语"只能同别的语素结合成"语言""谜语""话语"等词,"机"要和别的语素结合成"班机""录音机""机器"等词,"忧"要与别的语素结合成"忧愁""忧郁""忧伤"等词。

不成词语素一般都是单音节的。现代汉语的许多不成词语素,如"语言""机器""忧愁"中的"语""机""忧",在古代汉语里是可以独立成词的,发展到今天只能作为不成词语素。如果作为词来使用,只出现在某些文言句式或熟语中,如"不言不语""机不可失,时不再来""无忧无虑"。

根据与其他语素组合时的位置情况,不成词语素又分为不定位语素和定位语素。不定位语素不能单独成词,跟别的语素构词时位置不固定,如"机"可以组成"飞机""机械","忧"可以组成"担忧""忧愁"。定位语素不能单独成词,而且跟别的语素组合时位置比较固定,或者只能位于词头,或者只能位于词尾。例如:"第"构成"第一""第二",只位于词头;"们"构成"他们""咱们",只位于词尾。

成词语素、不定位语素通常表达具体的意义,是词根,参与词的基本意义表达;定位语素附着于词根的前边或后边,并不表示具体的意义,只具有附加意义,称为词缀。在词根前的词缀称为前缀,如"老师""老虎"的"老","阿姨""阿婆"的"阿";位于词根之后的词缀叫后缀,如"瓶子""裤子"的"子","骨头""看头"的"头"。

(二)词

词是由语素构成的、具有语音形式、表达一定意义的能够独立运用的最小的语言单位。

能够独立运用,是指词能够组成句子或者在句子中起语法作用,例如:"生活沉闷极了"这个句子中"生活""沉闷""极"能单独做句子成分,"了"单独在句子中起语法作用,"生活""沉闷""极""了"都是词。有许多实词在对话时还能单独做句子,例如:

——"你还在那一头吗?" ——"在,在。"
——"镜子里有什么呢?" ——"巧克力?"

最小的语言单位,是指作为构句单位,词不能再继续拆分,中间也不能加入其他成分,例如,"手心"不能说成"手的心","新报纸发行了"不能说成"新报纸发了行","发行"是一个词,不能拆开来使用。

到底字、语素、词之间是什么关系,又如何区分呢?需要分为几种情况,如表 4-1 所示。

表 4-1　汉字、语素和词的关系简表

	例字	关系
汉字=语素=词	好	1汉字　1语素　1词
汉字=语素≠词	丽	1汉字　1语素　0词
汉字≠语素≠词	萄	1汉字　0语素　0词
汉字=多个不同语素 =多个不同词	花(瓶)/花(钱) (真)假 jiǎ/(放)假 jià	1汉字　2语素　2词

(1)汉语语素大部分是单音节的,而汉字通常也是一个汉字记录一个音节,因此多数情况下一个单音节语素就是一个汉字。当这个单音节语素是成词语素时,一个字除了表示一个单音节语素外,还记录一个词。例如"好",是一个汉字,表示一个单音节语素,同时还可以单独成词,因此这一个字就表示一个语素,也是一个词。

(2)一个汉字表示一个单音节语素,而这个单音节语素是不成词语素。例如"丽",不能单独成词,需和其他语素结合起来构词,所以这个汉字就只是记录语素,而不是词。

(3)有时汉字记录的仅仅是音节,没有语义内容,例如"葡萄"的"萄",只能和"葡"结合起来共同表示一种水果,并不能单独表示意义,因此"萄"这个单个汉字既不表示语素,也不表示词。

(4)一个汉字还可以表示不同的词。例如:"花"可以是"花钱"的"花"这个能单独成词的语素,表示使用、消耗,也可以是"一朵花"的"花"这个成词语素,表示植物的器官。"花"这个字代表的是 2 个语素、2 个词。又如"假"可以是"假钻石"的"假"这个成词语素,语音形式为"jiǎ",表示不真实;也可以是"放假"的"假"这个成词语素,语音形式为"jià",表示暂时不工作或不学习的时间。"假"这个字代表的是 2 个语素、2 个词。

弄清楚了字、语素、词的关系，我们再来分析"谁需要葡萄糖"这个句子，可以从中找出 5 个语素、3 个词，它由 6 个字来记录。如表 4-2 所示。

表 4-2　汉字、语素、词例句分析

字	谁	需	要	葡	萄	糖	6 个字
语素	谁	需	要	葡萄		糖	5 个语素
词	谁	需要		葡萄糖			3 个词

（三）短语

短语又叫词组，是由词一层层组合构成的。短语可以加上语调直接成句，也可以组合成句。例如"父亲的谜语"是由"父亲""的""谜语"三个词组成的短语。"挂"和"电话"可以组成"挂电话"这个短语，"挂电话"又可以和"她"组成复杂短语"她挂电话"。

单音节词当然很容易和短语区分开，但双音节、多音节的词和短语有时很难区别，例如"白菜"是词，"白鞋"是短语。一个语言单位到底是词还是短语，应该如何区分？我们常用扩展法来区分。词中间通常不能加入其他成分扩展，如"感冒"，可以说"他感冒了"，不能说"他感了冒"，"感冒"是词不是短语；又如"东西 dōngxi"泛指各种事物，拆成"东和西"就变成了表示方向的词，和原意完全不同，"东西 dōngxi"是词不是短语。如果可以加入其他成分扩展且意义没有变化，就不再是词，而是更大的语言单位——短语，如"猜谜"可以扩展为"猜一个谜"，"听到"可以扩展为"听不到"，"猜谜""听到"是短语。同样的道理，"白鞋"可以扩展为"白的鞋"，是短语；"白菜"就不能扩展为"白的菜"，是词。

但有时同样的字组成的语言片段，在不同的语言环境下，有时是词，有时是短语，例如"头痛"，在"我今天头痛，需要休息"这个句子中，表示"头疼痛"的时候是短语，可以拆开，如"今天头很痛"；在"这是最头痛的问题"这个句子里，比喻让人为难或麻烦，"头痛"是一个整体，不可拆开，就是词。

（四）离合词

还有一类比较特殊的词，在词典里标注时，常用//加入其中，例如"值//班""洗//澡""结//婚"，合在一起时表达一个整体的意思，是词；在一定条件下，又可以扩展，中间加入其他成分，成为短语，例如"值晚班""结了两次婚""洗热水澡"。从划分语言单位的研究来看，"离合词"的地位基本得到确认。

离合词并不是一个完全开放的类别，例如"看书""喝水"就不能算作离合词，而是短语。那么我们如何区分表示动宾关系的短语和离合词呢？主要看拆分下来的成分是不是词。"洗澡""结婚""值班"中的"澡""婚""班"（表示工作班次）都是不成词语素，不能单说，这类表示动宾关系并且可以扩展的结构就看作离合词，合用的时候是词，分开的时候是短语。而"喝""看""水""书"都是可以独立成词的语素，在"喝水""看书"中都作为词使用，"喝水""看书"就是短语。

还有一种情形比较特殊，例如"吃饭"，在"我去食堂吃饭"这样的语境中，"吃"和"饭"都

109

是词,合在一起也保持原意,"吃饭"就是短语;而在"他靠才华吃饭"中,"吃饭"表示谋生,这时就是离合词。

汉语学习者在使用离合词时要注意动宾关系的离合词后一般不能带宾语,例如:

结婚——我结婚他了。(×)　　　　　　我和他结婚了。(√)

洗澡——我洗澡我的猫。(×)　　　　　我给我的猫洗澡。(√)

见面——我没见面老师。(×)　　　　　我没和老师见面。(√)

　　　　　　　　　　　　　　　　　　我没见老师的面。(√)

帮忙——我可以帮忙你。(×)　　　　　我可以给你帮忙。(√)

　　　　　　　　　　　　　　　　　　我可以帮你的忙。(√)

总之,语素、词、短语这三个语言单位具有层级关系,而且语素构成词的结构关系,和词构成短语的结构关系基本一致。我们将在本章构词法部分和语法相关章节详细论述。

三、词汇单位

词汇中除了数量可观的词以外,还有一些固定短语,组成这类短语的词和词序一般不能随意替换,形式比较固定,表达一个整体的意义,在构成句子的时候当作一个词来使用。固定短语主要包括专名和熟语。

(一)专名

专名即专有名称,多为机构组织的名称,如"北京奥运会组织委员会""中国联通""复旦大学"等。活动和会议的名称,也可以看作专名,如"汉语桥""国际汉语教学研讨会"等。专名可以从自由短语转化而来,当自由短语应用为文章名、影视片名时,就变成了专名,如《美女与野兽》《末代皇帝》等。

(二)熟语

熟语是具有整体意义、有特定形式的、为人们所习用的固定短语,主要包括成语、惯用语、歇后语、谚语等。熟语的意义具有整体性,不是字面词义的简单组合,而是表达引申义或比喻义。例如,"瓜田李下"这个成语,字面意思是"种瓜的田地"和"李子树下",但实际的意思并不是讲两个地点。这个成语出自"瓜田不纳履,李下不整冠"这句话,意思是在瓜田里不提鞋子,在李树下不整理帽子,以免被别人怀疑偷摘瓜果李子,也就是说正人君子要主动避嫌,不做让人误会的事情。因此"瓜田李下"其实是比喻有可能引起别人怀疑和误会的场合。又如惯用语"露马脚",字面意思是马的脚露出来,其实是比喻不小心暴露了隐藏的事实真相。

学习汉语需要正确理解和使用熟语,首先应该注意把握熟语整体化的意义。此外,熟语结构凝固,其中的成分不能随意替换或增减,词序不能随意变动。当然有少数情况,熟语在使用中有个别成分变换,例如"白头偕老"也可以通俗地说成"白头到老",已经被人们广泛接受和认可。在具体的语境中,熟语还存在灵活使用的可能,例如"鹬蚌相争,渔翁得利"可以这样使用:"先生对儿子说:'咱俩不能鹬蚌相争,让你妈渔翁得利。'"

1. 成语

成语指人们长期习用、带有书面色彩、风格典雅的固定短语。

在形式方面,成语大多为四字结构,也有一些非四字格的成语,如"莫须有""可望而不可即""一言既出驷马难追""鹬蚌相争渔翁得利"等。总的来说,成语简洁概括,结构整齐,音律和谐,有的成语中使用意义相关或相对的语素,对称、均衡,具有形式美。例如:

朝不保夕(朝—夕)　　　　　　苦思冥想(思—想)

天长日久(天—日,长—久)　　　面黄肌瘦(面—肌,黄—瘦)

披荆斩棘(披—斩,荆—棘)　　　唉声叹气(唉—叹,声—气)

风餐露宿(风—露,餐—宿)　　　待人接物(待—接,人—物)

德高望重(德—望,高—重)　　　明察暗访(明—暗,察—访)

欢天喜地(欢—喜,天—地)　　　水深火热(水—火,深—热)

东奔西走(东—西,奔—走)　　　无独有偶(无—有,独—偶)

成语多出自古代文献,因此常常保留着古代汉语的词义和用法。例如:

可望而不可即:"即"表示靠近。

一言既出驷马难追:"既"表示已经。

感激涕零:"涕"表示眼泪;"零"表示落下。

不速之客:"速"表示邀请。

不同凡响:表示与一般的事物不同,也就是"不同于凡响",省略介词"于"是古汉语语法。

风餐露宿:在风里吃饭,在露天环境下睡觉,形容旅途或野外工作艰苦。这里名词"风""露"放在动词"餐""宿"前作状语,是古汉语用法。

在内容方面,成语大多有典故出处,有故事背景,且来源广泛。有的来自神话、寓言、小说故事。例如:

夸父逐日、精卫填海——上古神话地理著作《山海经》

黔驴技穷、庞然大物——柳宗元的寓言故事《三戒》

画蛇添足、惊弓之鸟、狐假虎威、鹬蚌相争渔翁得利——《战国策》寓言

自相矛盾、守株待兔、买椟还珠——《韩非子》寓言

摇身一变——《西游记》

也有的成语来自外族寓言、故事或宗教故事。例如:

杀鸡取卵——伊索寓言

火中取栗——拉·封丹寓言

天方夜谭——阿拉伯民间故事《一千零一夜》

以牙还牙、以眼还眼——《圣经》

佛教在东汉年间传入中国后,对中国文化影响颇深,历经两千年,对中国的语言也产生了深刻影响,汉语中有很多来源于佛教经典的成语。例如:

大千世界　自由自在　自作自受　不可思议　水中捞月　天女散花

天花乱坠　当头棒喝　醍醐灌顶　五体投地　头头是道　六根清净

有的成语来自中国流传很广的历史事件、历史故事,概括为成语用来说明事理。例如:

一鼓作气——《左传》齐国和鲁国长勺之战

图穷匕见——《战国策》荆轲刺秦王

望梅止渴——《世说新语》曹操用空想的梅林安慰将士

草木皆兵——《晋书》苻坚淝水战败后恐慌多疑

宾至如归——《左传》郑国子产出使晋国,拆掉晋国迎宾馆舍外墙

项庄舞剑意在沛公——《史记》鸿门宴

退避三舍——《左传》晋国和楚国交战

有的成语来源于中国古代典籍、诗文,或从中提炼而来,或直接摘自原句。例如:

玩物丧志——玩人丧德,玩物丧志。(《尚书》)

窈窕淑女——窈窕淑女,君子好逑。(《诗经》)

投桃报李——投我以桃,报之以李。(《诗经》)

普天之下——溥(普)天之下,莫非王土,率土之滨,莫非王臣。(《诗经》)

三十而立、不惑之年——吾十有五而志于学,三十而立,四十而不惑。(《论语》)

不亦乐乎——有朋自远方来,不亦乐乎。(《论语》)

大方之家——吾长见笑于大方之家。(《庄子》)

举一反三——不愤不启,不悱不发,举一隅不以三隅反,则不复也。(《论语》)

天时地利——天时不如地利,地利不如人和。(《孟子》)

舍生取义——生,亦我所欲也;义,亦我所欲也。二者不可得兼,舍生而取义者也。

(《孟子》)

朝不保夕——朝不及夕,何以待君?(《左传》)

鞭长莫及——虽鞭之长,不及马腹。(《左传》)

熙熙攘攘——天下熙熙,皆为利来,天下攘攘,皆为利往。(《史记》引《太平御览》)

作壁上观——及楚击秦,诸将皆从壁上观。(《史记·项羽本纪》)

反唇相讥——妇姑不相悦,则反唇而相稽。(《汉书》)

独善其身——穷则独善其身,达则兼善天下。(《孟子》)

扑朔迷离——雄兔脚扑朔,雌兔眼迷离。(古乐府《木兰辞》)

怀瑾握瑜——怀瑾握瑜兮,穷不得所示。(《楚辞·九章》)

鱼贯而入——将士皆攀木缘崖,鱼贯而进。(《三国志》)

鱼龙混杂——风搅长空浪搅风,鱼龙混杂一川中。(唐诗《和渔父词十五首》)

高官厚禄——尊官厚禄,世之所高也,贤才处之。(《史记·日者列传》)

成语带有叙事性的特点,使得短短的四字格内容高度凝练,言简意深,学习和理解成语常常需要了解其来源,才能真正把握深层的意义,才有可能正确运用成语,收到良好的表达效果。

成语多源自古代文献,也有个别现代产生的成语,如"独立自主""和平共处""自力更生""与时俱进"等。还有少数成语来自民间俗语,比较口语化,如"七嘴八舌""一干二净""一穷二白""五花八门""数一数二"等。

2. 惯用语

惯用语是指带有口语色彩、表达习惯含义的固定短语。例如:

碰钉子	走麦城	走过场	走钢丝	打哑谜	打水漂	打擦边球
炒冷饭	炒鱿鱼	拍马屁	吃小灶	吃老本	吃软饭	吃闭门羹
戴高帽	穿小鞋	泼冷水	放冷箭	背黑锅	挖墙脚	钻牛角尖
抱大腿	拖后腿	开夜车	开倒车	乱弹琴	灯下黑	唱对台戏

开场白　耳旁风　顶梁柱　挡箭牌　保护伞　绊脚石　定心丸

万金油　纸老虎　笑面虎　变色龙　眼中钉　替罪羊　铁公鸡

　　惯用语多为三字结构,也有少数惯用语是三个字以上的,如"吹枕头风""喝西北风""烫手山芋""赶鸭子上架""摸老虎屁股""一碗水端平""吃不了兜着走""打肿脸充胖子"等。与成语相比,惯用语通俗诙谐,一般更为短小,在口语语体中使用,用词浅易。惯用语的意义不能从字面理解,惯用语基本上都使用比喻义,例如:"泼冷水",并不是给人身上泼水,而是比喻打击别人的热情,败坏人的兴致;"穿小鞋"也不是穿尺码比较小的鞋,而是比喻利用公权暗地打击报复。

　　与成语相同,惯用语的结构成分和词序也比较固定,但在实际运用中比成语更灵活一些,很多可以扩展,加入其他成分,或者改变词序。例如"泼冷水"可以这样使用:"给他泼了一盆冷水""泼了他一盆冷水""冷水泼了一身"。

　　有时表达同样的意思,在比较正式、典雅的场合可以使用成语,在轻松、随意的非正式场合,可以使用惯用语。下面是一些意思相同的成语和惯用语。

阿谀奉承——拍马屁　　一丘之貉——一路货　　中流砥柱——顶梁柱

攀龙附凤——抱大腿　　旧调重弹——炒冷饭　　口蜜腹剑——笑面虎

3. 歇后语

　　歇后语是由类似谜面和谜底的前后两部分组成的固定短语,常在口语语体中使用,表示"谜底"的后半部分常常不说出来,所以称为歇后语。

　　歇后语的前一部分一般为描述,后半部分解释前边的描述,或者说明前半部分的自然结果。例如"大姑娘上花轿——头一回",前一部分描述"大姑娘上花轿",即大姑娘结婚,后一部分解释这种情况是"头一回"。"我以前从没主持过晚会,这次当主持人还真是'大姑娘上花轿——头一回'!"歇后语主要表达的意思其实在后一部分,但这部分常常不说出来,暗含在前一部分中,由听话人自己体会。这也是歇后语的趣味性所在,带有自问自答和揭晓谜底(有时出人意料)的意味,因此歇后语有时也叫"俏皮话",有风趣、幽默、生活化的表达效果。但在实际使用时应注意场合,用得过多则显得油滑,不够庄重。

　　有的歇后语后部分是解释前部分比喻义的。例如:

小巷里抬竹竿——直来直去

泥菩萨过江——自身难保

哑巴吃黄连——有苦难言

骑驴看唱本——走着瞧

肉包子打狗——有去无回

十五个吊桶——七上八下

太平洋的警察——管得宽

黄鼠狼给鸡拜年——没安好心

黄连树下弹琴——苦中作乐

猪八戒照镜子——里外不是人

千里送鹅毛——礼轻情意重

剃头挑子——一头热

姜太公钓鱼——愿者上钩

猪八戒吃人参果——全不知滋味

周瑜打黄盖——一个愿打,一个愿挨

小和尚念经——有口无心

有的歇后语则是后一部分用谐音双关的方法接续前一部分的描述,表达实际的意义。例如"孔夫子搬家——净是书(输)",从事理上讲,孔夫子搬家书很多,实际要表达的是括号里"输"很多的意思。又如:

外甥打灯笼——照舅(旧)

小葱拌豆腐——一青(清)二白

瞎子点灯——白费蜡(啦)

飞机上挂暖瓶——高水瓶(平)

秃子打伞——无法(发)无天

隔着门缝吹喇叭——鸣(名)声在外

近年来在电视娱乐节目中有一些新创作的歇后语,也流传很广,市井气息浓郁,通俗诙谐。例如:

小青蛙上大街——绿色出行

耗子啃茶碗——满嘴的瓷(词)

4. 谚语

谚语也叫俗语,是民间长期流传的、表达生活经验的通俗化固定语句。谚语在形式上是短句,但形式比较固定,不能随意改变成分,一般作为一个整体使用,因此也算作词汇。谚语的语句带有歌谣特点,常由字数相同、句式一致、音律和谐押韵的上下两句组成,整齐对称,朗朗上口,易于流传。例如:

气象谚语:

朝霞不出门,晚霞行千里

八月十五云遮月,正月十五雪打灯

农业谚语:

冬天麦盖三层被,来年枕着馒头睡

麦怕清明连夜雨

瑞雪兆丰年

春雨贵如油

庄稼一枝花,全靠肥当家

生活谚语:

有钱难买老来瘦

笑一笑,十年少

嫁鸡随鸡,嫁狗随狗

家和万事兴

饭后百步走,活到九十九

冬吃萝卜夏吃姜,不劳医生开药方

常在河边走,哪有不湿鞋

狭路相逢勇者胜

这山望着那山高

磨刀不误砍柴工

升米恩,斗米仇

情人眼里出西施

女大不中留

强扭的瓜不甜

百闻不如一见

一分钱一分货

便宜没好货,好货不便宜

家家有本难念的经

规劝谚语:

好汉不吃眼前亏

世上无难事,只怕有心人

若要人不知,除非己莫为

活到老,学到老

吃得苦中苦,方为人上人

羊毛出在羊身上

天狂有雨,人狂有祸

风土谚语:

上有天堂,下有苏杭

东北有三宝:人参、貂皮、乌拉草

南甜北咸,东辣西酸

谚语往往来自人们长期以来对农业生产、自然现象、社会生活的观察和体会,是经验的概括和总结,带有很强的生活气息。通俗易懂,简易直白,还富有哲理。有时表达同样的意思,谚语带有浓厚的口语色彩,成语则是典雅的书面语风格,各有各的应用场合。下面是一些意思相同的成语和谚语。

饮水思源——吃水不忘挖井人

开门见山——打开天窗说亮话

吹毛求疵——鸡蛋里挑骨头

欲速则不达——心急吃不了热豆腐

洗心革面——浪子回头金不换

宁缺毋滥——宁吃鲜桃一口,不吃烂杏一筐

自不量力——癞蛤蟆想吃天鹅肉

集思广益——三个臭皮匠,顶个诸葛亮

独善其身——各人自扫门前雪,不管他人瓦上霜

学习汉语的词汇,除了学习词以外,还应积累熟语,同时注意不同熟语的使用语境以及

在句子中的句法位置,成语、惯用语常常作为词使用,而歇后语、谚语的功能更偏向句子。准确理解熟语的意义,掌握熟语的用法,可以使语言表达更丰富。

(三)缩略语

除了词和固定短语,现代汉语中还有一部分缩略语。缩略语是为了方便称说,对较长的名称或习用短语进行压缩、省略和简化而成的词语。缩略语主要包括以下几类:

1. 缩合语

从原全称形式的词中分别选取语素构成的缩略语是缩合语,例如:

调查研究——调研	屏幕保护——屏保	剧情透露——剧透
电影明星——影星	公共交通——公交	丝绸之路——丝路
学院办公室——院办	招生办公室——招办	军人家属——军属
企业管理——企管	外国语学院——外院	少年儿童——少儿
地下车库——地库	车辆保险——车险	质量检验——质检
手机游戏——手游	网络游戏——网游	桌面游戏——桌游
流行性感冒——流感	邮政编码——邮编	航空拍摄——航拍

比较长的专名也常用缩合形式,例如:

西安电影制片厂——西影厂	交通大学——交大	
工商银行——工行	建设银行——建行	住房贷款——房贷
西洽会——西部国际投资贸易洽谈会	人力资源与社会保障部——人社部	
国家语言文字工作委员会——国家语委	发改委——发展改革委员会	
中国人民政治协商会议——政协	人大——人民代表大会	
世界卫生组织——世卫组织	联合国维持和平部队——维和部队	

有的缩合语省略并列几个词中的相同语素,例如:

中年、青年——中青年	离休、退休——离退休	中医、中药——中医药
企业单位、事业单位——企事业单位	现代、当代——现当代	

含音译词的名称压缩时选用音译词的第一个字,例如:

维吾尔族——维族	呼和浩特市——呼市	咖啡色——咖色
南加利福尼亚州——南加州	得克萨斯州——得州	

2. 节略语

节略语是从原全称形式中省略一部分,只截取表达核心意义的成分而构成的缩略语。例如:

中国人民解放军——解放军	小资产阶级——小资
清华大学——清华	复旦大学——复旦

3. 数词缩略语

数词缩略语是选择原全称形式并列的各项的共同成分或共同属性,加上数字进行概括而成的缩略语。例如:

海军、陆军、空军——三军

东汉、西汉——两汉

丝绸之路经济带、21 世纪海上丝绸之路——一带一路

人民代表大会、中国人民政治协商会议——两会

无生产日期、无生产厂家、无质量合格证的产品——三无产品

《大学》《中庸》《论语》《孟子》——四书

黄帝、颛顼、帝喾、尧、舜——五帝

立春、春分、立夏、夏至、立秋、秋分、立冬、冬至——八节

猪、牛、羊、马、鸡、狗——六畜

我们可以看到很多缩略语是专名的简称,一般在正式场合为表示郑重需要用全称,尽量不用简称。但有些缩略语经过长期使用,基本上代替了全称的使用,如"节能"(节约能源)、"展销"(展出销售)、"公关"(公共关系)、"环保"(环境保护)、"高铁"(高速铁路)等。随着网络用语传播力的扩大,很多网上流行的简称使用范围也在扩大,如"取关"(取消关注)、"官宣"(官方宣布)、"高大上"(高端、大气、上档次)。学习汉语时可以留意生活中的语言现象,了解具有生命力的新词汇。同时应注意,缩略语是社会约定俗成的词语,不能随意生造,以免引起误会。

练习

一、填写以下句子中语素和词的数量

1. 你尝试过做葡萄干吗? _____个语素,_____个词

2. 他抱着肩瑟瑟地站在那儿等候。 _____个语素,_____个词

3. 阿拉伯语中称这种现象为"魔鬼的海"。 _____个语素,_____个词

4. 他每次考试都得第一。 _____个语素,_____个词

5. 沙子发出轰隆隆的巨响。 _____个语素,_____个词

二、用下列熟语造句

打水漂　　开夜车　　背黑锅　　打擦边球　　吃闭门羹　　钻牛角尖

咬牙切齿　　眼花缭乱　　微不足道　　泰然处之　　头头是道

千里送鹅毛——礼轻情意重

三、简答题

你的母语里有没有类似成语、惯用语这样不从字面理解整体意义的词语?请举例。

四、用正确的缩略语表述下列词语

奥林匹克委员会　　　　　　　　　　民用航空

高速铁路　　　　　　　　　　　　　北京师范大学

官方网站　　　　　　　　　　　　　网络购物

进口、出口　　　　　　　　　　　　超级市场

卫星电视　　　　　　　　　　　　　中年人、老年人

五、写出下列缩略语的全称形式

外教　　　　　客服　　　　　空乘　　　　　刚需

房补	车贷	医保	文史哲
社交	家暴	三包	央视
四呼	春运	驾校	三观

第二节　构词法(词的结构)

学习目标

1.区别重叠式合成词和叠音单纯词
2.区别复合式合成词的五种类型
3.指出词的结构类型
4.会用分析词的语素结构的方法理解和记忆生词

根据构成词的语素数量,可以把词分为单纯词和合成词。由一个语素构成的词,叫单纯词,例如:人、好、车、看、巧克力;由两个或两个以上语素构成的词叫合成词,例如:人力、美好、照看、巧克力豆。现代汉语词汇中,合成词占大多数。

一、单纯词

前一节已经学习过,汉语语素有单音节的,有双音节的或更多音节的。同样,由一个语素构成的单纯词,也有单音节单纯词及多音节单纯词。单音节单纯词是由一个单音节语素构成的,例如:鹿、车、黑、雇、美、打、盯。单音节语素占语素的绝大部分,因此单纯词中大多是单音节的。

多音节单纯词的几个音节必须合起来表义,每个音节都不能单独表义。多音节单纯词主要有以下几类:

1.联绵词

联绵词是指由两个音节连缀表义、不能拆开讲的单纯词。根据两个音节的特点,联绵词又可以分为双声联绵词、叠韵联绵词和非双声叠韵联绵词。

(1)双声:两个音节声母(包括零声母)相同的联绵词。例如:

拮据	仿佛	慷慨	蜘蛛	踟蹰	辗转
秋千	伶俐	坎坷	磊落	流连	陆离

(2)叠韵:两个音节韵母相同或相近的联绵词。例如:

蹒跚	灿烂	婆娑	缥缈	骆驼	螳螂
玫瑰	葫芦	啰嗦	阑珊	突兀	咆哮

(3)非双声叠韵:两个音节声母、韵母都不相同或不相近的联绵词。例如:

妯娌	玛瑙	蝙蝠	垃圾	铿锵	麒麟

蝴蝶　　窟窿　　马虎　　憔悴　　狼藉　　芙蓉

联绵词书写上常使用相同的偏旁,多传承自古代汉语,在古典诗词、骈文中常用,语音上富有节奏感和韵律美。例如:"田园寥落干戈后,骨肉流离道路中","水光潋滟晴方好,山色空蒙雨亦奇","苍茫步兵哭,展转仲宣哀",其中"寥落、流离、潋滟、空蒙、苍茫、展转(辗转)"都是联绵词。

2. 叠音词

叠音词是指由同一音节重叠而成,且重叠的音节共同表达一个意义,不能拆开独立表意的词。有的研究把一些叠音词也列入了联绵词中。例如:

茫茫　　孜孜　　猩猩　　氤氲　　袅袅　　区区　　悠悠　　赫赫　　谆谆

3. 音译外来词

音译外来词是指各个历史时期从其他民族语言中音译过来的借词,例如:

派对　　幽默　　香槟　　引擎　　巧克力　　三明治　　奥林匹克
咖啡　　芭蕾　　苏打　　沙发　　加拿大　　迪斯科　　可口可乐

很多历史上引入汉语的借词,由于长期在汉语中使用,已经不易分辨来源,例如:

葡萄　　袈裟　　菩提　　菩萨　　胡同

这些词有的在西汉时从西域引入,有的是东汉佛教传入中原后自梵文佛经引入,有的是从蒙古语中引入,都是汉族与其他民族的文化交流接触在语言中的反映。

音译词是从其他语言中按照读音翻译过来的,选用与外来词语音相近的汉字记录,因此单个汉字只记音,不表义,必须合在一起表义,整体是一个语素。

4. 拟声词

用汉字模拟、记录自然界事物的声音构成的词是拟声词。单个汉字只起记音的作用,几个音节必须合起来表义,构成包含一个多音节语素的单纯词。例如:

哗啦:形容水流或事物散落的声音。
滴答:形容水滴或钟摆的声音。
扑通:形容重物落地或者落入水中的声音。
咔嚓(喀嚓):形容断裂的声音。

二、合成词

合成词是两个或两个以上语素构成的词是复合式合成词。语素和语素之间的组合方式有复合式、重叠式、附加式三种,主要根据语素在构词时的表意作用及关系。表现词的基本意义、构成词义的主要部分的语素是词根,加在词根前后表示附加意义、不作为词义主干、在词中的位置比较固定的语素是词缀。"词根＋词根"构成的是复合式合成词,同一词根重叠的是重叠式合成词,"词根＋词缀"或"词缀＋词根"是附加式合成词。

(一)复合式

由两个或两个以上的不同词根构成的合成词是复合式合成词。从词根和词根之间的关系看,主要有五种类型。

1. 联合型

联合型复合式合成词由两个意义相同、相近、相关或相反的词根并列组成。

两个词根意义相同、相近或相关的联合型复合式合成词举例如下：

固定："固"和"定"两个词根都表示不变动、不移动；

搭乘："搭"和"乘"两个词根都表示乘坐交通工具；

忧愁："忧"和"愁"都表示担心、苦恼；

星斗："星"和"斗"都表示天上的星体；

遥远："遥"和"远"都表示距离远；

贫穷："贫"和"穷"都表示经济条件差，没有钱；

春秋："春"和"秋"是不同的季节，两个词根意义相关，组合表示时间（年）；

尺寸："尺"和"寸"是不同的长度单位，两个词根意义相关，组合表示长度；

骨肉："骨"和"肉"都是身体的组成部分，两个词根意义相关，指父母、子女等有血缘关系的亲人；

手足："手"和"足"两个词根意义相关，组合起来表示弟兄；

口齿："口"和"齿"都是发音器官，两个词根意义相关，组合起来表示说话发音；

江山："江"和"山"词根意义相关，组合起来表示指国家和国家政权。

两个词根意义相反的联合型复合式合成词举例如下：

寒暄："寒"表示寒冷，"暄"表示温暖，两个词根意义相反，组合表示日常问候；

开关："开"和"关"两个词根意义相反，组合起来表示控制器；

呼吸："呼"表示呼气，"吸"表示吸气，两个词根意思相反；

昼夜："昼"表示白天，"夜"表示夜晚，两个词根意义相反；

始终："始"表示开始，"终"表示"最后"，两个词根意义相反。

还有一类联合型合成词，一个词根的意义已经消失，另一个词根表示整个词的主要意义，成为偏义词。例如：

动静：两个词根中，"静"的意义已经消失，读轻声"jing"，整个词义表示响动，动态；

忘记：两个词根中"记"的意义消失，整个词义是"忘"；

国家：两个词根中"家"的意义消失，整个词义是"国"；

窗户：两个词根中"户"的意义消失，读轻声"hu"，整个词义是"窗"；

人物：两个词根中"物"的意义消失，整个词义是"人"。

2. 偏正型

偏正型复合式合成词的前一个词根修饰、限定后一个词根，后一个词根的意义是整个词义的基础。例如：

诺言："诺"表示承诺、应承，"言"表示话语，两个词根之间的关系是"诺"修饰、限定"言"，表示承诺的话语；

戏言："戏"表示游戏、玩笑、不当真，"言"表示话语，"戏"修饰、限定"言"，表示随便说说不当真的话语；

泉水："泉"限定"水"，表示从地下流出来的水；

火热："火"修饰"热",表示像火一样热;

酣睡："酣"表示畅快、尽兴,修饰"睡",表示熟睡;

轻视："轻"表示不看重,认为不重要,"视"表示看待、对待,"轻"修饰、限定"视",表示以不看重的方式对待。

3. 动宾型

动宾型复合式合成词的前一词根表示动作、行为,后一词根表示动作、行为支配或关涉的对象。

有的动宾型合成词是动词,例如:

失信："失"表示失去,是一种动作行为,"信"表示信用,是失去的对象;

观光："观"表示参观、观看,是动作行为,"光"表示风光、风景,是观看的对象;

致电："致"表示送到,是动作行为,"电"表示电话或电报,是"致"涉及的对象。

需要注意的是,有些动词性动宾型合成词可以扩展,是离合词,例如:

吹牛　得意　分手　击掌　打雷　值班　开价

有的动宾型合成词是形容词,例如:

刺眼："刺"表示刺激,是动作行为,"眼"是刺激的对象;

扼要："扼"表示抓住,是动作行为,"要"表示要点、重要的内容,是"扼"的对象。

过分："过"表示超过,是动作行为,"分"表示一定的限度或程度,是超过的对象;

有的动宾型合成词是名词,例如:

管家："管"表示管理,是动作行为,"家"是管理的对象;

知己："知"表示知道、理解,是动作行为,"己"表示自己,是"知"的对象;

董事："董"表示监督、管理,是动作行为,"事"表示事物,是"董"的对象;

司仪："司"表示掌管,是动作行为,"仪"表示礼仪,是"司"的对象。

4. 补充型

补充型复合式合成词的后一词根补充说明前一词根。

有的补充型合成词两个词根是动作和结果的关系,前一个词根表示动作行为,后一个词根是行为的结果或动作的趋向。例如:

改良："改"是动作行为,"良"表示良好,是"改"的结果,词义以"改"的动作行为为主,"良"这一结果是对"改"这一行为的补充说明;

看轻："看"是动作行为,"轻"表示不重要,是"看"的结果;

说服："说"是动作行为,"服"表示服从,是"说"的结果;

推翻："推"是动作行为,"翻"表示倾覆、倒下,是"推"的结果;

纠正："纠"表示"改",是动作行为,"正"表示正确,是"纠"的结果;

撤回："撤"表示取消,是动作行为,"回"表示动作趋向。

有的补充型合成词前一词根表示事物,后一词根表示计量单位。例如:

纸张："张"是"纸"的计量单位,两个语素如果单独成词,可以说"一张纸";

花朵："朵"是"花"的计量单位;

船只："只"是"船"的计量单位;

马匹:"匹"是"马"的计量单位。

这类补充型合成词常常是集合名词,前面不能用数量词语修饰,不能说"一匹马匹"或"一辆车辆"。

5. 主谓型

主谓型复合式合成词的后一词根陈述、说明前一词根,词义方面前一个词根是陈述的主体。例如:

地震:"地"表示大地,"震"表示震动,"震"陈述"地"发生了什么事,有怎样的情况;

胆怯:"胆"表示胆量、勇气,"怯"表示畏缩,"怯"陈述、说明"胆"的情况;

目睹:"目"表示眼睛,"睹"表示看,"睹"陈述"目"的动作、行为;

自愿:"自"表示自己,"愿"表示愿意、情愿,"愿"陈述、说明"自"的行为;

日食:"日"表示太阳,"食"表示被吃掉(被遮挡),"食"陈述"日"的情况;

口红:"口"表示陈述对象,"红"陈述"口"的情况。

(二)重叠式

重叠式合成词由同一词根重叠构成,例如:

姐姐　　谢谢　　常常　　仅仅　　星星　　统统

这类合成词要注意与单纯词中的叠音词区分。重叠式合成词中重叠的词根语素常常可以单说,也就是成词语素,单独成词时和构成重叠式合成词时意义基本一样,重叠式合成词实际包括了两个语素。例如"妈妈",意义和"妈"相同;"我刚刚回来",也可以说"我刚回来","刚刚"和"刚"意义相同;"到过沙漠的人,统把沙漠说得十分可怕",也可以说"统统把沙漠说得十分可怕"。"妈妈""刚刚""统统"是重叠式合成词。叠音词则只有一个语素,单个音节不表意,例如可以说"动物园有猩猩",不能说"动物园有猩";"区区"两个音节重叠才能表示少、不重要,"区"无此义。"猩猩""区区"是叠音单纯词。

(三)附加式

附加式合成词由一个词根和一个词缀构成,词根表现词的基本意义,词缀一般没有明确的实在意义,只表示某种附加意义。词缀的位置一般也是固定的,只能位于词头的称为前缀,只能位于词尾的称为后缀。按照词缀的位置,附加式构词包括两类。

1. 前缀 ＋ 词根

常见的前缀有"老""阿""第""初"等,"阿"常常用于人的称谓或人名中,有表示亲切的意思。例如:

老——老师　老虎　老鼠　老鹰　老外　老三

阿——阿姨　阿姐　阿婆　阿宝

"第"常加在数词前表示次序,例如:

第——第一　第二

"初"常用在农历日期中,例如:

初——初一　初五

2. 词根 ＋ 后缀

常见的后缀有"子(zi)""儿""头(tou)""巴"等,例如:

子——帽子　筷子　肚子　日子　刷子　梳子　拍子　胖子　疯子

头——木头　锄头　前头　外头　看头　盼头　来头　甜头　苦头

巴——嘴巴　尾巴　泥巴　哑巴　眨巴

"然"表示"……的样子"，用来构成形容词或副词，起语法作用。例如：

然——突然　忽然　猛然　茫然　居然　坦然　全然　偶然　泰然

"儿"附在名词性语素后有小称的作用，常常与词根结合为一个音节，即儿化韵，这是一个音节代表两个语素的特殊情况。例如：

儿——花儿　瓶儿　画儿　壳儿　鸟儿　盖儿　尖儿　这儿　哪儿

要注意的是，不要将同形同音的词根语素和词缀语素弄混。例如，"子"读轻声"zi"做词缀，"桌子""鸽子""妹子""镜子""箱子"都是附加式合成词；子读"zǐ"时有实在意义，是词根语素，"子女"表示儿子、女儿，是联合型复合式合成词，"鱼子"表示鱼的卵，是偏正型复合式合成词。又如"初"，在表示农历日期的"初五""初十"等词中是词缀；在表示刚开始、第一次时，具有实在意义，是词根，"初级""初恋"就是偏正型复合式合成词。又如"老"在"老师""老王"等词中是词缀，在"老年"中表示年纪大，在"老旧"中表示陈旧、使用时间长，这里"老"有了实际意义，是词根语素，"老年"是偏正型复合式合成词，"老旧"是联合型复合式合成词。

汉语里还有一些语素位置固定，类似词缀，但又保留一定的实在意义，例如"者""员"，常表示"……的人"，处在后缀的位置。有的学者将这些语素划归为词缀，但它们的意义还没有虚化到词缀的程度。这类语素构词能力比较强，对于汉语学习者来说，掌握它们的意义，可以系统地学习一系列相关词语，扩大词汇量。例如：

可（表示值得或应该，位于词的开头）

可怜　可看　可喜　可爱　可惜　可笑

可怕　可憎　可悲　可耻　可恨　可恶

可靠　可疑　可叹　可取　可观　可嘉

反（表示反对、抵制和反抗，位于词的开头）

反智　反帝　反贪　反恐　反美　反倾销　反封建

性（性质或特性，常位于复合式合成词的词尾）

流行性　先天性　可能性　艺术性

准确性　重要性　可行性　一次性

化（转变成某种状态或性质，位于词尾）

美化　丑化　深化　淡化　绿化　优化　净化　老化　固化

现代化　工业化　自动化　大众化　老龄化　国际化　标准化

气（用在形容词后，表示某种样子，位于词尾）

秀气　土气　俗气　洋气　老气　霸气　傻气　阔气

者（表示人，偶尔表示事物，位于词尾）

作者　记者　编者　弱者　强者

后者　学者　长者　读者　前者

家（有专长的人或专门从事某项活动的人，或有某种身份的一类人，位于词尾）

作家　画家　书法家　艺术家　专家

船家　　渔家　　东家　　姑娘家　　老人家

员(指从事某种职业、承担某种任务的人,或是团体成员,位于词尾)

教员　　演员　　学员　　议员　　队员　　会员　　服务员

士(有专业能力的人或对人尊敬的称呼,位于词尾)

护士　　学士　　硕士　　博士　　院士

男士　　烈士　　武士　　女士　　人士

师(有专业技术的人,位于词尾)

医师　　厨师　　律师　　画师　　巫师

会计师　　摄影师　　工程师　　理发师

此外,还有一种由词根加叠音后缀组成的附加式合成词。例如:

乎乎——胖乎乎　　臭乎乎　　热乎乎　　傻乎乎　　晕乎乎　　软乎乎　　黑乎乎

溜溜——滑溜溜　　酸溜溜　　灰溜溜　　光溜溜　　乌溜溜　　圆溜溜　　直溜溜

这些叠音成分常加在形容词后面,加强词的意义和形象色彩,表意生动、口语化。有时同一词根加上不同的叠音词缀,意义和用法略有不同,例如:

黑洞洞(形容黑暗,光线不明):

宿舍里没有开灯,黑洞洞的。

黑溜溜(一般形容眼睛又黑又亮,灵活转动的样子):

妹妹长着一双黑溜溜的大眼睛。

黑乎乎(形容颜色发黑或光线昏暗):

他两手黑乎乎的。

黑油油(形容黑得发亮):

农民经营着这块黑油油的土地。

她正在梳理黑油油的头发。

黑漆漆(形容黑暗):

她望着黑漆漆的夜空。

黑黢黢(形容很黑):

大山的夜晚黑黢黢的,没有灯火。

黑魆魆(光线黯淡,或黑得发亮):

小伙子们到了夏天都晒得黑魆魆的。

他走进黑魆魆的仓库。

笑嘻嘻(喜悦微笑的样子):

他笑嘻嘻地和大家握手。

笑眯眯(眯着眼睛微笑的样子):

老人像弥勒佛般始终笑眯眯的。

笑呵呵(形容喜悦而发笑的样子):

他对别人老是笑呵呵的。

笑吟吟(形容微笑的样子):

他满面春风,笑吟吟地接待顾客。

笑盈盈(形容满脸笑容的样子):

他们笑盈盈的脸好像阳光下的花。

(四)三个以上语素构成的词

现代汉语词汇中,绝大多数是由两个语素构成的合成词,也有三个语素构成的合成词,词的结构需要分层次。

例如:"铅笔刀"这个词中"铅笔"和"刀"是第一层结构,偏正型;"铅"和"笔"之间是第二层结构,偏正型。"心理学家"这个词第一层结构是"心理学"和"家",偏正型;第二层结构是"心理"和"学",偏正型;第三层结构是"心"和"理",偏正型。"擀面杖"第一层结构是"擀面"和"杖",第二层结构是"擀"和"面",动宾型,如图4-1所示。

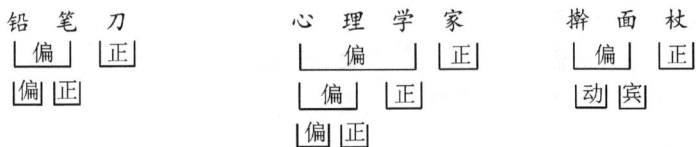

图4-1 合成词结构分析

要分析构词法,弄清词的结构类型(见表4-2),需分析构词的各部分语素意义及相互关系。同样,对于汉语学习者来说,学习生词时,关注构词语素的意义及关系对于理解和记忆生词也很有必要。掌握了词的结构关系,可以在汉语学习中以此为指导分析生词、理解词义。

表4-2 词的结构类型

单纯词 (1个语素)	单音节 单纯词		攒 关 线 涩 嗖 唉 佛	
	多音节 单纯词	联绵词 (2个音节)	双声	蜘蛛 挣扎
			叠韵	蜻蜓 蹒跚
			非双声叠韵	蝴蝶 垃圾
		叠音词 (2个音节)	茫茫 猩猩 悻悻	
		音译外来词	克隆 加拿大 歇斯底里	
		拟声词	吧嗒 轰隆隆 叽里咕噜	
合成词 (2个或 2个以上语素)	复合式	联合型	懊悔 编辑	
		偏正型	按钮 皮鞋 葡萄糖	
		动宾型	刺耳 司机	
		补充型	提高 人口	
		主谓型	心酸 地震	
	重叠式		姐姐 星星 常常	
	附加式	前缀＋词根	老师 阿婆	
		词根＋后缀	厨子 木头	

练习

一、请圈出下列词中的单纯词，并指出单纯词的类型

仓促	沙发	恍惚	秋千	秋天
徘徊	悻悻	萝卜	玫瑰	白白
模特	浪漫	烂漫	漫谈	糊涂
嘲笑	逍遥	皑皑	犹豫	踌躇
咕噜	轱辘	碌碌	蹉跎	挣扎
琉璃	娃娃	窈窕	卡通	馄饨
疙瘩	苍苍	汹涌	扑克	渐渐
从容	深深	惆怅	幽默	姗姗
噗嗤	汪洋	洋洋	海洋	荷花
轻轻	纽约	葡萄	逻辑	参差
偏僻	浑浊	惊惶	彷徨	摩擦
狰狞	岛屿	隆隆	沙子	埃及
幽幽	腼腆	蜿蜒	沧桑	芝士
嶙峋	萧瑟	额头	逡巡	匆匆
朦胧	妞妞	弥撒	驰骋	沙拉

联绵词：_____。

叠音词：_____。

音译外来词：_____。

拟声词：_____。

二、指出下列合成词的结构类型

月亮	扩大	君子	担心	船头	年轻
冰凉	草绿	耳鸣	作答	领袖	面熟
悦耳	心疼	讨好	自信	石头	针眼儿
领事	袍子	促销	书本	枪支	黯淡
计较	誉为	看头	悲壮	骤然	是否
随意	戳穿	重视	看重	江湖	笑嘻嘻
有限	孝心	渴望	领略	迷路	隆起
宝宝	心血	眨巴	迟早	如期	好歹
酷热	阿姨	院子	源头	绝望	气哼哼
眼红	耐烦	睦邻	过头	介意	殃及
肉麻	招标	自杀	精密	携手	暖融融
好战	放心	时装	锋利	车辆	湿漉漉
民办	广播	珠灰	伤心	常常	改善

出口　　事件　　婴儿　　性急　　护膝　　说明
鼓动　　错觉　　陡然　　失眠　　稿件　　变化

三、使用以下语素按要求写出合成词

1.写出联合型复合式合成词

开_____　　买_____　　忧_____　　轻_____　　敬_____

2.写出偏正型复合式合成词

票_____　　见_____　　红_____　　语_____　　女_____

3.写出动宾型复合式合成词

吃_____　　心_____　　打_____

4.写出补充型复合式合成词

大_____　　服_____　　件_____

5.写出陈述型复合式合成词

心_____　　眼_____　　面_____

6.写出附加式合成词

老_____　　然_____　　儿_____

四、请使用以下语素,各写出 5 个合成词,并指出分别是什么类型的合成词

人:_____、_____、_____、_____、_____。

言:_____、_____、_____、_____、_____。

手:_____、_____、_____、_____、_____。

看:_____、_____、_____、_____、_____。

头:_____、_____、_____、_____、_____。

五、指出下列多个语素构成的合成词的结构关系

败家子　　殖民地　　独生女　　自治权　　急性子

第三节　词义

学习目标

1. 了解词义的性质,能够对比不同语言词义的民族性差异
2. 认识词的理性义和色彩,能根据语境和词的色彩意义选择词语
3. 学会用多义词之间的联系理解和记忆生词
4. 辨别同音同形词和多义词
5. 利用同义词和反义词成组记忆生词

词是语音形式和意义内容的结合,例如"鹿"这个词,具有语音形式"lù"和意义内容——

127

"哺乳动物反刍类的一科,四肢细长,尾巴短,一般头上有角"。词义有时等于语素意义,如一个语素构成的单纯词;有时等于其中一个构词语素的意义,如"动静""恩怨";有时是语素意义的相加,如"绿豆""孝心""促销";有时是语素义的引申义或比喻义,如"领袖""江湖"。理解和把握词义对学好一门语言至关重要。可以说,对语言的理解和运用,在很大程度上是对词义的理解和运用。

一、词义的性质

1. 概括性

词义是对一类事物或现象的概括,反映的是各个具体的、有个体差异的事物共同的本质特征。如"沙漠"一词,词义有着很强的概括性,指的是"地面完全被沙覆盖,缺乏流水,气候干燥,植物稀少的地区"。沙漠有的地域广大,有的地域较小,而词义的解释忽略具体的差别,概括沙漠整体的特性,能够将沙漠和其他气候特征地区区别开来。专名的词义也具有概括性,"北京大学"就是对一个学校各方面特性的高度概括。

2. 模糊性

词义尽可能准确地反映客观世界,但有时界限无法明确划分。例如"早上"和"上午",什么时间算"早上"而不是"上午",什么时间算"上午"而不是"早上",无法确切地划界。如果说10点是"上午",那么9点59分属于"上午"还是"早上"? 如果说9点以后属于"上午",8点59分属于"上午"还是"早上"? 又如"下午""傍晚""晚上"也没有明确的界限,都只有大致的范围。又比如"酷热",环境气温多少度是"酷热"? 达到37℃、39℃可以是"酷热",36.9℃呢? 当然可以明确的是26℃不算"酷热"。"酷热"的意义是一个大致的范围。这也是由于客观事物之间具有连续性,表现在词义上就是在交界过渡区的模糊性。

3. 民族性

由于不同民族对世界的认知有差异,对于同一事物,不同民族的语言中词义可能有不同的概括。例如,汉语的亲属称谓非常复杂,父亲的父母称为"爷爷、奶奶",母亲的父母称"姥爷、姥姥"或"外公、外婆",在英语中就没有这样的区分,都是"grandmother、grandfather"。同辈的直系亲属有"姐姐、妹妹""哥哥、弟弟",英语中则不分年龄大小,称为"sister、brother"。父辈亲属称呼更复杂,男性有"伯伯、叔叔、舅舅、姨父、姑父",女性有"姨妈、阿姨、姑妈、姑姑、伯母、婶婶、舅妈"等,英语里不区分父系或是母系,统称"uncle、aunt"。

同一事物时在不同民族语言中的词义可能会存在感情色彩的不同。汉语中带"狗"的词语常含贬义,如"狗腿子""走狗""狗眼看人低"等,"狗"表示势利、地位低,当代网络中也常有"单身狗""考研狗""累成狗"等表示自嘲、调侃自己辛苦和地位低的词语,而在英语中带"dog"的词语多不含贬义,如"a lucky dog(幸运儿)","an old dog(老手)","Every dog has its day(人人都有得意时,风水轮流转)"。

在不同民族语言中,同一事物的词义还有可能存在不同的比喻义或引申义。例如"绿帽子"在汉语里表示婚恋中伴侣有外遇的情况,但英语中"green hat"则没有这一比喻。"吃醋"比喻男女感情中的嫉妒情绪,但"醋"的英语"vinegar"并没有这个意义。学习汉语时需要注意词义的民族性带来的跨文化交际问题。

二、词的概念义和附属义

词义包括概念义和附属义两方面内容。概念义是客观事物在人脑中的概括反映,是人类认识活动的产物,是词义的基本成分,也称为理性义,通常就是词典中对词条的解释。附属义是词在指称客观事物的时候附加上的感情色彩、形象色彩、语体色彩等,也称色彩义,不一定每个词都有附属义。

(一)概念义

概念义反映的是客观事物的一般本质特征,通常描述确切,例如:

花——可供观赏的种子植物的有性繁殖器官,由花瓣、花萼、花托、花蕊组成,有各种颜色,有的长得很艳丽,有香味。

地平线——从水平方向望去,天跟地交界的线。

钢琴——键盘乐器,体内装有许多钢丝弦和包有绒毡的木槌,一按键盘就能带动木槌敲打钢丝弦而发出声音。

概念意义是对客观事物的特性进行概括、抽象、描绘、解释的意义内容,同时也是将客观存在与其他事物进行区别的内容。

(二)附属义

附属义的"义"并不反映词所表示的客观对象的本质特性,只是在具体使用中表明说话人的态度、感情、运用场合或修辞手段。词的附属义包括词的感情色彩、形象色彩、语体色彩等。

1. 感情色彩

感情色彩是附加在词的基本概念意义之上的,表达人们对客观事物的态度、评价、情感倾向等内容,包括褒义、贬义、中性三类。

有些词表示赞美、好感、喜爱、肯定等态度倾向,其感情色彩就是褒义,这类词称为褒义词,也就是人们通常说的"好词""好字眼"。例如:

英雄	温柔	敦厚	牺牲	贡献	典雅	憨厚	谦虚	可爱	正气
奉献	豪迈	坚韧	精美	可贵	明丽	钦佩	踏实	潇洒	雅致
友善	真诚	忠厚	甘美	吉祥	活泼	经典	慷慨	明智	磊落

有些词表示贬损、厌恶、反感、否定、批评、轻蔑等态度倾向,其感情色彩就是贬义,这类词称作"贬义词",也就是人们通常说的"坏字眼"。例如:

懒惰	马虎	病态	狂妄	冷酷	恶劣	晦气	废物	爪牙
懦夫	迟钝	虚伪	渺小	黯淡	可恶	辜负	欺诈	穷光蛋
邪恶	庸俗	小人	财迷	丑陋	愚笨	粗糙	刺耳	假惺惺

当然还有大量词语既不表示肯定,也不表示否定,既无褒义色彩,又无贬义色彩,感情色彩是中性的,这类词就是中性词。事实上,大部分词是这样不带有固定的感情色彩的中性词。例如:

走	梦	甩	蓝	杂志	比赛	寒暄	开释	固定	深切
离奇	遥远	课本	手机	树木	班机	知道	年轻	宇宙	罕见

我们常常可以根据词的概念义、词缀大致判断词的感情色彩。

大多数词的感情色彩在概念义中就有所体现。例如，"美"的概念意义本已具有"美丽、美好"的意义，本身就给这个词赋予了褒奖、肯定的感情色彩；"恶"的概念意义是"很坏的行为"，这个词就带有了贬损、否定的感情色彩。这样，当"美"作为语素与其他语素构成新词，这个新词也常常带有褒义色彩，例如"精美、甘美、美丽、美满、美德、美好、美貌、美景、美酒、美感、美观、美人、美味"等。而"恶"作为语素与其他语素构成的新词有可能带有贬义色彩，例如"恶俗、恶劣、凶恶、恶化、恶习、恶人、恶性"等。

又如："甜"的概念意义是"像糖和蜜的味道"，甜味容易引起人舒适、愉悦的情感，作为语素与其他语素结合构成的词语可能带褒义色彩，如"甜美、甜蜜、香甜"。"诚"的概念意义是"真实、实在"，作为语素与其他语素结合而成的词语也可能是褒义词，如"诚挚、诚恳、真诚、诚实、诚信"。"鼠"在汉语文化中是一种令人厌恶的动物，因此"鼠"作语素构成的词语可能带有贬义，如"獐头鼠目、鼠目寸光、抱头鼠窜、鼠胆、鼠辈"等。

有的词缀带有一定的褒贬倾向，如"黑不溜秋""灰不溜秋""酸不溜秋"里的"不溜秋"，就带有贬义，"黑""灰""酸"本身感情色彩为中性，加上这一词缀，就成了贬义词。

还有些词本身并没有感情色彩，但在一些语境中，可以产生褒义或贬义的感情色彩。例如"年轻"是中性词，在"他还是年轻了点儿"的语境下，"年轻"带有贬义，意味着经验不足，办事不牢靠，表示否定；在"新来的经理年轻有为"的语境下，"年轻"带有褒义，意味着有活力、有朝气，表示肯定。

2. 语体色彩

语体可分为书面语体和口语语体两大类，适用于这两种语体的词分别带有书面色彩和口语色彩。

书面语体包括文艺语体、科技语体、政论语体、公文语体等，适用于书面写作场合的词包含书面色彩。例如：

文艺语体：徘徊　彷徨　蹒跚　突兀　磊落　拂晓　酣睡　就餐　朵颐

科技语体：兼容　重睑　折光　读取　招标　垄断　参照系　临界点

政论语体：举措　改革　贯彻　维护　坚决　积极　巩固　真抓实干

公文语体：兹（兹有、兹因、兹定于）　拟请　特此　妥否　此复　责成

适用于日常较为通俗的口头表达场合的词包含口语色彩。例如：

瞧　溜达　欺负　害臊　脑袋　明儿　练摊儿　聊天儿　眼皮儿

使坏　白搭　小气　靠谱　差事　腻味　腮帮子　巴不得　光膀子

有些词带有一定感情色彩，又在特定场合或语体中使用，例如表示尊敬对方的敬辞和贬抑自己的谦辞，除褒贬义外，还带有典雅的语体色彩义。

玉成：敬辞，表示成全

玉音：敬辞，尊称对方的书信、言词

惠存：敬辞，表示请对方保存

令尊：敬辞，称呼对方的父亲

赐教：敬辞，表示请求对方给予指教

雅正：敬辞，把自己的诗文书画送给别人时，表示请对方指教

拙笔:谦辞,表示自己的文字或书画

忝列:谦辞,表示自己在某个位置辱没他人,自己有愧

犬子:谦辞,表示自己的孩子

痴长:谦辞,表示自己比对方年纪大几岁

刍议:谦辞,表示自己不成熟的言谈议论

当然还有很多词语是口语语体、书面语体通用的,没有明确的语体色彩义。例如:

表情　　固定　　值班　　尽快　　失误　　相处　　信用　　承包

3. 形象色彩

形象色彩是附于词义之上,能引起人们生动、丰富的想象,使客观事物带有形象感的附属义。

有的词带有视觉方面的形象色彩,例如:

云海　　泪珠　　火爆　　蔚蓝　　碧绿　　雪白　　珠灰

热腾腾　明晃晃　滑溜溜　水汪汪　黑洞洞　瓜子脸　鹅卵石

有的词带有听觉方面的形象色彩,例如:

呼啦圈　布谷鸟　拨浪鼓　乒乓球　踢踏舞

有的词带有触觉方面的形象色彩,例如:

冰冷　　绵软　　毛茸茸

有的词带有动态的形象色彩,例如:

垂柳　　吊兰　　摊牌　　笼罩　　萌动　　跃升　　爬墙虎　　碰碰车

抽象程度比较高的词一般不容易引起形象生动的联想,无形象色彩义。

4. 委婉色彩

为表达不能说或不便直说的事物,而采用迂回的方式委婉表达的词,带有委婉色彩,这类词常称为"婉辞"。例如:中国人避忌直接谈论死亡,常用"百年""驾鹤""仙去"等表达,概念意义同"死",但具有委婉色彩。又如:

富态——胖　　　　囊中羞涩——没钱

洗手间、卫生间、盥洗室——厕所

出恭、更衣、方便、解手——上厕所

汉语学习者在学习生词时,首先应该掌握词的概念义,在词典中都对概念义有明确、详尽的解释和说明。词典一般较少涉及词的附属义,而附属义正是在不同场合、不同语境恰当运用词语的重要影响因素。所以在学习生词时,如果有附属义,应该结合语境准确把握。

三、单义词和多义词

单义词和多义词是根据词的义项多少划分的。义项是词的概念义在词典中的分项解释,主要是根据词的运用环境观察归纳而来。

1. 单义词

只有一个义项的词是单义词。如"嘲笑"只有一个义项"用言辞笑话别人",是单义词。又如"淌"只有一个"往下流"的义项,也是单义词。

2. 多义词

有两个或两个以上义项的词是多义词。

如"架"在词典里有 7 个义项：①架子，由材料纵横交叉构成的东西，用来放置器物或支撑物体（"书架"）；②支撑，支起（"架一座桥"）；③招架（"架住砍过来的刀"）；④绑架（"他被土匪架走了"）；⑤搀扶（"架着伤员慢慢走"）；⑥殴打或争吵的事（"吵架"）；⑦量词（"一架机器"）。"架"是个多义词。

多义词的各个义项性质不同。有的义项是本义，即最先产生、有文字记载的最早的意义。例如："鸣"的本义是鸟的叫声，《说文解字》解释："鸟声也。"有的义项是基本义，是该词在现代最常用、最主要的意义。例如："腾"的基本义是奔跑或跳跃。基本义可以和本义一致，也可以不一致。例如："土"的本义是泥土，这也是基本义。"自"的本义是鼻子，基本义是自己。"节"的本义是"竹节"，基本义是物体各段之间连接的部分。

还有的义项是在词的本义或基本义的基础上，通过事物的相关性或相似性，联想、引申或比喻另一事物所派生出的引申义或比喻义。本义只有一个，而引申义可以有多个。例如："市"本义是做买卖的地方，一般多为城市里的商业区，后引申为人口密集的工商业发达的地方。"兵"本义为兵器，引申为拿着兵器的人、士兵。"便衣"本义是区别于军装、警服的常人穿的衣服，引申为穿着便衣执行任务的警察。

词义的引申方式有时是从具体到抽象。例如："年"原指谷物成熟，后引申为时间单位。"解"本义为用刀切分牛角，引申为分开、打开（如"分解、解开"），进而引申为讲明白、分析说明（如"解"），又引申为明白、弄懂、明白（如"理解"）。

有时是从个别情况扩展到一般事物。例如："集"本义是很多鸟聚集在树上，后引申为集合。"京"本义是高大的建筑，后引申为大的城市。

比喻义也属于一种引申义，通过比喻的方式派生出来。例如"桥梁"的义项：①架在水面上或空中以便行人或车辆通行的建筑物；②能起沟通作用的人或事物。义项②就是比喻义。又如"黑暗"的义项有：①没有光；②社会落后、腐败。义项②是比喻义。

引申义、比喻义和本义是有联系的，一词多义的现象也是这样产生的。一词多义其实体现了词汇表义功能的丰富性，用已有的词来记录更多新的意义，就可以不必另造词，只用有限的词汇就能满足日益复杂的交际需要。越是常用的、使用时间长的词，义项分化越多，这是在长期的运用中发展出来的。

需要注意的是，有一些词其实是不同的词，但是使用同样的书写文字来记录，这并不是多义项的一个词，而是几个同形词。

同音同形词与多义词如何区别？到底是一个词的几个义项，还是几个不同的词呢？主要看词义之间的联系，如果几个意义之间没有引申或比喻关系，不存在关联，那么就是一组同音同形词。同形同音词在词典上常用 1、2 等序号标注。请观察以下例句：

会①：合在一起（"我们会齐了一起去"）

会②：见面（"他正在会客"）

会③：集会（"下午要开个会"）

会④：熟习，通晓（"谁会汉语"）

会⑤：擅长（"他很会画画"）

会⑥：可能实现（"他一定会来"）

会⑦：付账（"我们去喝两杯吧,我会账"）

会⑧：很短的一段时间（"休息一会儿"）

以上会①、会②、会③意义有关系,都有"聚在一起"的意思,是同一个词的多个义项;会④、会⑤、会⑥意义有联系,都有"能够做某事"的意思,属于同一个词的多个义项;会⑦与以上各项意义都无联系;会⑧也与①~⑦项意义无联系。因此会①、会②、会③是一个多义词"会¹"的几个义项,会④、会⑤、会⑥是"会²"的几个义项,会⑦是单义词"会³",会⑧加上词缀"儿""子"成词,词典条目记作"会⁴"。会¹、会²、会³、会⁴是一组同形同音词。

造成同音同形词常常是由于多义词的分化,在长时间的使用中,已经看不出来意义上的关系了。例如：管¹表示圆形细长中空的东西,如"水管";也表示吹奏的乐器,如"管弦乐";或管状物的量词,如"一管牙膏"。管²表示管理、看管,如"管钱",或表示负责、过问,如"别管闲事",或介词"管他叫小胖"。现在看这两个词意义没有联系,事实上它们是由一个多义词"管"分化来的。这个分化过程是这样的："管"最早是指一种六孔的竹制吹奏管乐器→泛指所有管乐器→引申为管状的东西、管子→引申为钥匙（古代钥匙为管状）→掌管钥匙→管理。

还有一种情况是汉字简化引起的同音词变得同形,书写起来无法区别。例如："前後"的"後 hòu"简化变成"后",与"王后"的"后"同形同音,但意义没有联系,"後（后¹）"和"后²"这是两个词,同形同音。

还有音译外来词的引入,也可能造成同形同音词。例如："瓦 wǎ","瓦¹"表示一种建筑材料,如"砖瓦";"瓦²"表示功率单位 Watt（W）,如"40 瓦的灯"。这就是两个同形同音词。

四、同义词和反义词

（一）同义词

意义相同或相近的一组词互为同义词。汉语的同义词很多,例如：

为难——难为　忧郁——忧愁　衣服——衣裳

缘故——原因　凝视——注视　寻常——平常

自行车——脚踏车——单车　继承——承继——承袭

同义词包括下列两种情况：

（1）概念意义完全相同的等义词,使用时选择哪个词只是取决于表达习惯。例如：

演讲——讲演　　代替——替代　　觉察——察觉　　忌妒——妒忌

青霉素——盘尼西林　维生素——维他命　公分——厘米　水银——汞

（2）概念意义大致相同,存在细微差别的近义词。其实常说的同义词主要是近义词。学习汉语时,人们总会进行近义词辨析,掌握每个词的具体使用语境。例如：

表扬——表彰　烦恼——苦恼　锋利——锐利

思念——想念——怀念　　尊敬——崇敬——崇拜

产生同义词的原因比较复杂。除了不同运用场合、不同表意侧重点对语言词汇的精确性需要以外,有的同义词,特别是等义词的产生是基于以下原因：联合型的复合词语素位置比较灵活,约定俗成中都被人们广泛接受。例如"互相"和"相互"同义,"觉察"和"察觉"同义。有的是古语词沿用下来,与现代汉语用词形成了同义词。例如沿用古语词"赠",就和

"送"构成同义词,"诞辰"和"生日"构成同义词,概念意义相同,但附属义(语体色彩)有所差别。有的是吸收进共同语的方言词,与普通话用词形成同义词。例如"苞米""苞谷"和"玉米"是同义词,"土豆"和"马铃薯"是同义词。有的是专业词语与日常用词形成同义词。例如"齿龈""牙龈"是口腔医学的专业词,与普通口头用词"牙床"形成同义词;"汞"是化学专业用词,与"水银"是同义词。还有的是外来词的不同引入形式形成的同义词,或音译外来词与汉语语素构成的合成词形成同义词。例如音译兼意译的"维他命"与"维生素"是同义词,音译的"麦克风"和"话筒"是同义词,音译的"水门汀"和"水泥"是同义词。

多义词的多个义项可能对应不同的同义词,例如"平常"是多义词,在"不特别"这个义项上可与"普通"构成同义词;在"通常、一般时候"这个义项上,与"平时"可以构成同义词。

1. 同义词辨析

同义词辨析主要是辨析近义词在概念义或附属义上的细微差别。

(1)概念义的差别。

意义的侧重不同。例如:

奔驰——奔腾

两个词都有"飞快地跑"的意思。但"奔驰"侧重"驰",指很快地跑,强调速度,如"列车在原野上奔驰";"奔腾"侧重在"腾",指跳跃式地、上下起伏地跑,如"万马奔腾""黄河奔腾而来"。

烦恼——苦恼

两个词都有心情不畅快的意思,"烦恼"侧重表示"烦闷",如"生活就是烦恼,世界充满了烦恼。""苦恼"侧重"痛苦",如"不幸的婚姻让她苦恼"。

由于同义词表达的意思各有侧重,有时搭配的对象也不同。例如:

深邃——深刻

这两个形容词都指道理、思想高深,但侧重点不同。"深邃"可以形容空间的深远,也可以指人的精神世界、眼光、智慧等深沉,因此可以搭配"夜空""目光"等。"深刻"侧重形容事物发展或达到的程度深,或者内心体会很深,可以搭配"变化""理解"等词。

虚伪——虚假

两个形容词都表示跟实际不相符的意思,但语义侧重不同。"虚假"侧重"假",指情况与事实不一样,而"虚伪"侧重"伪装",常指人的语言、作风、行为有伪装的一面,不诚实。"虚假"常常搭配事物,如"虚假的感情""虚假的数字","虚伪"常搭配人或言行,如"虚伪的人""虚伪的话",不搭配"数字"等。

语义轻重程度不同。例如:

爱好(语义较轻)——嗜好(语义较重)

奇怪(语义较轻)——怪异(语义较重)

失望(语义较轻)——绝望(语义较重)

轻视(语义较轻)——蔑视(语义较重)

请求(语义较轻)——恳求(语义较重)

固执(语义较轻)——顽固(语义较重)

秘密(语义较轻)——机密(语义较重)——绝密(语义重)

个体与集体不同。有的同义词虽然指称同样事物,但概念外延有所不同,有的表示集合意义,有的表示个体意义。例如:

书(个体)——书籍(集合)　　　人(个体)——人民(集合)

信(个体)——信件(集合)　　　树(个体)——树木(人民)

范围的大小不同。有的同义词指称的是同一种事物,区别在于所指范围大小不同。例如:

在意——介意

这两个词都可以表示把不愉快的事情放在心上,如"他批评了我,但我并不介意/在意"。"在意"的意义范围更大,包括把其他事情放在心上,表示重视、留意的意思,如"他不太在意衣着"。

边疆——边境

这两个词都指临近与其他国家交界的边界地区。边境的范围较小,边疆范围较大,表示临近边境的广大国土区域。

(2)附属义的差别。有的同义词概念意义相同,但附属的色彩义有所区别。

感情色彩不同。例如:

崇敬(褒义词)——崇拜(中性词)　　　果断(褒义词)——武断(贬义词)

顽强(褒义词)——顽固(贬义词)　　　团结(褒义词)——勾结(贬义词)

成果(褒义词)——结果(中性词)——后果(贬义词)

语体色彩不同。例如:

剃头(口语)——理发(书面语)　　　溜达(口语)——散步(书面语)

种(口语)——种植(书面语)　　　买(口语)——购买(书面语)

飞(通用)——飞翔(文艺语体)　　　半夜(通用)——子夜(文艺语体)

给(通用)——给予(公文语体)　　　现在(通用)——兹(公文语体)

盐(通用)——氯化钠(科技语体)　　　眼皮(通用)——眼睑(科技语体)

(3)语法功能的差别。

有些同义词虽然概念义、附属义都相同,但在语法功能上有区别,主要表现在词类的差异。

忽然——突然

这两个词都表示意想不到,"突然"除了作副词,放在动词或形容词前边,还兼做形容词,如"这件事太突然了,大家都没反应过来。"而"忽然"只能作副词,前边不能再用程度副词修饰。

对于汉语学习者来说,辨析同义词需要结合各个方面的差别,例如:

可惜——惋惜

两个词都是对不如意的事情表示遗憾或者同情。从语义范围来说,"可惜"使用的范围比"惋惜"大,如"好好的饭菜,倒了真可惜",这里不用"惋惜"。从语法功能上看,"可惜"是形容词,"惋惜"是动词,因此可以说"这是非常可惜的事情",不说"这是非常惋惜的事情";可以说"这是令人惋惜的事情",不说"这是令人可惜的事情";可以说"电影很有意思,可惜你没来",不能说"惋惜你没来"。从附属意义看,"可惜"的语体色彩偏口语,"惋惜"则多用在书面

135

语中。

2.同义词的作用

(1)丰富的同义词可以满足表达需要,使语言能够更确切、精准、严密地说明问题或表情达意。例如:

那时候人们读的书不是休闲杂志、电脑书籍、报纸漫画,而是儒家的经典,以及和这些经典有关的儿童课本、考试范文,当然也有一些小说、散文、诗歌,但是那主要是上层知识分子的读物;人们获得知识和消息的途径主要不是报纸、广播、电视这些现代传媒,而是一些刻印的书本、道听途说的见闻以及由父老乡亲传授的经验。

这一段话中同义词"书、书籍、书本、读物、课本"等的使用,准确地说明了各种知识媒介。

(2)避免用词重复、单调,使语句富于变化,有更好的修辞效果。例如:

生活的艺术,有一部分我不是不能领略。我懂得怎么看"七月巧云",听苏格兰兵吹"bagpipe",享受微风中的藤椅,吃盐水花生,欣赏雨夜的霓虹灯,从双层公共汽车上伸出手摘树巅的绿叶。

"领略、享受、欣赏"几个同义词的连用,使语言生动,富于变化,避免重复。

(3)交际中有时需要委婉、避讳,根据场合在同义词中做出恰当的选择,可以使表达得体。例如:

传统的中国人非常谦虚,他们把自己的文章叫作"拙作",他们建议你把他的画拿去"补壁",就是补墙壁上的洞,他们把自己的小孩儿叫作"犬子",把自己的房子叫做"寒舍"。

同义词特别是近义词的存在,是语言丰富的表现,在学习汉语时,应注意不断积累、整理同义词,在一组词的对比中辨析,从而更好地理解、运用词汇。

(二)反义词

反义词指两个意义相对或相反的词。反义词可以分为绝对反义词和相对反义词。绝对反义词是指对立的词在逻辑上矛盾,肯定 A 就必然否定 B,否定 A 就必然肯定 B,没有中间状态。例如:

| 真——假 | 有——无 | 活——死 | 对——错 | 这——那 |
| 诚实——虚伪 | 主观——客观 | 出席——缺席 | 合法——非法 |

肯定"真",必然否定"假";否定"真",必然肯定"假"。肯定"出席",必然否定"缺席";否定"出席",必然肯定"缺席"。不存在"不是真也不是假""不是出席也不是缺席"的情况。

相对反义词是对立的词所表达的概念义在逻辑上是处于对立关系的两个极端,存在中间状态。肯定 A 就否定 B,否定 A 不能肯定 B。例如:

| 冷——热 | 上——下 | 大——小 | 高——低 | 强——弱 | 多——少 |
| 快乐——忧愁 | 鲜明——黯淡 | 朋友——敌人 | 严寒——酷热 |

"冷",就是"不热","不冷"不一定就是热,存在"不冷也不热"的情况。

1.反义词的构成

反义词的构成条件主要有以下两个方面:

(1)反义词是属于同一意义范畴且意义矛盾对立的词。例如"冷、热"都属于对温度的感知意义范畴,"快乐、忧愁"都是人的情绪范畴。"快"属于速度范畴,"少"属于数量范畴,没有共同的意义基础,这两个词不构成反义词。又如"高"和"短","高"是从下到上的距离,"短"则是两端之间的距离,不限于垂直距离,两个词也没有共同的意义基础,不构成反义词。

(2)语法功能相当,字数相同。除了概念义属于同一范畴外,构成反义词的一对词在词类、语体色彩、字数方面也应一致。例如"聪明"和"傻子"意义上是相对立的,但"傻子"是名词,而"聪明"是形容词,因此不构成反义词。"买"和"销售"意义相对,都是动词,但字数不同,语体色彩也有差别,不构成反义词。"买"和"卖"是反义词,"购买"和"销售"是反义词。

2.一个多义词可对应多个反义词

由于词的多义性,一个词在不同义项上可以对应多个反义词。例如:"骄傲"是个多义词,在表示"自大"这个义项上,"骄傲"和"谦虚"构成反义词;在"自豪"这个义项上,"骄傲"和"自卑"构成反义词。

反义词一般都有对举的语境,总是成对出现;也不是每个词都有与之相对立的反义词。

3.反义词的作用

反义词表达客观世界中处于矛盾对立关系的事物,可以利用反义词准确揭示事物的对立性,进行修辞。

(1)意义对比。反义词可以在意义上形成鲜明对比,表达深刻有力。例如:

胜不骄,败不馁。

"即使所有的青藤树都倒了,你也要站着;即使全世界都沉睡了,你也要醒着!"这回轮到我自己来读了,读别人的话时很轻松,读自己的话时则很沉重。

(2)形式上的对称。反义词成对出现,可以构成对偶、仿拟等修辞格,使表达效果更好。例如:

青山有幸埋忠骨,白铁无辜铸佞臣。

尺有所短,寸有所长。

宁为玉碎,不为瓦全。

对于汉语学习者而言,在积累词汇时,要注意整理反义词,成对理解记忆。构成反义词需要词有相同的意义范畴,语体色彩、语法功能和格式也要一致,学习时可一并掌握两个词的用法。此外,整理多义词多个义项对应的反义词,也是成组学习词汇的方法。

练习

一、指出下列句中加点词的附属义(感情色彩、语体色彩、形象色彩)

1.你的结论恐怕有点武断。

2.你会跳那种"兔子舞"吗?

3.张医生的敬业精神令人钦佩。

4.这是一点小意思,请您笑纳。

5.雨在伞边上形成一道道雨帘,天地间白茫茫的。

6.现将文件下发你处,请按细则要求提交材料,及时上报。

7.由于光线折光和反射的影响,人们产生了一个错觉。

8.你在那儿瞎鼓捣什么呢?

9.你最近可越来越富态啦!

10.你看他贼眉鼠眼的,不像好人。

11.有的朋友知识丰富,有的朋友品德高尚。

12.我将正式向部长提出调职申请。

13.也许人的泪中还含有虚伪,而动物的泪里却只有真诚。

14.令尊最近身体安好?

二、指出下列加点词的比喻义

1.他只是把我们公司当作跳板,积累一些经验就要去大型公司拿高薪。

2.今年咱们的工作业绩又上了一个新台阶。

3.每个人都有理想,但如果不行动,再好的理想也只是空中楼阁。

4.养花养鸟是许多老年朋友用来解闷的法宝。

5.这事儿还得您拍板定音啊!

三、判断以下各项是一词多义还是一组同形同音词

1.白

白①:这鞋有白的吗?

白②:你总不能让人家白干活,不给报酬吧?

白③:这个字读"酣 hān",不读"gān",你把字读白了。

2.别

别①:你别站在这儿。

别②:别了,我的朋友!

别③:她头上别着一朵花。

别④:请辨别这两个字的不同。

3.活

活①:这是一池活水,小鱼的生长环境很好。

活②:这植物很好养,浇点水就能活。

活③:有人能活吃章鱼。

活④:你的学习方法要活一点。

活⑤:这是一座活火山。

四、指出下列各组词是否构成反义词

火热——凉丝丝	大——细小	美观——粗糙	良好——不良
生——死亡	丈夫——老婆	赞成——反对	缺点——完美

五、写出下列词语的近义词或反义词

1.写出近义词

慎重——　　　　　　　　　　清晰——

沉闷——　　　　　　　　　　踌躇——

扼要——　　　　　　　　　　烦恼——

非凡——　　　　　　　　　　懊悔——

古怪——　　　　　　　　　　孤独——

2.写出反义词

低沉——　　　　　　　　　　忧郁——

精密——　　　　　　　　　　宁静——

偶然——　　　　　　　　　　诚挚——

忧患——　　　　　　　　　　固执——

荒凉——　　　　　　　　　　轻率——

第四节　词汇的组成

学习目标

1. 了解基本词汇的特性
2. 能找出汉语中的一般词汇（古语词、方言词、外来词、行业语、新词）
3. 掌握部分一般词汇的使用场合和使用原则
4. 辨别外来词的类型，选择外来词的恰当译名

汉语词汇非常丰富，从数量上来说，目前收词量较大的《汉语大词典》收录的现代和历史词语达到 35 万条，经常使用的《现代汉语词典》收录了 6 万余条词语。据调查统计，汉语常用词语大约 3000 个左右。对于汉语学习者来说，达到 HSK 六级水平需要 5000 个词。

根据词汇在词汇系统中的地位，词汇可以分成基本词汇和一般词汇。按照词汇来源的不同，一般词汇又可以分为古语词、新词、方言词、外来词、行业语等。

一、基本词汇

基本词汇是语言中表示最重要的、必需的、常见的事物和概念的词。基本词汇是词汇中最核心的组成部分，是人们在日常生活中经常使用、在语言交际中不可或缺的，包括很多单音节词。例如：

表示常见的自然现象的词：天、地、日、月、雨、雪、水、火、土、木、鱼

表示生活用品、生产用具的词：衣、车、肉、食、家、门、舟、刀

表示时令的词：年、月、春、夏、秋、冬

表示空间方位的词：东、西、南、北、上、下、前、后

表示人体器官的词：头、手、心、鼻、牙、口

表示最基本的动作行为的词：走、飞、吃、生、死、看、坐、学、教

表示人或事物最基本的性质状态的词：大、小、冷、热、长、短、男、女、老、黑、美、红、好、白、高

表示数量的词：一、二、三、十、百、千、万

表示亲属称谓或指代关系的词：我、这、那、姐、弟、父、母、孙、儿

基本词汇有以下特点：

1. 使用时间长

很多基本词在历史上存在了很长时间，上千年前就已经出现，像"人、马、天、羊、好、田、水、火、男、女"等词从甲骨文时期至今，不断被人们运用，生命力长久，词义和用法基本保持不变，非常稳固。当然，随着语言发展的需要，基本词汇也有所变化，古代一些单音节词，现在已经变为不成词语素，在汉语词汇双音节化的趋势下，需和其他语素结合构词，例如"口"，现代汉语中已不单用，可以组成"口红""口腔"等词。

2. 社会普遍使用

基本词表示的都是一些最常见的事物、现象，因此不论阶层、行业、性别、地域、文化程度，都要使用这些基本词来进行交际。基本词的使用频率高、范围广，在使用这种语言的人群中通用。

3. 构词能力强

基本词被普遍、长时期使用，词义相对稳固，为人们所熟知，大量汉语的双音节词是在单音节基本词的基础上构成的。例如用"人"构成的双音节词就有"人造、人情、人丁、人格、僧人、商人、爱人、华人、家人、主人"等，仅常用的《现代汉语词典》中以"人"做开头语素的双音节词已近百个。创造新词时使用这些易于理解、常见的基本词为语素，构成的词更易被使用人群接受。

基本词汇的划分对于研究语言教学、语言发展、语言接触等都很有意义。学习汉语时，注意学习容易理解的、通用的、具有能产性的基本词，对扩大词汇量，掌握汉语词汇特点有重要作用。

二、一般词汇

基本词汇以外的词都属于一般词汇。现代汉语一般词汇的数量比基本词汇多。与基本词汇不同，很多一般词汇没有那么悠久的历史，而且涉及社会各个专门领域和不同地域人群，并不是社会全体成员都使用的，也并不稳固，对社会变化敏感，随着社会变迁发生变化。一般词汇能够满足人们多样化的交际需要，数量很大，种类也比较芜杂。从词的出现时间上说，一般词汇中有从古代汉语中保留下来、但不经常使用的古语词，也有当代社会层出不穷的新词；从使用群体来看，一般词汇包括从方言中吸收进来的方言词，以及不同社会阶层、团体所使用的行业词，还有从外族语言中借来的词（借词）。

1. 古语词

古语词是来源于古代文言作品中的文言词，或指称古代曾经存在过的事物的历史词，多用于比较庄重、正式、简洁的场合或文艺语体，口语中很少使用。

很多文言词是单音节的，发展至今有很多被双音节词替代，在现代汉语中有对应的词语。例如：

尚未（还没有）　倘（如果）　若（如果）　其（他的/她的/它的）　之（的）

适当使用文言词能使表达简洁有力,达到特定的效果。

例如:

主人不予介绍,客人也就安然受之,以为那个老妪必是仆妇。久之才从侧面打听出来那老妪乃主人之生母。

(主人不给客人介绍,客人就安心地坐在那里接受服务,以为那个老大娘一定是女佣人。过了一段时间才从侧面打听出来那老大娘是主人的亲生母亲。)

历史词所代表的事物、现象大多不复存在,有的成为"化石语素",在说明历史上的人、事、物时用到,特别是历史研究文章中常见,在日常交际中少见。例如:

皇帝　科举　状元　奏折　县令　宰相　圭臬

历史词在现代还会有一些特定的使用场合,能带来修辞效果。例如"公主"属于历史词,但当代出现了"公主病"一词,指要求获得公主般的待遇、行为娇纵、缺乏责任感的行为,这一用法很形象,表达效果突显。"状元"是古代科举制度下对殿试第一名的称谓,现在也用来代指第一名,如"中国体育用品制造企业安踏和李宁近期均对今年 NBA(美职篮)新科状元蔡恩报价了代言合同"。

2. 新词

新词是语言中新创造的词。新词指称的是新的事物、现象、概念,同时具有新的形式。"新"是相对的,每个时代有每个时代的新词语。例如 1919 年五四运动后出现的新词:

边区　清乡　恋爱　青年团　邮差　夜总会　大亨　租界　巡捕　股票

1949 年中华人民共和国成立后出现的新词:

统购　统销　套种　自留地　基层　工分　红领巾　辅导员　生产队

中国改革开放以后出现的新词:

商品房　休闲装　信用卡　安乐死　个体户　收视率　热线　商圈

立交桥　股民　炒股　双赢　趋同　封杀　拥堵　炫富

信息时代产生的新词:

程序员　网友　点击　大数据　芯片　鼠标　支付宝　爆款　网红　微博　手机

新词可能与外来词或方言词有重叠。

一般词汇和基本词汇是对立的,但它们之间的界限并不那么严格,而且在一定条件下也可以相互转化。由基本词派生出来的词绝大多数属于一般词汇,也有一些基本词随着社会的发展变化退出基本词汇,进入一般词汇。如"君、臣"在古代汉语里是基本词,在现代汉语中成为了一般词。反之亦然,一般词汇中有些词具备了基本词汇的稳固性、全民性和能产性的特点后,就进入了基本词汇。

3. 方言词

汉语方言的分歧很大且非常复杂,各地方言词汇系统也各具特色。这里所说的作为现代汉语一般词汇组成部分的方言词,是指从地域方言中吸收进来融入共同语、带有方言色彩的词语。例如:

来自吴方言的词:

尴尬(神色、态度不自然)

马甲（背心）

里弄（小巷）

嗲（好，撒娇的神态或语气）

识相（会看别人神色做事，知趣）

把戏（花招，骗人的手段）

来自湘方言的词：

过硬（经得起严格的考验或检验）

里手（内行、行家）

来自闽方言的词：

龙眼（桂圆）

咖（人物，如"大咖、怪咖"）

来自粤方言的词：

炒鱿鱼（比喻解雇）

打工（为他人工作或做临时工）

靓（漂亮、好看，如"靓女、靓仔"）

冲凉（洗澡）

叉烧（烧肉的一种方法）

大佬（某一领域中领头的人）

楼盘（作为商品出售的楼房）

很多方言词在普通话中没有对应的词，将其吸收进普通话可以准确表达事物、现象，使语言丰富、生动，更具表现力。例如来自吴语的"尴尬"一词准确表现了神色、态度不自然的意思；来自粤语的"搭档"简洁明确地指称共同协作的人；同样来自粤语的"生猛"表示活生生的、凶猛的、富有活力的状态，非常形象。

4. 外来词

外来词，也叫借词，指从其他民族语言中吸收到汉语中的词。这是汉语长期以来在与不同民族、不同国家在各个领域交往中，逐步从其他语言中引入的。早在汉代，中原地区就从西域引入了很多新事物，汉语也从当时的外族语言中吸收了很多外来词，例如"葡萄""狮子""石榴""琉璃""玛瑙"等。东汉佛教传入中国后，又从梵语中借入很多词汇，例如"佛""菩萨""塔""罗汉""刹那""僧""忏悔"等。19 世纪以来，特别是 20 世纪中国实行改革开放政策以后，更多的外来词被吸收到现代汉语词汇中。

外来词进入到汉语词汇系统，要受到汉语语音习惯、构词规律等的制约。音译成分引入时用汉字记录音节，如"坦克"来自"tank"的音译，但现代汉语语音系统没有塞音结尾的韵母，因此 k 这个音要加上元音，并带上声调，读作 kè，成为一个音节，用汉字"克"记录。

按照引入方式的不同，外来词主要可分为以下几类：

(1)音译。

按照原词的语音形式，用读音相近的汉字来记录外语词的读音。例如：

沙发——sofa	咖啡——coffee	克隆——clone
逻辑——logic	拷贝——copy	尼龙——nylon

华尔兹——waltz	白兰地——brandy	卡司——cast
麦克风——microphone	扑克——poker	比基尼——bikini
吉普——jeep	阿司匹林——Aspirin	伏特加——(俄语)Водка/vodka
戈壁——(蒙古语)Говь/Gobi	喇嘛——(藏语)ཨུ་ལ/lama	香槟——champagne
温哥华——Vancouver	纽约——New York	杰克——Jack

很多外语中的人名和地名采用这种方式引入。

(2)半音译半意译。

把一个外来词分成两部分,一部分音译,一部分意译。例如:

绿卡——green-card("绿"意译+"卡"音译)

新西兰——New Zealand("新"意译+"西兰"音译)

冰淇淋——ice-cream("冰"意译+"淇淋"音译)

华尔街——Wall Street("华尔"音译+"街"意译)

摩托车——motor-cycle("摩托"音译+"车"意译)

因特网——internet("因特"音译+"网"意译)

星巴克——Starbucks("星"意译+"巴克"音译)

(3)音意兼顾。

外来词整体是音译,同时记录音节所使用的汉字能在一定程度上表达原词意义。例如:

俱乐部——club("俱"表示全都,"部"表示团体)

维他命——vitamin("维"表示维持,"命"表示生命)

基因——gene("基"表示基本,"因"表示因素)

香波——shampoo("香"表示香气,"波"表示液态)

可口可乐——Coca-cola("可口"表示味道好)

模特儿——model("模"表示标准)

乌托邦——utopia("乌"表示没有,"邦"表示地方)

黑客——hacker("黑"表示暗中攻入,"客"表示人)

(4)音译加汉语语素。

通过音译方式引入外来词,再加上表示事物类别的汉语语素。例如:

啤酒——beer(加"酒")

酒吧——bar(加"酒")

桑拿浴——sauna(加"浴")

沙丁鱼——sardine(加"鱼")

多米诺骨牌——domino(加"骨牌")

芭蕾舞——ballet(加"舞")

沙皇——царь/czar(加"皇")

爵士乐——Jazz(加"乐")

高尔夫球——golf(加"球")

可以看出，汉语在吸收其他民族、其他国家语言中的词语时，常常含有意译成分。汉语的书写形式是汉字，如果字不表义，使用汉语和汉字系统的人们不易接受。因此在音译的基础上经常加上表意的汉语语素，如夹克衫（jacket）、卡片（card）；或者在整体音译的情况下，选用能表达词义的汉字记录，便于理解和接受，如"浪漫（romantic）"的借用方式就是音意兼顾，美国一处国家公园 Yosemite 译为汉语使用"优胜美地"，表达风景优美的胜地之意。还有综合使用多种引入方式的，例如"迷你裙（miniskirt）"，整体是半音译半意译，而音译的"迷你"也兼顾了意义；"脱口秀（talk show）"是半音译半意译，"秀"是音译，"脱口"表示很快说出，音意兼顾。"霓虹灯（neon light）"是半音译半意译，而"霓虹"则使用了音意兼顾的方式，"霓虹"本就具有"彩虹"的意义。日化公司"联合利华（Unilever）"同样采用半音译半意译，同时"利华"也是音意兼顾。

有很多国际品牌在进入中国市场时，都要选择易于记忆和流传的中文译名，多使用音意兼顾的方式。例如"雪碧（Sprite）"，"雪"表示清凉、白色，"碧"表示绿色，音译词使用的汉字很容易让人联想到绿色包装的清凉饮料。"可口可乐（Coca－cola）"的译名给人留下"饮用使人愉快"的印象。美妆品牌"露华浓（Revlon）"的译名来自唐诗"云想衣裳花想容，春风拂槛露华浓"，基本对应原词语音，还很优美、富有诗意。再比如汽车品牌"奔驰（Benz）"、家居品牌"宜家（IKEA）"、香皂品牌"舒肤佳（Safeguard）"等等也是音意兼顾。一些来自其他国家的人士使用中文名时，也尽量音意兼顾。例如美国历史学家、汉学家费正清（John King Fairbank），瑞典汉学家高本汉（Bernhard Karlgren），澳大利亚前总理陆克文（Kevin Michael Rudd），中文名不仅体现了原名的基本音节，而且用字典雅，寓意深刻。非汉字文化圈的汉语学习者也可以给自己取一个既包含母语姓名语音，又带有美好涵义的中文名字。

外来词一般要含有译音的成分。如果只是根据原词的意义，用汉语语素构成意译词（或称仿译词），如"快餐（fastfood）""篮球（basketball）""蜜月（honeymoon）""计算机（computer）""白宫（the White house）""蓝图（blueprint）""情景喜剧（sitcom）"等，这类词不属于严格意义上的外来词，因为构词语素和语素间的结构方式都是汉语固有的。

还有一类比较特殊的外来词，是借用外来词的字形，有的是英文字母词，有的则是用汉字书写的日语词。

（5）字母词。

字母词直接借用外文简称的字母，或在此基础上增加汉语语素。例如：

MBA　　NBA　　DNA　　DVD　　WiFi　　IQ　　EQ　WTO
U 盘　　T 恤　　X 光　　B 超　　卡拉 OK

还有一类特殊的字母词，实为汉语拼音的缩写，如 HSK（汉语水平考试）、RMB（人民币）、PSC（普通话水平测试）。

（6）来自日语的借形词。

日本自 1868 年明治维新以后，大量引介西方科技文化，用汉字构造新词，同时仍照日语中汉字的发音去读。这样日语中产生了一大批新词。20 世纪初，很多中国人赴日留学，又把大量日语词引入中国。与典型意义的外来词不同，日语外来词并不借音，只借用形和义，也就是直接把用汉字写出来的日语词引入汉语，而词的语音依照汉字发音去读。例如：

列车　分析　具体　客观　干部　错觉　概念　手续　宪法

积极　　社会　　表决　　大气　　料理　　革命　　职工　　金融　　服务

随着中国实行改革开放,中日文化交流日趋频繁,新的历史时期又有一大批代表流行文化的日语词引入,活跃在网络世界的言语交际中,使用范围也有扩大趋势。日语词使用的是汉字,而且很多词使用汉字在古代汉语中的意义或本身具有的意义,中国人比较容易接受。例如:

保育	通勤	出勤	充电	暴走	职场	民宿	发表会
会所	家政	攻略	量贩	满员	周边	美体	黄金周
配送	物流	运营	宅配	瘦身	完胜	手办	便利店
人脉	人气	整合	正解	写真	玄关	收纳	无记名
年金	精算	融资	素人	逆袭	景气	放送	宅　萌

有时借来的词形与汉语固有词的词形重合,如"达人"汉语中本是"乐观豁达的人,通达事理的人",从日语中借来的"达人"表示"在某一领域非常专业或很精通的人"。

很多词由于使用频率高,广为人们熟知,生命力很强,已经不易看出是借自日语了,甚至可以按汉语的语素组成方式进行结构分析。有的还成了常用定位语素,有的具有较强的构词能力。例如:

～中	装修中	休息中	营业中
～族	追星族	工薪族	暴走族
准～	准妈妈	准新娘	准中级
超～	超一流	超强	超能力

有些常用的外来词还可以作为自由的词根语素构成新词。例如:

吧(bar)——酒吧	网吧	水吧	吧台	吧凳	泡吧	氧吧
秀(show)——作秀	秀场	时装秀	综艺秀
的(taxi)——打的	的哥	的姐	摩的
宅——宅男	宅女	深度宅
萌——萌宝	萌妹	卖萌

5. 行业语

行业语是社会上某一行业领域或专业学科中人们专用或较多使用的词语,是各行业、各学科在表达重要概念时必不可少的术语。行业语的使用不受地域的限制,而是受限于不同专业领域或行业,属于"社会方言"。例如(有一些行业词同时是外来词或古语词,可以有所重叠):

哲学:存在	意识	范畴	质变	辩证
经济:消费	流通	资本	盘点	成本	盘点
数学:加法	平方	面积	函数	代数
天文学:行星	恒星	光年	日食	黑洞
化学:电解	氧化	饱和	化合	半衰期
医学:血压	脱水	注射	过敏	脉搏
体育:中锋	跨栏	篮板	上垒	后卫
戏曲:碰头彩	叫板	压轴	后台	跑龙套	花旦	行头

行业语在本专业或本行业范围内表示专门的意义。但随着社会发展，人们的认知水平和广度都有了较大的进步，许多行业语在人们日常生活中使用的频率越来越高，已经成为普通词汇。专门词语中有一部分在使用过程中还可能产生新义，不止由特定社团人群使用，而是由全民使用，转化为普通词汇。例如：

"消化"本是医学行业语，发展出的比喻义指理解、吸收所学的知识，如"我们要对资料和信息进行消化、整理"。

"拐点"本为数学和经济学术语，现在多用来指大的变化和转折，如"我们又一次站在了历史的拐点上"。

"焦点"本为几何学、光学的术语，比喻义指引人注意的集中点，如"这样的大公司容易成为社会焦点，受到人们关注"。

"软件"本为计算机行业语，也指人员素质、管理水平、服务质量等，如"我们重视商场设施的硬件投资，更重视营业员整体素质的软件建设"。

"落差"本为地理学术语，比喻义指对比中的差距或差异，如"学生渴望一毕业就有一份好工作，但往往不如意，心理落差很大"。

"出局"本为体育领域的行业语，也比喻人或者事物因达不到某种要求，无法在这一领域继续存在下去，如"产品质量太差，厂家就会被淘汰出局"。

"叫板"本为戏曲行业语，比喻向对方挑战或挑衅，如"他们公司的实力不强，却敢跟大型企业叫板"。

隐语

行业语里有一种主要用于在某些社会集团或秘密组织内部传递秘密消息，称为"秘密语"或者"隐语"。隐语就是为了社团内部之间沟通，让外人无法理解而创制的，早在唐宋时期就在从事非法贸易的江湖武人中出现，也称"切口"或"春典"。例如北京当铺行的隐语有：挡风（袍子），大毛（狐皮），小毛（羊皮），圆子（珠子），软货龙（银子），硬货龙（金子），彩牌子（古画），黑牌子（古书）。数字也有隐语：旦根（一），抽工（二），末王（三），不回（四），缺丑（五），断大（六），毛根（七），入开（八），未丸（九），先千（十）。

演艺行当的隐语如：走穴（演员为了挣钱外出表演），万儿/腕儿（名号、名气），跑码头（演员到各地巡回演出）。一位女曲艺演员曾用演艺行业的隐语说过如下一段话：

"穴头儿说了，我这个绝对是挑大梁的路子啊，甭说倒二，攒底都行！他打算明儿就单独为我组场穴。先在北京唱响了万儿，再到外地去跑码头，一场就照着一两吨那么海置啊，把那帮歌星笑星全淤喽。"

这里的"穴头儿"指组织商业演出的人，"倒二"指倒数第二个节目，"攒底"是最后一个节目，"穴"就是演出，"一两吨"指一两千元，"海置"指多多地挣钱，"淤"指胜过、盖过。

还有一种特殊的隐语，称为"黑话"，通常为黑社会组织内部使用，例如："胡子（土匪）""佛爷（窃贼）""肉票（被绑架的人质）""撕票（杀害人质）""黄货（黄金）""踩盘子（事先勘察地点做准备）""叶子（信件）""青子（武器）""浆子（酒）"等。

在小说《林海雪原》中出现了很多二十世纪四五十年代东北地区土匪团伙使用的黑话。侦查员杨子荣为了打入土匪内部，用黑话与土匪对话，获得了信任。例如：

土匪：蘑菇，你哪路？什么价？（什么人？从哪儿来？到哪里去？）

杨子荣:哈!想啥来啥!想吃奶来了妈妈;想娘家的人,孩子他舅舅来了。(我正在找同行,正巧你们来了)

很多隐语慢慢被人知晓其含义后就逐渐不再使用了,有少数进入到普通词汇中,应用于日常生活交际。例如"走穴""大腕儿"等,在特定语境中发挥独特的作用,例如:"大城市的名医到小城市走穴做手术,已经不是新鲜事了。"

练习

一、找出下列词语中的基本词汇和一般词汇

皆　飞　亦　手　高　飞船　败北　电脑　夹克衫　披萨饼

二、从下列句子中找出古语词、外来词、方言词、行业语

1.我懂得欣赏雨夜的霓虹灯。

2.我在家里搞了一次小小的内部招标。

3.既然已说了风雨无阻,区区风雨又何足为惧。

4.如果没有幽默天才,千万别说笑话。

5.这事就交给我吧,甭说 500 块了,每月给我 400 块就行。

6.基于解剖结构基础,单睑在睁眼时,睑板前的皮肤和眼轮匝肌不能跟随睑板一同上提,因而上睑不能形成皱襞。

7.下班后他和朋友们去打保龄球了。

8.你说说每个月准备出多少钱,我看看承包了是不是合算?

9.这些钱是全体职工的辛苦钱,我怎么能在工人的饭碗里揩油?

10.客来了,若你倦了说不得话,或者找不出可说的,干坐着岂不着急?

11.谁欺负我们的细妹子了?

12.快乐村人是一个好战的高原民族,因克服苗人有功,蒙中国皇帝特许,免征赋税,并予自治权。

三、指出下列外来词的类型

威士忌　雪茄烟　苏打　远足　蹦极　剑桥　伊甸园　轮胎
康乃馨　因特网　逻辑　柠檬　AA 制　漫画　尤克里里

四、解释下列句中加点的方言词的含义

1.来,坐这儿,咱俩好好唠唠嗑儿。

2.他的公司经营不善,去年也歇菜了。

3.你先去冲凉,然后准备吃晚饭。

4.你盯着这幅画看了半天,看出什么名堂了?

5.这个防晒霜是我们今年夏天的主打产品。

6.你自己犯了错误,为什么让别人替你买单?

7.儿子很会煲汤,天天煲给全家人喝。

8.他才拿本儿没多长时间,开车手潮。

五、请解释下列行业语,并用它们分别造句

垄断　　越位　　中和　　折射　　折扣　　序曲

第五节　词汇的发展变化和规范

学习目标

1. 发现生活中的新词
2. 认识词义的演变方式(增加义项、词义范围扩大、词义范围缩小、词义转移),举出词义发生变化的例子
3. 发现并总结当代汉语词汇用法的新变化,辨别词汇的不规范用法

语言是随着社会发展和时代变迁而不断发生变化的。在这变化中,词汇是反应最快、最敏感的部分。社会的变革、人们观念的转换,都会在词汇中全面、及时地体现出来,甚至可以说,词汇是社会生活的"晴雨表"。人类社会制度的更替、新事物的产生、旧事物的消亡、经济水平的提高、社会交往日趋频繁,都是词汇变化的因素。此外,人类认识发展,对客观世界的认知、意识和态度发生变化,词汇也随之而变。除了上述外部原因,还有语言系统内部的原因。表达要有区别性,保证交际顺利进行,一个语言要素发生演变会引起一系列变化,直到重新建立其平衡。如"河"本义指黄河,"江"本义指长江,但后来两个词成为河、江的统称,词义范围扩大了,就需要加上语素"黄"构成"黄河",加上"长"构成"长江",以便区别。词汇发展演变的形式主要包括新词的产生、旧词的消亡以及词义的演变。

一、新词的产生和旧词的消亡

为了适应社会发展变化,满足交际需要,语言里不断产生新词,并在相对较高频率的运用中逐渐被人们理解和接受,运用地域也相对较广。同时,一些词语也随着所指称事物的消失而成为历史。

(一)新词的产生

新词的产生主要有以下方式:

(1)按构词方式,用汉语固有语素构成新的合成词,表示新事物。例如:

偏正型:童装　快递　弹幕　学霸　婚纱　雪藏　键盘侠
　　　　水货　代购　主页　电脑　倒逼　秒杀　裸婚
联合型:网络　点击　登录　音像　拥堵　打拼
动宾型:保鲜　上市　助学　炫富　造福　脱贫　扶贫　接轨
补充型:激活　理顺　走红　刷新　搞活　锁定
陈述型:情变　婚变　私营　民办　众筹　公有

附加式合成词:老外　老总

也可使用构词能力强的定位语素构成新词。例如:

导～:导览　导读　导航　导演　导播　导购　导游　导医　导视

微～:微信　微博　微课　微商　微店　微电影　微视频

软～:软文　软科学　软包装　软着陆　软广告　软饮料

零～:零距离　零接触　零污染　零增长　零容忍

～迷:球迷　舞迷　歌迷　书迷　影迷　戏迷

～化:类化　量化　净化　全球化

～奴:房奴　卡奴　孩奴

(2)使用缩略语。例如:

寿险　考研　春运　春晚　医保　社保　官网　官宣　官微

人设　环卫　减排　节能　环保　医美　车贷　房贷　家装

打假　纠风　国企　民企　编程　网红　网银　网恋　书展

(3)吸收方言词、外来词及行业语。例如:

方言词:

忽悠　宰人　卖点　托儿　靠谱　碰瓷

买单　火爆　牛市　熊市　山寨　私家车　写字楼

炒作　套牢　搞定　搞笑　靓女　炒鱿鱼

外来词:

克隆　卡通　的士　托福　宅男　佛系　逆袭

GDP　IT　IP地址　ATM　App　KPI

行业语:

冷处理　退役　滑坡　气场　板块

新词从内容上看多与日常生活、政治、科技、经济相关,语音形式上以双音节词和三音节词为主。

(二)旧词的消亡

随着社会的发展变化,一些事物、现象消亡,概念、意识转变,代表的词语使用频率相应降低,逐渐从交际生活中消失,成了历史词。例如:

御制　驾崩　科举　驸马　巡捕　王爷

还有一些词所表示的事物、现象依然存在,但换用了新词表示,原有的词不再使用。例如:

水门汀→水泥　　德律风→电话　　梵阿玲→小提琴　　维他命→维生素

万兽园→动物园　邮差→邮递员　洋火→火柴　　　原子笔→圆珠笔

当然有些历史词有可能"死而复生",重新在社会生活中使用,产生特定的表达效果。例如"大婚"一词,在古代封建王朝专指皇帝的婚礼,常人婚礼不能称"大婚"。王朝历史结束后,"大婚"也同"皇帝"一类的词一样成为历史词。但现在越来越多的名人以及普通百姓,都使用"大婚"来表示隆重、盛大的婚礼。如网络上的新闻标题:"哈里王子大婚,英国王室迎来史上最难搞的'娘家人'","大婚之日,新娘子被'落'在高速服务区"。又如"店小二"是旧时茶馆、酒馆、旅店等处负责服务接待顾客的伙计,现在指政府部门、领导干部对自身职能的定位,如"政府部门、领导干部要当好服务企业、服务基层的店小二"。

二、词义的演变

词所代表的意义内容经历时代和社会的变迁,也在不断发生变化。词义演变的途径有下列几种:

1. 词义项增加

词义项增加是指有的词在发展变化中,所包含的意义有所增加,产生了更多引申义和比喻义。例如:

套餐:原义是搭配好的成套供应的饭食,现也指搭配各种产品成套销售的营销方式或产品组合。

锦鲤:原义指一种色彩艳丽的观赏鱼,现也指运气非常好的人,或能给别人带来好运的人。

包装:原义是指用纸、盒等把商品包起来,或包裹商品用的东西,现也表示企业、演员等的形象塑造。

油腻:原义指含油分过多,现用来形容人世故圆滑、不修边幅、邋遢。

套路:原义指编制成套的武术动作,现泛指精心编制的、迷惑他人的说法或做法,甚至是骗术,也指人们已习惯的处理各种事情的手段、方式、方法等。

2. 词义的扩大

词义的扩大是指词所指的对象范围扩大,由部分发展到整体,由个体发展到一般事物。例如:

引:本义是拉开弓,后泛指拉开的动作。

节:本义是竹子的竹节,后泛指植物枝干相连接的部分,继而引申出骨骼连接部分的意义,词义范围进一步扩大。

响:本义是回声,后泛指声音,或发出声音。

流量:本义是单位时间内通过河、渠或管道某一横截面的流体的量,后泛指单位时间通过道路的车辆、人员的量,现又引申为单位时间内网络数据通过的数量。

3. 词义的缩小

词义的缩小是指词所指的对象范围缩小,由整体变为局部,由宽泛的指称范围缩小为具体的指称。例如:

报复:原义是回报恩情或仇怨,现在专指"报怨",对损害自己利益的人进行反击。

勾当:原义是事情,现专指坏事情。

批评:原义是评论好坏,既提出优点也提出缺点,现专指提出缺点和错误。

皑皑:原义是形容白色,可以用来形容刀刃,现专指霜雪洁白。

学者:原义是求学的人,现专指学术上有一定成就的、专门从事研究的人。

4. 词义的转移

词义的转移是指词的指称对象发生了转移。例如:

闻：原义指用耳朵听，现指用鼻子辨别气味。

牺牲：原义是为祭祀宰杀的牲畜，现指为了正义的事业或目的失去生命，或指放弃或损害利益。

可怜：原义是可爱，惹人疼爱，现指让人同情、怜悯。

流涕：原义是流泪，现指流鼻涕。

纠结：原义是互相缠绕，现指陷入复杂而尴尬的境地，或指思绪困惑和混乱。

有时词义的转移是附属义的转变，如感情色彩的转移。例如：

下流：原义是地位低微，感情色彩是中性，现指卑鄙无耻，变为贬义。

爪牙：原义是武臣、卫士，感情色彩是中性，现指党羽、帮凶，变为贬义。

奇葩：原义是珍奇而美丽的花朵，常用来比喻优秀的文艺作品，是褒义词，现指怪异、少见，让人无法理解的人或事物，变为贬义。

断章取义：原义是只截取《诗经》中某一篇章的诗句来表达自己的意思，感情色彩是中性，现指不顾文章内容的原意，孤立摘取或引用对自己有利的某一段或某一句，变为贬义。

三、词汇的规范化

对现代汉语词汇进行规范，要考虑该词在普通话词汇系统中有没有存在的必要，是不是人们普遍使用的，是不是意义明确、容易为人们理解和接受的。在此基础上避免生造词和误用词，同时对古语词、方言词、外来词、新词、简称的使用进行规范。

（一）避免生造词

一般利用汉语固有语素和构词规则造出的新词，应出于指称新事物的需要，或正确修辞、表情达意的需要，须易于理解，表意明晰，同时语素之间的关系也应清楚明了。如果造词并无必要，既不是指称新事物，又达不到修辞效果，无出处又不具有普遍性，或者构词语素意义含混甚至自相矛盾，不能被人们正确理解，就属于生硬造词。例如：

皇后克抑着自己的悲伤。

第三类（画家）是置好坏于度外，被冥顽不朽的力量驱动着作画。

句中要表达的"克制""压抑"之意已有充足词语，"克抑"一词没有必要，且不具有特殊修辞意义，属于生造词。"冥顽不朽"中"冥顽"表示愚昧顽固，带有贬义；而"不朽"表示永不磨灭、永存，一般用于永久流传的精神、伟业等。"冥顽"和"不朽"色彩意义存在矛盾之处，语义含混，存在生硬造词的问题。

还有一些简称随意使用，不能明确意义，容易引起误会，或不依照汉语构词规则、不合语法，这些在网络用语中很常见。例如"躺枪（躺着也中枪）""我伙呆（我和我的小伙伴都惊呆了）""何弃疗（为何放弃治疗）""果取关（果断取消关注）""人艰不拆（人生已经很艰难就不要拆穿）""累觉不爱（好累感觉不会爱了）""不明觉厉（不明白什么意思，但是感觉很厉害）"。汉语学习者遇到这种语言现象，可以了解其意义，但需明确的是，这并不是规范的缩略语用法，应加以甄别，以免误用。

（二）规范使用古语词

吸收古语词可使现代汉语词汇适应特定场合需要，表意更为丰富，有时能使文字简洁，或使语言风格庄重典雅。但一些没有生命力的、不易被人们理解、接受的古语词,就没有必要使用。特别要注意古语词要运用得当,适可而止,不能滥用古语词,否则文白夹杂、不伦不类,反而损害表达效果。例如:

林书豪有望被交易到这队,将迎来染指 NBA 总冠军的最佳时机。

"染指"一词比喻分得、沾取不应得的利益,带有贬义。但上述新闻表示的是球员有可能获得总冠军,用"染指"一词不恰当。

当时由杜旭同志上前给其解释。

"其"是文言词,表示第三人称代词,这个句子中的"给"带有明显的口语色彩,用"其"不符合句子的语体色彩,应改用"他"。

又如一则房产广告中的句子:

最具特色之环境,豪华的装修,最优惠的付款方式,最严密之合同。

"之"和"的"语法意义相同,同时使用并不能达到修辞效果,反而文白杂糅。

(三)规范使用方言词

有些方言词生动、形象,富有表现力,例如北京话中的"碰瓷"一词来源于有人持瓷器故意让行人或马车碰撞,瓷器摔碎后索取高价赔偿的讹诈行为,现多指故意和车辆相撞,以骗取赔偿、敲诈勒索的行为。普通话中没有对应的词语专指这一现象,这个方言词可以吸收进普通话词汇。但方言词的吸收也应该遵循必要性、普遍性和表意明确的原则。例如一些报纸、网页的新闻标题出现如下句子:

这些地方才是上海人吃早餐真正的腔调,满满的老辰光味道!

董明珠为何呛声央视记者

嗍粉淡季,米粉指数涨 10.17%

毛毛病情危急,冰雪中生命接力

"腔调"表示格调、素质,"辰光"表示时间,属于吴方言词语;"呛声"表示用言语挑衅他人,言语攻击,说狠话,是闽方言词语;"嗍"表示吃,"毛毛"表示婴幼儿,都属于湘方言词语。这些词在普通话中已有普遍使用的对应词,它们的使用范围也局限于方言区,没有被广泛理解与使用,就不必吸收进普通话中。

另外,现在网络上流行很多模仿方言语音的词,例:模仿闽方言语音的"灰常(非常)""盆友(朋友)""童鞋(同学)""酱紫(这样子)",模仿山东话方言语音的"肿么(怎么)",这种现象在"语音的规范"部分也提到过,汉语学习者需要注意应用的场合,这些词并不进入现代汉语普通话词汇。

(四)规范使用外来词

吸收外来词可以丰富汉语的词汇系统,明确指称事物,增强语言表达能力。但外来词也不能滥用,需要进行规范。

一般来说,能用汉语固有语素构词表意的,最好不用外来词;能准确意译的,最好不音译。例如:用"草莓"不用"士多啤梨(strawberry 音译)",用"小提琴"不用"梵阿玲(violin 音译)",用"电话"不用"德律风"(telephone 音译),用"青霉素"不用"盘尼西林"(penicillin 音译),用"语法"不用"葛郎玛"(grammar 音译),用"激光"不用"镭射"(laser 音译),用"公交车/公共汽车"不用"巴士"(bus 音译),用"购物"不用"血拼"(shopping 音译)。使用汉语语素更接近人们的语言习惯,便于理解。

另外中国内地和中国港台地区引入外来词时音译方式有时不统一,例如:

chocolate 巧克力——朱古力	Obama 奥巴马——欧巴马
Beckham 贝克汉姆——碧咸	Disco　迪斯科——的士高
Disney 迪斯尼——迪士尼	Hollywood 好莱坞——荷里活
Sydney 悉尼——雪梨	Benz 奔驰——宾士(台)/平治(港)

这种情况有时在语言交际中会引起误会,书写形式应统一。汉语学习者在遇到不同的音译写法时,要注意对比区别。

引入汉语的字母词目前数量也很多,有的是带有汉语语素的,如"X 光、B 超、SIM 卡",已经被人们广泛接受。还有很多纯字母词,例如:

APEC——亚洲–太平洋经济合作组织(常简称为"亚太经合组织")

GDP(国内生产总值)

PM2.5——可吸入颗粒物(直径小于等于 2.5 微米)

CT——计算机断层扫描

NBA——美国职业篮球联赛

由于使用起来比较简短,这些词也被普遍使用并接受了。但字母词也不应过度使用,否则会给交际造成障碍,例如"IQ(智商)、EQ(情商)、VIP 卡(贵宾卡)",用字母词其实没有必要,已有对应明确的汉语词。还有一些如 NGO(非政府组织)、OPEC(石油输出国组织)、ATM(提款机)等,需要对这些词的使用加以引导,在正式文体应用和词典的收录中,应尽量规范,避免出现中英文夹杂的情况。

总的来说,随着网络的飞速发展,出现了很多新的语言现象,推动了汉语词汇的演变。学习汉语的人们当然应该关注新事物或流行现象的表达方式,但也要注意辨别不规范用法,学习和使用规范的汉语。

练习

请观察当今中国的网络语言,并整理一些新词语及流行语,在词典中或在网络上弄清它们的意义和用法。

第五章

现代汉语语法

导语

　　广义的现代汉语语法包括词法和句法,这里的语法主要是指句法。句子的构成单位是词,因此词法是句法的基础,句法是词法的扩展和延伸。研究句法,就是要研究具备了语音和意义的词是按照什么样的规律组合起来的,以及组合成为句子后表达说话主体的什么意愿、态度或情感。语言学习者能够顺畅地用目的语进行交流、沟通和处理问题,依靠的是对语法规律的正确使用。要说出地道的汉语,需要认真学习现代汉语语法。

学习内容

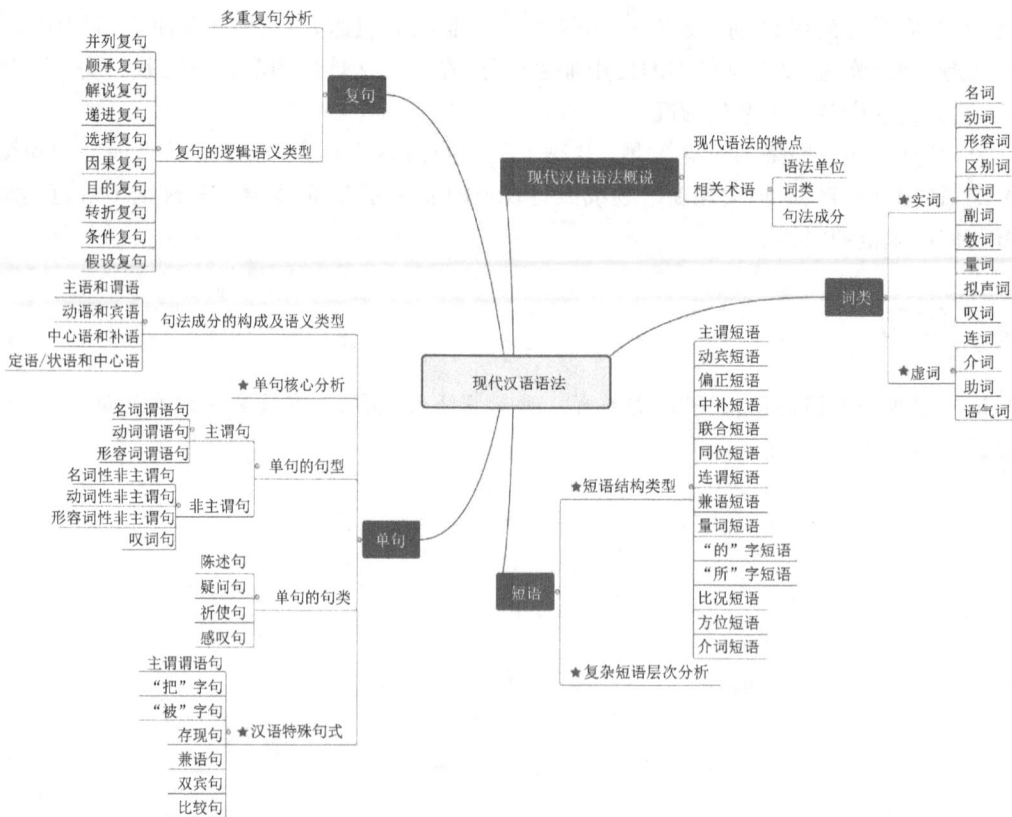

第一节 语法概说

学习目标

1.通过对比母语和汉语,理解语法的民族性特征
2.能分辨语言单位,区分语素、词、短语或句子(复习词汇部分内容)
3.初步了解基本的语法术语(词类和句法成分)
4.初步认识现代汉语语法的特点

一、什么是语法

语法是语言中词、短语和句子的结构组合规律。汉语的语素构成词,词构成短语,短语或词构成句子,都有规律。请观察以下句子:

* 我去年毕业了大学。
* 我汉语很喜欢的。
* 我的汉语比他不好。
* 我想我的家人,和我想我的猫。
* 我掉了她的杯子。

以上是汉语学习者出现的一些语法错误。母语为汉语的人会觉得句子有点奇怪,这是因为上述句子不符合汉语的语法规律和习惯。语法规则是人们生成语言的时候必须遵守的,也是学习一门语言的重点。

二、语法的性质

语法具有抽象性、递归性和民族性。

(一)抽象性

与词义的抽象性相似,语法也不是限于描写一两个语言单位的组合规则,而是从无数的词、短语和句子中抽象出来的结构规律。

请观察下列词:

飞快 雪白 笔直 热爱 罕见

从构词法规律上说,以上的词都是前一个词根修饰、限定后一个词根的偏正型复合式构词。

再看下列句子:

我吃苹果。

他喜欢你。

那女孩笑话我。

这些句子都是"主语＋动词＋宾语"的结构。符合这种结构规则的句子还有：

我买电脑。

学生尊敬老师。

团队缺乏经验。

妈妈鼓励孩子。

老百姓相信他。

上述的构词规则、句子结构规则聚合起来就是语法。

语言中词语的数量庞大，句子更是无限多，但语法规则却是有限的。人们可以根据有限的规则进行类推，从而学习和使用语言，生成无数句子。学习汉语亦同此理。掌握了汉语中"主语＋动词＋宾语"的规则，保持词形不发生变化，再加上丰富的词汇，就可以说出很多这样的句子。

(二)递归性

请先观察以下语言单位：

人

女人

好女人

善良的好女人

"女人"一词是"女"和"人"两个语素以偏正关系构成的，是偏正型复合式合成词；"好"和"女人"又以偏正关系构成短语；"善良"和"好女人"之间又是偏正关系。这是偏正结构的套用。

再观察下列结构：

我知道他。

他不知道我知道他。

你知道他不知道我知道他

这三个句子是"主语＋动词＋宾语"结构的叠加套用。

语法规则可以层层套用的这种特性，就是语法的递归性。递归性使语法规则可以重复组合使用，从而生成复杂的句子，表达更复杂的语义。

(三)民族性

不同的语言有不同的语音和词汇系统，也有不同的语法系统，这就是语法的民族性。例如汉语"两个苹果"，英语说"two apples"。两者词序是相同的，数词放在名词前，但汉语在数词和名词之间有量词，而英语没有。英语名词复数多有词形变化，而汉语没有。不同的语言在表达同样的意思时语序也可能有所不同，例如汉语表达"我喜欢苹果"，韩语表达为"나는（我）사과를（苹果）좋아요（喜欢）"。这些都体现了语法的民族性。

"我买了一本书"这个句子在你的语言里怎么表达？请比较你的母语和汉语语法的不同。

三、常用语法术语

在语法部分我们将学习到大量语法学术语，在此先将一些语法单位、词类和句法成分等方面的术语做一介绍。

(一)语法单位

在词汇部分已有介绍,语法单位主要有四级:语素→词→短语→句子。

语素是语言中最小的音义结合体,有的可以单独成词,有的要和其他语素组合构成词;词是语言中能够独立运用的最小的音义结合体;词和词按照一定的语法规则组合成短语;短语带上句调就可以组成句子。句子是具有句调,能够表达完整意思的最大的语法单位,包括单句和复句。

(二)词类

词类是词的语法分类,包括实词和虚词两大类。

汉语实词包括10类:名词(如:邻居、钱财、西安、早晨、命运),动词(如:理解、看、陪、能、休息、品尝),形容词(如:静、寒冷、美好、亮晶晶),区别词(如:男、金、急性、中式),数词(如:一、十、百、第二),量词(如:个、张、斤、趟),代词(如:你、谁、这、每),副词(如:不、才、已经、竟然),拟声词(如:啪、哗啦、呼噜噜、叮咚),叹词(如:唉、哦、哟、哎呀)。

汉语虚词是没有实际意义、只承担语法功能的词,包括4类:介词(如:把、在、从、对于),连词(如:和、或者、因为、可是),助词(如:的、着、了),语气词(如:呢、吧)。

(三)句法成分

句法成分是构成句子的直接成分,根据组成单位之间的语法结构关系确定,一般都是成对出现的。

1.主语和谓语

主语是谓语陈述的对象,谓语是对主语进行陈述的,主语在前、谓语在后。例如:

你丈夫真好!

"你丈夫"是主语,"真好"是谓语。

突破是一个过程。

"突破"是主语,"是一个过程"是谓语。

父亲去上学。

"父亲"是主语,"去上学"是谓语。

2.动语和宾语

动语是动作、行为,宾语是被动语支配、关涉的对象,动语在前,宾语在后,例如:

有时间

"有"是动语,"时间"是宾语。

保持年轻

"保持"是动语,"年轻"是宾语。

说对不起

"说"是动语,"对不起"是宾语。

3.定语和中心语

定语是修饰、限定成分,中心语是被修饰的成分,定语在前,中心语在后,例如:

一种处境

"一种"是定语,"处境"是中心语。

衰老的标志

"衰老"是定语,"标志"是中心语。

礼仪小姐的职业装

"礼仪小姐"是定语,"职业装"是中心语。

这连衣裙

"这"是定语,"连衣裙"是中心语。

4. 状语和中心语

状语是修饰、限定成分,中心语是被修饰的成分,状语在前,中心语在后。例如:

愿意帮忙

"愿意"是状语,"帮忙"是中心语。

在北师大读书

"在北师大"是状语,"读书"是中心语。

最美丽

"最"是状语,"美丽"是中心语。

不停地说

"不停"是状语,"说"是中心语。

请比较一下,定语和状语有什么区别?

焦急的家属	"焦急"是定语
焦急地等待	"焦急"是状语
在襁褓里的孩子	"在襁褓里"是定语
在襁褓里熟睡	"在襁褓里"是状语
在襁褓里很舒服	"在襁褓里"是状语
极端气候	"极端"是定语
极端兴奋	"极端"是状语
极端厌恶	"极端"是状语

定语一般是名词性词语的修饰限定成分,状语一般是动词或形容词性词语的修饰限定成分。

5. 中心语和补语

补语是补充说明的成分,位于中心语后边。例如:

笑起来

"笑"是中心语,"起来"是补语。

穿行在夜色中

"穿行"是中心语,"在夜色中"是补语。

晒得火热

"晒"是中心语,"火热"是补语。

看清楚

"看"是中心语,"清楚"是补语。

累得很

"累"是中心语,"很"是补语。

我们可以发现,中心语包括定语中心语、状语中心语以及补语中心语。

观察这个句子:

那男生终于攒足了两元钱。

这个句子的句法成分分析如下:"那男生"是主语,"终于攒足了两元钱"是谓语;"攒"是动语,"两元钱"是宾语;"终于"是"攒足两元钱"的状语,"足"是"攒"的补语;主语"那男生"中,"那"是定语,"男生"是中心语;宾语"两元钱"中,"两元"是定语,"钱"是中心语。谓语部分可以包含动语和宾语,也包含状语和中心语;主语、宾语都可以由"定语+中心语"的结构充当。

四、现代汉语语法的特点

在学习汉语的过程中,学习者不断接触汉语语法,能够通过对比汉语和母语感知汉语语法的特点。这里总结几条汉语语法的典型特点。

(一)语序重要

请比较以下结构:

学习汉语——汉语学习

喜欢姐姐——姐姐喜欢

通过对比,我们可以看出,"动词+名词"可构成动宾结构,语序如果变成"名词+动词",语法关系就变了,可能变成主谓结构,也可能变成偏正结构。在汉语中,语序是表示语法意义的重要手段之一,语序变化会引起语法结构关系的变化。有时语序变化后,语法结构虽然不变,但语义关系会变化。例如:

他喜欢小刘。

小刘喜欢他。

这两个句子都是主谓结构,语序变化没有改变结构,但名词的主动、被动关系(支配和被支配关系)发生了变化,语义随之变化。

(二)虚词重要

请观察以下结构:

我和朋友

脸红了。

谁说的?

"和""了""的"等词都是虚词。虚词也是汉语表达语法意义的重要手段之一,一个语法结构是否使用虚词或者使用什么虚词,其结构关系、语义等可能有所不同。例如:

爸爸和妈妈——爸爸的妈妈

名词和名词的组合加上不同的虚词,语法结构关系不同。用"和"表示联合关系,用

"的"表示偏正关系。有时语法结构没有因为虚词的不同而发生变化,但语义却变了。例如:

　　王府井百货商场——王府井的百货商场

　　同样是偏正结构,定语"王府井"是从属性方面进行限定,"王府井百货"指的是特定一家商业集团;而加上"的"以后,定语"王府井"就表示领属关系,"王府井的百货商场"就是在北京王府井步行街这个地方的百货商场。不加"的"时,"王府井百货"表示一个品牌,可以说"西安王府井百货商场""成都王府井百货商场",但不能说"成都王府井的百货商场"。

　　又如:

　　他是哥哥。——　他是哥哥吧。

　　有了虚词"吧",句子表示推测的语气。

　　他会来。——　他会来的。

　　有了虚词"的",句子表示肯定的语气。

　　雨下了三天。——　雨下了三天了。

　　句尾加上"了"表示在说话的时候雨还在继续下;而句尾没有"了",则表示"雨下了三天",说话的时候雨已经停了。

　　(三)词类多功能

　　汉语词类跟句法成分之间并不是一一对应关系,一种词类往往可以做多种句法成分。汉语的名词可以充当主语,如"北京人关心国家大事";可以充当宾语,如"他不了解北京人";还可以充当定语,如"这体现出北京人的性格特点";还可以充当谓语,如"我上海人,她北京人"。在充任这些语法成分的时候,名词"北京人"还是名词,词类属性没有发生变化。

　　(四)汉语缺少词形变化

　　有的语言词与词组合时形式会发生变化。同一个词,在不同句法成分位置上会产生词形变化。以英语为例,动词有数、时、体的变化,如"see,sees,saw,seen,seeing";代词有格的变化,如"I,me,my,mine"。语法关系可以通过词形变化表示。

　　汉语没有系统的词形变化。如动词"看"和其他词组合的时候,"他看""你看""我看"形态都没有变化,表达语法关系主要依靠语序和虚词,如"我看了""我看过"。

　　词类一般也没有形态标记,除了少量词缀,如"子""头"(都读轻声)多为名词后缀。绝大部分的词无法从词形上看出属于什么词类。此外还存在词的兼类现象,如"丰富",可以是形容词,在"丰富的经验"中做定语,在"内容非常丰富"中做谓语;还可以是动词,在"丰富大家的文化生活"中做动语。

　　(五)构词法的结构关系和句法结构基本关系有一致性

　　汉语词根语素和词根语素构成复合式合成词时,有五类基本结构关系类型:

　　(1)联合型。例如:

　　束缚　鲜明　笔墨　温柔　轻率

　　(2)偏正型。例如:

　　刻刀　误会　反哺　废物　歌词

　　(3)动宾型。例如:

　　倾心　散场　得意　点名　定音

(4)补充型。例如:

敞开　戳穿　点破　摧毁　看重

(5)主谓型。例如:

年轻　目睹　人为　心酸　语塞

词和词构成短语的时候,也包括联合关系、偏正关系、动宾关系、中补关系、主谓关系等类型。

(1)联合关系。例如:

我和哥哥　垄断封锁　温柔善良　阳光与月色

(2)偏正关系。例如:

很犹豫　感情问题　自信的人　轻轻按

(3)动宾关系。例如:

打电话　需要时间　聊几句　猜谜语

(4)中补关系。例如:

跑得快　猜出来　吃惯　委屈得不行

(5)主谓关系。例如:

朋友来访　快乐很简单　调查表明　上天安排

有时复合词和短语的界限比较模糊,存在离合词这一类介于词和短语之间的结构。

练习

请试着比较汉语语法和你的母语的语法,举例说明二者相同和不同的地方。

第二节　词类

学习目标

1.对比自己的母语,了解现代汉语词类的划分

2.分类举出各类实词的词例,纠正汉语学习者的实词使用偏误

3.理解四类虚词的语法功能;纠正虚词使用偏误;正确使用助词;区别语气词"了"和时态助词"了"

4.能比较近义词因词类不同而产生的用法差异

5.收集生活中常见的词类活用例子

一、词类划分标准

词类划分一般从语法功能、形态和意义几个方面进行观察。不同的语言由于语法特征

不同,划分词类的依据也有所不同。有的语言形态标准更重要,而对于现代汉语来说,语法功能标准更重要,意义标准和形态标准作为划分词类的参考。

(一)词的语法功能标准

词的语法功能主要是指词在构句时充当句法成分的能力。能作为句法成分的词是实词,不能充当句法成分、只表示语法意义的是虚词。例如"钢琴"经常做主语或宾语,是实词,"的"不能做句法成分,是虚词。再根据经常充当什么句法成分对实词进行分类,例如"渔村""月亮"这类词经常做主语、宾语,是名词,"严谨""美"这类词常常做名词的定语或做谓语,是形容词。

语法功能也指词的组合能力,即一个词能跟什么词组合成短语,以什么顺序和形式组合,组合以后的关系如何。例如:"心灵"是名词,能跟形容词组合,位于形容词后,接受形容词的修饰限定,可以和形容词组成"定语+中心语"的偏正关系短语,但不能和"不""很"这样的副词组合,不能说"不心灵""很心灵"。又如"携带"是动词,可以和名词组合,放在名词前构成动宾关系的短语,如"携带行李";也可以和副词组合,放在副词后边,组成"状语+中心语"的偏正关系短语,如"经常携带";还可以在后边加上虚词"了","携带了很多行李";一般不能放在"数词+量词"组合的后边,不能说"一个携带"。

(二)词的形态标准

在词的形态比较丰富的语言里,词形的变化往往能表现出词类的区别。例如英语中,动词有人称、时、体、数的变化,名词有数的变化。词类多有形态标记,例如"happy"是形容词,"happiness"是名词,"happily"是副词。在句子中常常可以根据词缀或其他形态变化判断词类。

汉语中也有少量的形态标记,例如带前缀"老""阿"的多为名词(阿姨、阿哥、老鼠、老虎),带后缀"子""头"的多为名词(桌子、杯子、石头、木头),带"们"词缀的可能是名词或代词(老师们、同学们、女士们、他们、我们),带"化"的多为动词(绿化、美化、合法化)等。但这些词缀标记词类的作用很有限,汉语总的来说缺乏形态变化,因此这一标准只能作为参考,不是汉语词类划分的主要标准。

(三)词的意义

事实上,在无法普遍适用形态标准的汉语中,汉语学习者认识词类一开始常常依赖意义。表示动作、行为、变化的多为动词,表示人或事物名称的多划归名词,表示性质、状态的常被认为是形容词。但意义标准的作用也有局限,不能仅凭意义判定词类。例如"平常"和"常常"的意义接近,但分属不同的词类。"平常"可以放在名词前起修饰限定作用,如"平常的事情"是形容词;而"常常"不能放在名词前,一般位于动词前,如"常常生气""常常哭",是副词。

总的来说,现代汉语词类的划分,最主要还是依据语法功能标准,意义和形态作为参考。词类可分为实词和虚词,实词可分为名词、动词、形容词、区别词、数词、量词、副词、代词、拟声词、叹词 10 类,虚词可以分为介词、连词、助词、语气词 4 类。

二、实词

（一）名词

名词是表示人或事物名称的词类。

1. 名词的分类

（1）表示人或事物的名词。例如：

保姆　儿童　辫子　歌谣　处境　饭局

（2）集合名词。例如：

人民　百姓　书籍　马匹　车辆　人口

（3）时间名词。例如：

中秋　夏天　傍晚　将来　从前　平时

（4）处所名词。例如：

周围　附近　郊区　远处　校园

（5）方位名词。

表示方向和位置的名词是方位词，数量有限，例如：

上	下	左	右	前	后	里	内	外	中	间
东	南	西	北	东南	东北	西南	西北	中间	旁边	旁
上边	下边	左边	右边	前边	后边	里边	外边	东边	南边	西边	北边
上面	下面	左面	右面	前面	后面	里面	外面	东面	南面	西面	北面
上头	下头	里头	外头	东头	南头	西头	北头
以上	以下	以前	以后	以里	以内	以外	以东	以南	以西	以北
之上	之下	之前	之后	之内	之外	之中	之间

这里要注意"之前、之后"可以表示位置，也可以表示时间；"以前、以后"只表示时间。

（6）专有名词。例如：

天安门　德国　内蒙古　莎士比亚

名词小类有时有所重叠，如"图书馆""公园"既是表示事物名称的名词，也是处所名词。可以说"一座图书馆"；也可以直接用在存现句中，"图书馆有很多人"；还可以加上方位词，"图书馆里有很多人"。不表示事物名称而仅指处所的名词，不用数量短语修饰，不能说"一个附近"。只表示事物名称而不表示处所的名词必须加上方位词才能用在存现句的主语位置，如不能说"桌子放着很多书"，要说"桌子上放着很多书"。有的专有名词也可以是处所名词，如"秦岭""天安门"。

2. 名词的语法特征

（1）充当语法成分情况。

名词经常做主语、宾语，或做主语、宾语的中心语，也可以做定语。例如：

朋友喜欢　　看望朋友　　朋友的车　　小刘的朋友

少数名词也可做状语，特别是表示时间的名词。例如：

友情出演　　网络购物　　白天出门

单音节方位名词一般不单独做句法成分,要附在其他名词后边。单音节方位名词后边加上"边、面、头"等构成双音节方位词,可以单独做句子成分;前边加上"之、以"构成的双音节方位词,除了"之前、之后、以前、以后",其余不单独做句子成分。例如:

桌子上摆着姐姐的照片。

河边种着柳树。

(2)与其他词的组合情况。

多数名词前可以加上"数词+量词"结构,例如:

一条河　一场球赛　几本书

集合名词、方位名词、时间名词、专有名词多不能受数量短语修饰,不能说"一辆车辆"或"几位人民"。

名词前一般不能加副词,不能说"很防线""不风险"。在少数特定情况下,名词前可以用副词,例如:

都小学生了,还不会自己穿衣服。

他现在不人不鬼的。

他们现在朋友不朋友、恋人不恋人的。

什么钱不钱的,别提了。

(3)形态。

绝大多数名词不能重叠,不能说"电脑电脑",除了个别单音节名词,如"人、家、年、天、月"可以重叠。

要注意"爸爸、奶奶、刚刚"等词,不是名词重叠,而是一个词根语素重叠构成的合成词。

一些指人的名词后可加上后缀"们"表示复数,如"同学们、朋友们、老师们",而不加"们"也可以表示复数。

(二)动词

动词是表示动作、行为、变化的词。

1. 动词的分类

(1)表示动作行为的动词,例如:

盯　跑　叩　惩罚　抗争　鼓吹　共享　浏览

(2)表示存在、变化的动词,例如:

有　死　存在　消失　发生　演变　扩大　隐藏

(3)心理动词,例如:

爱　恨　怕　想　喜欢　羡慕　嫉妒　怀念

(4)判断动词,例如:

是

"是"主要用在主语、宾语之间,表示判断,表示事物性质、特征、存在等。例如:

捐款的是个小学生。

王力是著名的语言学家。

刘老师是个近视眼。

窗台上是一盆花。

（5）能愿动词：又叫助动词，表示行为或状况的可能、必要和意愿。能愿动词是一个封闭的类，数量有限。

有的能愿动词表示可能，例如：

能　能够　会　可以　可　要

有的能愿动词表示必要，例如：

应该　应该　应当　要　得

有的能愿动词表示意愿，例如：

愿　愿意　肯　敢　要

能愿动词"能"和"会"的辨析：

位于动词前表示有某种技能时，"能"和"会"都可以使用，例如：

他能说好几种外语。／他会说好几种外语。

孩子能自己读书了。／孩子会自己读书了。

学了两个月，我终于能开车了。／学了两个月，我终于会开车了。

"会"侧重于表示经过学习懂得怎么做或有能力做；"能"侧重表示具有做某事的能力。例如：

宝宝会走路了。（走路是经过学习掌握的技能）

受伤后三个月，我终于能走路了。（恢复走路的能力，用"能"，不用"会"）

表示达到某种技能水平时，用"能"不用"会"。例如：

我一分钟能包 20 个饺子。

她一天能写出四万字的文章。

"会"还表示估计或推测可能性。例如：

我能通过 HSK6 级。（侧重具有某种水平或能力）

我会通过 HSK6 级的。（侧重可能性）

表示预测客观的将要发生的事，用"会"不用"能"，例如：

明天会下雨。

"能"还表示条件允许，例如：

你还没写完作业，不能去看电影。

这里能停车吗？

我会开车，可是刚才喝酒了，现在不能开。

（6）趋向动词：表示动作的趋向。趋向动词是一个封闭的类，数量有限。

单音节趋向动词有：

上　下　进　出　回　开　过　起　来　去

单音节趋向动词后加上"来"或"去"构成双音节趋向动词，例如：

上来　下来　进来　出来　回来　开来　过来　起来

上去　上去　下去　进去　出去　回去　开去　过去

2. 动词的语法特征

（1）充当语法成分情况。

动词经常充当谓语或谓语的中心语,例如:

小狗的身体**蜷缩**着。

她甜甜地**笑**了。

在这两句中"蜷缩"做谓语,"笑"做谓语中的中心语。

趋向动词也常做谓语或谓语中的中心语,例如:

你**去**。

他还没有**出来**。

多数动词经常充当动语,后接宾语,例如:

他的眼睛**焕发**了光彩。

地上**趴**着一只小狗。

现代汉语中能带宾语的词一般都是动词。但动词不一定都能带宾语。有的动词能带宾语,例如:

吃　喝　雇　患　建议　学习　编辑

操作　领略　触动　回想　嘲笑　戳穿　残害

也有一些动词不能带宾语,例如:

病　休息　奔波　劳动　生活　出发　着陆　分手　复明　寒暄　立法

带宾语的动词分为体宾动词、谓宾动词、兼宾动词、双宾动词。

体宾动词做动语,通常带名词或代词性质的宾语(即体词性宾语),例如:

吃　喝　写　树立　修理

谓宾动词做动语,通常带动词或形容词性质的宾语(即谓词性宾语),包括部分表示心理活动的动词,例如:

渴望　认为　期待　以为　感受　憧憬

表示言说、表态的动词,例如:

说　主张　禁止　要求　提倡

表示施加意义的动词,例如:

予以　给予　加以　忙于　善于　受到

(这类动词所带谓词宾语或宾语中心语必须是双音节的,如"加以解决""进行集体讨论")

有的动词既能带体词性宾语,又能带谓词性宾语,称为兼宾动词。例如:

学　问　看　听　告诉　怕　喜欢　打算　同意　希望

停止　从事　进行　开始　完成　继续　计划　相信

有的动词能带两个宾语,称为双宾动词。例如:

我送你一只胖鸟。

双宾动词一般包括表示得到或给予意义的动词,例如:

给　送　赠　捐　奖　罚　卖　还　买　拿　收　骗　赢

还包括表示称说、询问意义的动词,例如:

叫　称　喊　问　告诉　回答　通知

双宾句相关内容在特殊句式一节详细讲解。

趋向动词可以放在其他动词后做补语。例如：

跑出来　拿回去　爬上来　走进　放下　打开

有的趋向动词做补语时可以表示动作、行为的开始或继续等比较抽象的意义,例如：

热起来　　高兴起来　　哭起来　　想起来　　看起来　　听起来

看上去　　说下去　　暗下去　　坚持下去　　慢下来　　停下来

能愿动词一般放在动词、形容词前做状语,不带宾语。例如：

这种自行车可以折叠。

色调应该柔和一点。

明天他会来吗?

你要多吃点儿。

要注意,"会英文""要东西"中的"会""要"是表示动作行为的动词,而不是作为能愿动词使用。

(2)与其他词的组合情况。

动词后多数可以带"着、了,过",分别表示动作行为的持续或完成等语法意义,例如：

他听到了敲门声。

他等待着小刘。

朋友给他介绍过两个女朋友。

判断动词"是"不能带"着、了、过",后边不带形容词宾语,不能说"弟弟是聪明"。

这里需要注意,当"是"重读的时候,做副词用,可以放在形容词、动词前起修饰作用,例如"弟弟是聪明",意思是"弟弟确实聪明"。

能愿动词不能带"着、了、过"。

动词前可以加"不"以及其他副词,一般不被程度副词(如"很""非常")修饰。例如:可以说"不参加""就来""马上到",但不说"很跑""太研究"。

心理动词和部分能愿动词前可以加程度副词,例如：

很怕　很喜欢　十分想念　特别崇拜　非常应该帮忙　很能吃辣

(3)形态。

部分动词可以重叠,表示动作、行为时间短,带有尝试意味,例如"找找、看看、查查、走走"。双音节动词重叠一般是 ABAB 式,如"讨论讨论、整理整理"。

判断动词"是"和能愿动词不能重叠。

(三)形容词

1. 形容词的分类

形容词表示事物的性质、状态,可分为性质形容词、状态形容词。

(1)性质形容词,例如：

美　热　快　甜　近　丑陋　刚强　善良　认真　陡峭

状态形容词,例如：

碧绿　冰凉　火热　金黄　红彤彤　傻乎乎　黑不溜秋

2. 形容词的语法特征

(1)充当语法成分情况。

形容词经常充当定语、谓语、谓语的中心语,例如:

绿油油的稻田

空气清新

粤菜特别清淡。

要注意的是,汉语的性质形容词做谓语时含有比较的意思,例如"妹妹漂亮",语境意义是"跟别人比起来,妹妹比较漂亮"或者"妹妹漂亮,别人更漂亮"。在不表示比较的一般陈述的情况下,性质形容词不单独做谓语,常常要在前边加上副词修饰,组成"状语+中心语"的偏正短语做谓语,例如"妹妹很漂亮"。

有的形容词可以做状语,修饰动词,例如:

慢走

得意地笑了

有的形容词可以做补语,例如:

走累了

打扫干净

形容词有时也可以做主语或宾语,例如:

她的温柔令我心安。

现在社会失却了以前的浪漫和悠闲。

形容词不带宾语,如不能说"诚挚别人"。

(2)与其他词的组合情况。

形容词前边一般可以加副词修饰,例如:

不贵 的确清纯 果然豪华

性质形容词前可以加上"很、太、非常"等程度副词修饰,例如:

很聪明 太贵了 十分清楚 极为羞涩 过于乐观

状态形容词自身带有表示程度的意义,就不能再加程度副词修饰了,不能说"太鲜红""很碧蓝""太笔直"。

(3)部分形容词可以重叠(多为口语常用的形容词)。例如:

双音节性质形容词的重叠形式为 AABB 式。例如:

漂漂亮亮   清清楚楚   热热闹闹   大大方方

房间收拾得干干净净的。

双音节状态形容词的重叠形式为 ABAB 式。例如:

公主的皮肤雪白雪白的,头发漆黑漆黑的。

有些含贬义的形容词还可以有"A 里 AB"的重叠方式。例如:

慌张——慌里慌张   糊涂——糊里糊涂

小气——小里小气   古怪——古里古怪

(四)区别词

1. 区别词的定义

区别词表示人和事物的属性和特征,起分类的作用,常常成对或成组出现,例如:

男——女　正——副　公——母　雌——雄　金——银　单——双

国有——私有　军用——民用　公立——私立　公办——民办

急性——慢性　显性——隐性　定期——活期　长期——短期

初级——中级——高级　短程——中程——远程

万能　野生　袖珍　公共　日用　潜在

2. 区别词的语法特征

(1)充当语法成分情况。

区别词只能做定语,修饰名词,例如:

潜在风险　副主席　袖珍词典　民办学校　国有企业　金项链

野生动物　慢性疾病　定期存款　中级汉语　公共场所　公立医院

区别词不能做谓语或其他语法成分。"区别词＋的"构成的名词性短语可以充当主语或宾语。例如:不能说"班长是男",可以说"班长是男的"。

(2)与其他词的组合情况。

区别词不能受副词修饰,不能说"很慢性、不急性"。表示否定时前边用"非",如"非国有(资产)、非民用(设施)"。

与名词不同,区别词前边不能加数量词语修饰,可以说"一块铁、一块铜",不能说"一块金、一块银",可以说"一块金子、一块银子"。"铜、铁、金子、银子"是名词,"金、银"是区别词。

要注意,"这件衣服很高级/不高级"中的"高级"是形容词,不是区别词。

(五)数词

1. 数词的分类

数词是表示数目和次序的词。

(1)基数词:表示数目多少。基数词组合表示分数、倍数、概数等。

①分数:用"X分之X"表示,如:

百分之九十(90%)　十分之三(3/10)　三分之一(1/3)

用分数表示数目减少(降低/下降)的表达方式:

例如,原有100位教师,现在有80位(数目100→80),可以说:

教师数量减少了百分之二十(20%)。

教师数量减少了五分之一(1/5)。

教师数量减少到百分之八十(80%)。

教师数量减少到五分之四(4/5)。

②倍数:用"数词＋量词'倍/番'"表示,如"翻两倍""多一倍",也可以说"翻一番"。

用倍数表示数目增加的表达方式:

例如,原有100位教师,现有300位(数目100→300),可以说:

教师数量增加了2倍。

教师数量翻两番。

教师数量增加到以前的3倍。

③概数:表示大概的数目,有以下几种类型。

数词后加"来、多、左右、上下"等词表示概数,例如:

十来个　三十多　五十(岁)上下　一百(斤)左右

数词加"几",例如:

十几　二十几　几十　几百

邻近两个数词连用,例如:

三两个　七八辆　三四十个　十八九岁

(2)序数词。

序数词表示次序的先后。一般在整数前面加词缀"第""初"构成,如"第一、初二"。

2.数词的语法特征

(1)充当语法成分情况。

数词可以充当主语、宾语。例如:

他得了第一。

九是中国人喜欢的数字。

数词还常常和量词组合成数量短语,一起充当定语、宾语、补语、状语等。例如:

三个哥哥　　(做定语)

说两句　　(做宾语)

跑一趟　　(做补语)

一次完成　　(做状语)

个别情况下,数词可以直接修饰名词。

十兄弟　一人一票　十三亿中国人　一手交钱,一手交货

(2)"二"和"两"的区别

数词"两"在量词前使用,不单独做句法成分。"二"可以做主语或宾语,但一般不位于量词前。例如:

"二"是我的幸运数字。　　　　　　(不用"两")

两条裙子　　两本书　　两瓶水　　(不用"二")

但是也有例外,在度量衡量词以及量词"位"前,"二"和"两"都可以使用,例如:

二斤——两斤　　　　二尺——两尺　　　　二厘米——两厘米

二位朋友——两位朋友　二升——两升　　　　二平方米——两平方米

在重量单位"两"(1两＝50克)前,必须用"二"不用"两",要说"二两"(100克),不说"两两"。

口语中还常常使用"俩""仨",表示"两个""三个",后边不再使用量词。例如:

我们俩已经回来了。(不说"我们俩个")

这俩孩子是好朋友。(不说"这俩个孩子")

那仨兄弟关系特别好。(不说"那仨个兄弟")

(六)量词

1.量词的分类

量词是表示人或事物以及动作行为的计量单位。

(1)名量词。

个体量词,例如:

个 只 条 头 棵 张 所 间 辆 台 篇 件

集合量词,例如:

打 双 对 副 套 批 茬 伙 群 帮 队 组

度量衡单位量词,例如:

寸 米 斤 吨 克 年 秒 平方米 亩

复合量词通常作为计算单位使用,例如:

架次 人次 班次 千瓦时

"架次"表示飞机出动的多次架数的总和。例如:1架飞机出动3次就是3架次,1次出动3架飞机,也是3架次。3架飞机,1架出动2次,1架出动3次,还有1架出动4次,一共就是9架次。"人次、班次"等复合量词同理。例如:

这个机场每小时进出港航班达到39架次。

今年暑期外出旅游人数预计将超过10亿人次。

不定量词,例如:

些 点儿

借用量词包括两类:

有的是从名词借用来的量词,例如:

盆 口 杯 瓶 盘 罐 壶

有的是从动词借用来的量词,例如:

封 捆 摞 提 扎 捧 撮

以上借用量词长期使用,具备了一般专用量词的特点,可以自由搭配数词。有的名量词是根据修饰的名词形象借用,一般用于文艺语体,只能和有限的几个数词("一、半、几")组合使用。例如:

半江渔火 一弯新月 一线希望 一抹绯红 几缕情思 一丝伤感

(2)动量词。

专用动量词,例如:

下 次 遍 趟 场 回 遭 番 顿 通

有的动量词是根据动作行为临时将名词借用为动量词。例如:

脚(踢一脚) 巴掌(打一巴掌) 刀(砍一刀) 眼(看两眼)

2.量词的语法特征

(1)充当语法成分及与其他词的组合情况。

量词不能单独充当语法成分,常与数词组合为数量短语,充当定语、宾语、补语等;或与指示代词组合为指量短语,充当定语、主语、宾语。例如:

一壶茶	(做定语)
一栋楼	(做定语)
看几遍	(做补语)
吃两碗	(做宾语)

哭一场	（做补语）
这杯酒	（做定语）
别动这件，那件才是你的。	（"这件"做宾语，"那件"做主语）

（2）形态。

单音节量词多可以重叠，形式为"一 AA"或"AA"，数量短语也可重叠为"一 A 一 A"。重叠形式做主语、谓语、定语时，常表示"每一"或数量多。例如：

个个都说不知道	（做主语）
一张张笑脸	（做定语）
笑声阵阵	（做谓语）
次次都来	（做状语）

"一 AA"或"一 A 一 A"做状语、谓语、定语时，常表示"逐一"或数量多。例如：

饭要一口一口吃	东西一个一个拿	一趟一趟地跑
大道理一套一套的	一箱一箱的宝贝	一瓶一瓶全是酒

（七）副词

副词表示动作、行为、性质、状态的方式、程度、时间、频率、语气等，起修饰限定作用。

1. 副词的分类

（1）程度副词：表示动作、行为或性质、状态的程度意义。例如：

很	非常	十分	格外	特别	相当	过于	最	太	极	更
较	挺	略	略微	稍稍	稍微	有点儿	越	越发	颇	尤

（2）范围副词：说明动作行为或性质状态的范围。例如：

都	全	共	统统	通通	一律	一概
只	净	光	仅	仅仅	单单	唯

（3）时间频率副词：表示动作、行为发生或状态变化、持续的时间或频率。例如：

已经	刚	刚刚	正在	一直	依然	将	马上	立刻	顿时	屡	屡次
曾经	偶尔	常常	往往	又	尚	不时	再三	渐渐	逐渐	渐次	

（4）否定副词：否定动作行为或性质状态。例如：

不	没	没有	别	未	从未	勿	毋	甭	莫	无从	并非

有时要注意否定形式是多样的，需要正确理解和使用双重否定意义，避免表述成与原意相反的意思。请观察下列句子：

　＊拔牙后半小时内切忌不要吃东西。

"切忌"其实是不要做，表示否定，"切忌不要"就是"要"，句子意思变成了"拔牙后半小时内一定要吃东西"，存在语病。应改为"拔牙后半小时内切忌吃东西"，或"拔牙后半小时内不要吃东西"。

　＊谁说上学不是不花钱的？学费可贵了！

"不是不花钱"，双重否定表示肯定，表示"上学是花钱的"；"谁说"反问句也表示否定，整个句子意思变成了"上学不花钱"，与"学费可贵了"矛盾，产生语病。应改为"谁说上学不花钱？"或"上学不是不花钱的"。

(5)语气副词:表示说话的情感、态度、语气。例如:

难道　简直　居然　竟然　难怪　果然　辛亏　好在　未免　不免
何尝　何必　也许　大约　反正　究竟　到底　总归　明明　偏偏
必须　必定　一定　的确　准　倒　大概　索性　不妨　恐怕

(6)情态副词:表示动作行为的情态。例如:

特意　忽然　猛然　骤然　蓦然　猝然　公然　大肆　肆意　连忙
大力　单独　恰好　刚好　劈头　亲自　悄悄　专程　一一　动不动

有的副词在不同的语境中表示不同意义,分属不同小类。请比较以下句子中的"就":

请您稍等一下,我这就给您找。(时间副词)

全班四十个人,就他一个人考试及格了。(范围副词)

不让你买,你就要买,现在后悔了吧?(语气副词)

2. 副词的语法特点

(1)充当语法成分及与其他词组合情况。

副词绝大多数做状语,修饰动词、形容词。例如:

极为聪明　蓦然想起　大力支持

极少数程度副词可以充当补语。例如:

好得很　　累极了

(2)有的副词还可以放在名词性词语(体词)前,起修饰、限定作用,多出现于口语语体。例如:

一杯咖啡都50块钱了。

教室里就三个学生。

海边光石头,没沙子。

(八)代词

代词是起替代和指示作用的词。代词是相对封闭的类,数量有限。

1. 代词的分类

(1)人称代词。

第一人称:

我　我们　咱们

"我们"不包括说话对象在内,而"咱们"包括说话对象。例如:

咱们一起去看电影吧。

我们去看电影,你去哪儿?

我们学校的图书馆比你们学校的大得多。

咱们学校的图书馆是全省最好的,比他们学校大得多。

第二人称:

你　您　你们

第三人称:

他　她　它　他们　它们　她们

其他人称代词：

人家　别人　大家　大伙儿　自己　自个儿

代词"人家"有时指代别人或前文提到的第三人称，例如：

你让人家小刘休息一下吧。

不要影响人家。

有时候可以代指自己（一般是女性使用），例如：

讨厌，人家不理你了！

（2）指示代词。

"这"表示近指，"那"表示远指。在此基础上派生出的指示代词有：

这个　那个　这些　那些　这么些　那么些

这样　那样　这么　那么　这么样　那么样　这么着　那么着

这里　那里　这儿　那儿　这阵儿　那阵儿　这会儿　那会儿

其他指示代词：

一切　任何　其他　其余　另外　各　某　每

（3）疑问代词。

谁　哪　哪儿　哪里　什么　多会儿

几　多　多少　怎样　怎么　怎么样

代词代替多种语法单位，充当什么语法成分主要看它所代替的语法单位在句子中是什么成分。从功能看，代词也可以分为代名词（语法功能与名词相当）、代谓词（语法功能与动词、形容词相当）、代数词（语法功能与数词相当）、代副词（语法功能与副词相当）。例如：

这是小刘。（代名词，做主语）

瞧瞧这些。（代名词，做宾语）

坐这儿吧。（代名词，做宾语）

孩子这么喜欢读书。（代副词，做状语）

最近怎么样？（代谓词，做谓语）

要几杯？（代数词，与量词组合）

2. 代词的特殊用法

代词有一些比较灵活的用法，常见的是任指和虚指。

（1）任指：表示任何人或事物，说明在所说的范围内没有例外。例如：

谁也听不懂他的话。

我太饿了，什么都想吃。

他哪儿都不想去。

你想吃什么都行。

这事你说怎么办就怎么办。

（2）虚指：指代不确定的人或事物，包括不知道、说不出或不想说出的。例如：

他总说我这也不对，那也不对。

我们好像在哪儿见过。

她天天说谁谁谁去海南玩了，谁谁谁出国旅游了。

你说的这都哪儿跟哪儿啊。

(九)拟声词

拟声词又叫象声词,指模拟声音的词。汉语有丰富的拟声词,有的拟声词是固定的,例如"潺潺"表示溪水或流水的声音。

常用的声音一般有约定俗成的书写形式。例如"嗖"常表示快速通过的声音,"叮铃铃"表示铃声,"噼里啪啦"表示鞭炮声、掌声,"稀里哗啦"表示破碎声,"哗哗"表示水流声等。

1. 形态

拟声词有基本式,例如:

呼　哗　啪　嗖　砰　　叮

扑通　叮咚　滴答　哗啦　呼噜　咔嚓

也可以重叠,例如:

喵喵　哗哗　嗖嗖　唰唰　汪汪　砰砰　嗡嗡嗡　咚咚咚

重叠形式有 AABB 式,例如:

乒乒乓乓　叮叮当当　叽叽喳喳　毕毕剥剥

也有 ABAB 式,例如:

哼哧哼哧　呼哧呼哧　滴答滴答　哗啦哗啦　扑通扑通

还有 ABB 式,例如:

丁零零　轰隆隆　呼噜噜　哗啦啦

也有 AAB 式,例如:

咚咚锵　咯咯哒

其他组合形式有:

稀里哗啦　叮呤咣啷　噼里啪啦　哇哩哇啦　叽里呱啦

2. 充当语法成分情况

拟声词可充当定语、状语、谓语、补语等多种语法成分。例如:

子弹嗖地从耳边飞过。(状语)

砰砰一阵敲门声把我惊醒。(定语)

冰箱过一会儿就嗡一下。(谓语)

水开得哗哗的,真浪费。(补语)

拟声词还可以做独立语,或单独成句。例如:

咚咚咚,一阵急促的敲门声响起。(独立语)

扑通!青蛙跳下水去了。(单独成句)

不同语言对声音有不同的感知和模拟,例如汉语里表示狗叫声的拟声词常用"汪",羊叫声用"咩",牛叫声用"哞",蜜蜂声音用"嗡",而英语里狗叫声可以用"bow wow",羊叫用"baa",牛叫用"moo",蜜蜂声音用"buzz"。试着对比一下你的母语中模拟声音的词与汉语拟声词。

(十)叹词

叹词是表示呼唤、应答,或表示强烈感情的词。例如:

啊 诶(欸) 哦 嗯 喂 唉 哟 哎呀 哼 咳

汉语叹词在不同语境下,带上不同的语调,表达的意义也不同。例如:

啊,我想起来了!(表示忽然明白,语调为降调)

啊?怎么会这样?(表示吃惊,语调上扬)

啊,你不寂寞?好极了!(表示微微吃惊,语调为降调,短促)

啊!我爱这美丽的大自然!(表示赞叹,语调为降调)

啊!你回来啦!(表示惊喜,语调为降调)

叹词比较独立,常做独立语或单独成句。例如:

哎呀,我全忘了!(独立语)

啊!景色真美!(单独成句)

有时可以用作谓语,或重叠后做状语。例如:

你别唉了,有麻烦咱们就想办法解决,唉什么唉?(做谓语)

她哎哟哎哟地叉着腰直起身来。(做状语)

三、虚词

虚词不充当句法成分,依附于实词表示一定的语法意义。前文提到,现代汉语缺乏词形变化,虚词是表示语法意义的重要手段。虚词也都是封闭的类,数量有限,但使用频率高,用法复杂,是汉语学习者理解和使用的难点。

(一)介词

介词位置固定,放在名词、代词等体词性词语的前边,组成介词短语,引出与动作、性状有关的对象、时间、处所、方式、施事或受事等。

1. 介词的分类

有的介词引介动作涉及的对象或范围,例如:

对 对于 关于 至于 同 和 跟 给

引介动作的时间、处所,例如:

在 于 到 从 自 打 当 由 沿 朝 向

引介动作行为的工具、方式、依据等,例如:

根据 据 依照 按照 按 靠 用 通过 经过 比

引介施事、受事,例如:

把 将 被 叫 让 由 把

引介动作、行为的原因或目的,例如:

为 因为

2. 语法功能

介词短语常常位于动词或形容词等谓词性成分前边做状语,有时也位于谓词后做补语,少数情况下做定语。例如:

经理对他们提出了批评。("对他们"做"提出"的状语)

小刘坐在他旁边。("在他旁边"做"坐"的补语)

我们从这里走向世界。("从这里"做"走"的状语,"向世界"做"走"的补语)

关于值班安排的通知("关于值班安排"做"通知"的定语)

汉语的介词多来源于动词,词义虚化,但语法意义与来源动词的意义有密切联系,有的兼跨介词和动词。具体的词类归属,主要看是不是做谓语的中心语。做谓语中心语的就是动词,不是介词。如果和名词性成分构成短语做状语,则是介词。请观察下列句子中的"比""用""在""给"。

他用毛笔写字。(介词)   他会用毛笔。(动词)

我比她高一点儿。(介词)   不要拿我和别人比。(动词)

给我拿一双筷子。(介词)   给我一双筷子。(动词)

他在家学习。(介词)   他在家吗?(动词)

3. 介词"对""对于"和"关于"的辨析

"对""对于"都用来引入对象,"对"多用于口语,"对于"多用于书面语。一般来说,能用"对于"的地方都可以用"对"来替换,但是能用"对"的不一定可以用"对于"替换。"对"有比较强的动词性,保留有"对待、面向"的意思,因此一般用"对"来引入动作的直接对象(通常是人),不用"对于"。例如:

他对老师很有礼貌。(不能说"他对于老师很有礼貌")

当引入判断或评论的对象时,用"对于"或"对"都可以,例如:

对于书法艺术,我了解得不多。

对书法艺术,我了解得不多。

当需要引入评论、判断的主体(通常是人)的时候,要用"对……来说"或"对于……来说"。例如:

对我来说,书法艺术实在很难懂。

对于我来说,书法艺术实在很难懂。

请比较"对于……来说/对……来说"和"对于……/对……"引入对象的不同:

他的这种奉献精神,对于我们医生来说,是应该认真学习的。

对于他的这种奉献精神,我们医生应该认真学习。

"关于"和"对于"都引入关涉对象。"关于"常引出关联、涉及的话题,例如:

关于简历如何制作的问题,请参见培训资料。

"对于"一般指出动作行为的对象,例如:

对于别人的赞美,中国人往往表现得比较谦虚。

如果引入的话题同时也是动作、行为的对象,包含了两方面的意思,那么"对于"和"关于"就都可以使用。例如:

关于汉字起源的问题,早在战国时代就有人探讨。

对于汉字起源的问题,早在战国时代就有人探讨。

此外,"关于"组成的介词短语做状语时,只能放在主语之前,"对于"组成的介词短语做状语时,放在主语前后都可以。例如:

关于这个问题,我有不同的看法。(√)

我关于这个问题有不同的看法。(×)

对于这个问题,我有不同的看法。(√)

我对于这个问题有不同的看法。(√)

"关于"组成的介词短语还可直接用作标题,"对于"组成的介词短语不能做标题。例如:

关于进一步规范行业协议监管的建议

关于 2017 年暑假工作安排的通知

(二)连词

连词是语句中起连接作用的虚词。它的作用是把词、短语或句子连接起来。

1. 连词的分类

(1)连接词或短语的连词。

连接名词性成分的连词:

和　跟　同　与　及　以及　或

例如:

我和他都是学生。

给我拿点吃的跟喝的。

教师、辅导员及学生都参加。

明天买点儿苹果或桔子。

连接动词性或形容词性成分的连词:

并　或

例如:

我们要继承并发扬这种精神。

他回想起当年痛并美好的青春岁月。

人们是如何理解词义或提取语言信息的呢?

(2)连接句子的连词。

因为　所以　虽然　但是　如果　要么　不但　而且　否则

这类连词可以单独使用,也可以成对使用,例如:

雨实在太大,所以朋友没有来。

虽然面临很多困难,但是大家的精神状态非常好。

(3)可以连接词或短语,也可以连接句子的连词。

或者　而　并且

例如:

您可以通过微信或者电子邮件发送。("或者"连接名词)

你可以把材料送到我的办公室,或者我明天找你领取。("或者"连接句子)

远远望去,山上树木茂盛,幽深而秀丽。("而"连接形容词)

员工们有事都来问我,而我并不能做决定。("而"连接句子)

2. 区别连词和介词

请观察下列句子中的"和"。

A.老师和学生都来了。

B. 你别和学生说话。

A 句中,"和"是连词,位于"老师""学生"之间,具有双向性,"学生""老师"位置变换不影响语法和句意。B 句中"和"是介词,"你"与"学生"的位置不能调换。

请观察下列句子中的"因为"。

A. 就因为你,我们大家的计划都要改变。

B. 就因为你迟到了,我们大家的计划都要改变。

A 句中的"因为"是介词,后接的代词是体词性成分;B 句中的"因为"是连词,后接的是谓词性成分。

通过比较可以看出,连词具有双向性,连接双方,后接成分可以是体词性的,也可以是谓词性的;而介词是单向的,其后所接成分一般为体词性词语,不能引出句子。

3. 连词"和""或""或者""还是"的用法

"和"做连词不能连接句子,只能连接体词性成分,例如:

我想我的家,和我想我的小猫。(×)

她很漂亮,和我喜欢她。(×)

她很漂亮和可爱。(×)

我想念我的家人和我的猫(√)

"和"表示多项都包括在内,"或"表示多项中选择一项。例如:

明天小刘和小张来帮我搬家。

明天小刘或小张来帮我搬家。

"或者"和"还是"都可以用在"无选择的选择句"中,也就是说,在 A 和 B 中选一项,对结果没有影响。例如:

不管你相信还是不相信,这已经是事实了。

不管你相信或者不相信,这已经是事实了。

当表示提供选项可选择其一时,用"或者",不用"还是"。例如:

你今天晚上加班,或者明天早点儿来完成工作。

在选择疑问句中,用"还是",不用"或者"。例如:

你喝咖啡还是喝茶?

(三)助词

助词是附着在实词、短语后表示语法意义的虚词。大致分为以下几类:

结构助词:的 地 得

时态助词:着 了 过

比况助词:似的 般

其他助词:所 给 等 来

结构助词、时态助词、比况助词位置比较固定,附在句子成分后边,结构助词和时态助词都读轻声。

1. 结构助词

"的、地、得"读音一样,都是"de",读轻声,在书面可作为特定语法成分的标记,标示语法关系。

"的"是定语的标记,跟在定语后,连接定语和中心语。例如:

可爱的姑娘　美丽的景色　他们的志趣

"地"是状语的标记,跟在状语后,连接状语和中心语。例如:

轻轻地挂断　愤怒地大喊

"得"是补语的标记,位于补语的前边,连接中心语和补语。例如:

听得津津有味　说得不清楚　热得很

此外,"的"还可以附在动词、名词、形容词、代词以及短语后边组成名词性"的"字短语,例如:

红的　你的　吃的　昨天买的　姐姐送给我的

2. 时态助词

时态助词也称动态助词,主要包括"了、着、过",表示动作、行为、状态的持续或完成等。

"了"附在动词或形容词(谓词)后,表示动作的完成,或表示动作、状态的变化或实现(不一定发生在过去)。例如:

我买了一件新衣服。

明天我们吃了饭再去买东西。

"着"附在动词或形容词(谓词)后,表示动作的进行或状态的持续。例如:

爷爷踩着厚厚的积雪走到院门口。

他红着脸低下头。

"过"附在动词、形容词(谓词)后,表示经历过的动作、行为或状态变化。例如:

你吃过这个吗?

我拜访过那位前辈。

汉语谓词和时态助词的配合使用有时带有一些任意性,例如"我吃完了饭去找你"与"我吃完饭去找你"差别不大。现代汉语表达时体貌的方式多变且复杂,因此对于汉语学习者来说,掌握、运用"了、着、过"困难较多。即使是高级阶段学习者,也会出现"了"的使用偏误。例如,认为过去发生的动作或行为就都要用"了",偏误如下:

＊你什么时候出生了?

有时不表示过去的时间容易漏掉"了",出现偏误:

＊别忘先给我打电话。

或者将用在动词后的"了"与用在句末的语气词"了"弄混,无法区分,例如:

＊她终于学了骑自行车。

＊雨停。

关于时态助词"了"和语气词"了"的区别,下一节将进行对比。

3. 比况助词

似的　一般　般　一样

一般附在名词性、动词性、形容词性词语后,构成比况短语,表示比喻或猜测。例如:

礼堂里响起雷鸣般的掌声。

他像疯了似的,拼命往外跑。

看这天气,要下雨似的。

火车风驰电掣般开出两站地。

她还像小孩子一般地撒娇。

4.其他助词

(1)所:位于可以带宾语的动词前,构成带有名词性质的"所"字短语,充当主语或宾语,有时做定语。例如:

所见所闻令我感慨。 (做主语)

各取所需 (做宾语)

孟奇随拿破仑所领军队到埃及去。(做定语)

"所"字短语经常加上结构助词"的"构成的"字短语,例如:

沙漠真的像法显和玄奘所说的那样可怕吗?

"所"也常与"被""为"一起构成"被……所""为……所"格式,表示被动,常用于书面语,例如:

过去人马走踏的脚印,不久就为沙所盖。

海市蜃楼这一"魔鬼的法宝"到了19世纪初叶,才被法国数学家和水利工程师孟奇所戳穿。

我的思想并不为它们所束缚。

(2)给:口语中常用于动词前。例如:

这孩子要把我给气死了。

门被刘厂长给撞开了。

我给忘了!

"给"可以省略,并不影响句意。

(3)等:表示列举未尽。例如:

少年儿童要在品德、智力、体质等方面全面发展。

我们在广州、北京、上海等地都有连锁店。

(4)来:用在"十""百""千"等数词或数量词后面表示概数。例如:

十来个 六十来岁 两千来块 百来斤重

"来"一般放在十的整数倍数和量词中间。十以下的整数加上度量衡单位量词,后边可以用"来"表示概数,一般还要再加"长""重""宽""高"等形容词。例如:

三斤来重 五米来长 二尺来宽

(四)语气词

语气词一般用在句子末尾表示各种语气,有时也可用在句中表示停顿。语气词都读轻声。以下是一些常见语气词的用法。

1. 的

"的"常用于陈述句,主要起加强语气的作用。例如:

我跟他说过的。

他不会忘记你的。

"的"有时还强调已经发生的动作或行为的方式、时间等。例如：

你什么时候来中国的？

我坐地铁去的。

2. 了

"了"常用于陈述句和祈使句，表示肯定事态发生变化，或新情况出现，或表示祈使。例如：

他明天就回来了。

别说话了！

走吧，去吃饭了。

"了"还可以与"太""可"等副词合起来表示感叹。例如：

这孩子太聪明了！

那儿的风景可美了！

需要注意区分语气词"了"和时态助词"了"。语气词"了"用在句子末尾，时态助词"了"用在谓词后，常常是在句中。例如：

宝宝一岁了。 （语气词）

昨天我看了场电影。 （时态助词）

我已经做了饭了，在家吃吧。（"做"后边的"了"是时态助词，"饭"后的"了"是语气词）

汉语语法习惯上把时态助词"了"称为"了$_1$"，语气词"了"称为"了$_2$"。请观察下列句子：

A.你们慢慢吃，我先走了。

B.我明天下午就到了。

C.天快亮了。

D.孩子大了。

E.我总算知道了。

F.他把车开走了。

像这样动词或形容词后的"了"位于句子的末尾，如何判断"了"的类别？一般看动作、行为是否已经完成。例如 A、B、C 都表示事情的变化还没有完成，因此"了"是语气词"了$_2$"。如果表示动作行为已经完成，事态已发生变化，像 D、E、F，那么"了"就是时态助词和语气词的重叠，即"了$_{1+2}$"。

语气词"了"和"的"如何区分？在表示陈述语气时，"了"常常表示祈使，"的"表示确认、断定，常与能愿动词"会"配合使用。例如：

你可要想清楚了。

你会想清楚的。

都有表时意义的情况下，"了$_{1+2}$"和"的"要特别注意区分。例如：

A.他们坐地铁，我坐出租来了。（×）

B.他去医院看病的，不能来上课。（×）

C.这本书不错，你在哪买了？（×）

D.(问：他给你写的作业吗?)他没给我写作业的，我自己写了。（×）

"的"和"了"在句末都可以用于以前的时间,都可以表示已完成的事。但用"的"主要是说明已发生事件的某个具体的信息点,常配合副词"是"一起使用,例如 A 句强调的不是"来",而是"来"的方式,也就是要说明"坐出租车"这种方式,所以应改为"我是坐出租车来的",或"我坐出租车来的"。

用"了"则是说明事情发生变化的过程,也就是整个事件。例如 B 句的语境是说明"他去看病"整个事件完成,而不是强调在什么地方看病,因此应改为"他去医院看病了"。

同理,C 句已知"你买了这本书",要强调的是信息点"在哪儿",因此不用"了",要用"的",改为"你在哪买的"。

D 句是对某个信息点(谁写作业)做出否定,也就是说,并不是否定"他写了作业",因此回答应改为"不是他给我写的作业";接着对具体信息点进行说明(强调"我自己"),应改为"我自己写的"。D 句的提问如果是"他给你写作业了吗?"用"了"说明整个事件完成,否定回答的形式则为"他没给我写作业"。

3. 呢

"呢"常用于陈述语气和疑问语气。这个语气词比较复杂,用于陈述句时,带有主观色彩。可以用于动作、行为正在进行的陈述句,例如:

别打电话,我开会呢。

我正吃饭呢。

"呢"也可以用于带有夸张的陈述,例如:

这项链是妈妈给我买的,一万多块呢。

不去就不去,我还不想去呢。

这可是店里最贵的呢。

"呢"用于疑问句时,根据上下文有不同的意义。有时表达对整句提出问题的疑惑,有追究的意思,例如:

他怎么会知道呢?

手机放在哪儿了呢?

打电话的人到底是谁呢?

那可怎么办呢?

冒险是不是可以分好坏呢? 什么是好的冒险呢?

有时用在承上文省略的问句中,例如:

我喜欢这个,你呢?(你喜欢这个吗? /你喜欢哪个?)

您要咖啡,这位女士呢?(这位女士要咖啡吗? /这位女士要什么?)

有时表示询问处所,例如:

小刘人呢?(小刘人在哪儿?)

我的手机呢?(我的手机在哪儿?)

"呢"的复杂用法对汉语学习者来说不容易理解和掌握,学习时应结合语境和场景,理解说话人的态度和感情。

4. 吧

"吧"主要用于疑问句和祈使句。在疑问句里带有预判和猜度的意思,表示不确定。

例如：

他也是留学生吧？

你是江小姐吧？

明天要下雨吧？

咱们就这么定了吧？

用在祈使句中，常表示催促、请求、商量、同意、建议等，语气比较缓和。例如：

快走吧。

请您看看吧。

咱们坐地铁去吧。

好吧，先这样吧。

我等凡人，还是回归到普通的日常生活中上来吧。

5. 吗

"吗"主要用于需肯定或否定回答的问句，表示疑问或反问的语气。例如：

最近忙吗？

你想保持年轻吗？

你希望自己有活力吗？

这不是挺好吗？

那人是你男朋友吗？

6. 啊

"啊"可以表达感叹、疑问、祈使等语气。例如：

走啊！

这是多么不公平啊！

这到底是什么原因啊？

语音部分已经对"啊"的音变进行了详细说明，一些语气词其实是"啊"和前一音节结尾或前一个词合音的结果，如"哪、哇、呀、啦"。

快看哪！　（"哪"是"啊"与前一音节结尾合音）

好哇！你在这儿藏着呀！　（"哇""呀"是"啊"与前一音节结尾合音）

真够黑的啦！　（"啦"即"了啊"，语气词叠用合音）

有的语气词如"吧""呢""啊"也可以放在句中表示停顿，或提出话题，或列举项目。例如：

这事儿吧，我也不太清楚。

小伙子看佛罗伦萨城里全是什么皇宫啊、宅邸啊、教堂啊，都是他没见过的。

他呢，是我的朋友，我当然相信他了。

四、词类运用

(一)词的兼类

词类是根据词的语法功能、形态和意义划分出来的类别。一般来说，汉语的词依照语法

特点的归类是比较清楚的。但我们在认识每个词类的过程中也发现,有的词是兼跨不同类属的,例如:

老师通知我们下午照常上课。("通知"是动词)

老师给我们发了一个通知。("通知"是名词)

"通知"这个词就是兼类词,具体是什么词类,要放在上下文中根据语法功能进行判断。

还要注意以下这种情况:

A1.我会支持你的!

B1.感谢您的大力支持!

A2.狗主人有时非常冷漠,非常残酷。

B2.小狗不记得主人对它的冷漠和残酷。

例句中"支持""冷漠""残酷"是否为兼类词?

A1句中,"支持"在句中作为动语接代词宾语,根据语法功能,划为动词。B1句中的"支持"做宾语,前边有定语修饰,是否看作"名词"？ 同样,A2句中的"冷漠"和"残酷"是形容词,B2句中"冷漠和残酷"做宾语,前边有定语修饰,"冷漠""残酷"是否看作名词？

B1句中的"支持"做宾语,但意义和A1句中的"支持"完全相同,而且和它组合的修饰词"大力"是副词,"支持"仍然符合动词特点。又如"感谢您的多次支持",使用的量词是动量词"次",不能使用名量词,不能说"感谢您的一个支持"。同样,B2句中的"冷漠""残酷"仍然符合形容词的特点,使用"对它"作为修饰语,意义也和A2句中完全一致。这种情况不属于词的兼类。"支持"是动词,"冷漠""残酷"是形容词,它们都做句中的谓词宾语。

此外,兼类词词义有明确的联系。像"花钱"的"花"与"一束花"的"花"是同音同形词,即两个分立的不同的词,这也不属于兼类词。

(二)词的活用

生活中经常有这样一种语言现象:有的词本来属于某种词类,由于语言运用的需要,在特定场合临时改变词性,借用为另一类词,承担另一类词的语法功能。这种现象是词的临时活用,不是该词的普遍用法,因此也不算兼类。例如:

你今天怎么穿得这么淑女？(名词活用为形容词)

你现在的打扮很中国,很东方。(名词活用为形容词)

我幸福着他们的幸福,快乐着他们的快乐。(形容词活用为动词)

(护肤品)美丽了时代,美丽着现在。(形容词活用为动词)

练习

一、指出下列句子中划横线词的词类

一个深秋 的早晨,太爷爷瞒 了父亲,把小狮子装在 一 条麻袋里,松松地扎了口,放到马车 上,叮嘱车夫"扔 得 越远越好"。小狮子并不知道主人不喜欢它 了,不要它了,以为又要带他去赶集,兴高采烈地,乖乖地任凭主人摆布。

二、改正下列词类运用的偏误。

1.＊我不能打篮球,你能教我吗?

2.＊我心里很乱,一方面会回家很高兴,另一方面很可惜。

3.＊她的腿好了,会走路了。

4.＊我已经21岁了,可能喝酒了。

5.＊我仔细的看了一遍。

6.＊我和他一起吃了饭,和看了电影。

7.＊他们对这一问题进行了深入地研究。

8.＊下个星期我会去北京了。

9.＊我们中午在学校食堂吃饭吧,还是去外面吃也可以。

10.＊大家对于他很热情。

11.＊如果不是为了你,他真不要离开中国。

12.＊学习汉语,对我很困难。

13.＊我想让你不走。

14.＊对于这件事,请和刘老师联系。

15.＊你以后就不必要再来了。

16.＊我明天有事,不可以来了。

三、找出生活中词类的活用现象

第三节　短语

学习目标

1. 认识短语的结构类型(14 类)并能举出语例

2. 能指出短语的结构类型,并能区别联合短语和同位短语,兼语短语、动宾短语和连谓短语,偏正短语和联合短语,动宾短语和偏正短语

3. 能分析复杂短语的结构层次和结构关系

一、短语的结构类型

短语也叫词组,是两个或两个以上的词按照一定的结构规则组合起来的语法单位,没有句调,是一种构成句子的单位。短语按照结构关系可分为以下类型。

(一)主谓短语

请先观察下列短语:

学生丨学习	他丨知道	心跳丨增速	今天丨星期天
谷物丨成熟	步履丨蹒跚	我丨个子很高	获得赏识丨很简单
快乐丨很简单	腰围丨很肥	小狮子丨找回家	我家丨有三口人

以上短语包括两个部分,前部分是主语,后部分是谓语。主语是陈述的对象("谁"或"什么"),谓语说明主语"怎么样"或"是什么"。这类表示陈述关系的短语是主谓短语。

(二)动宾短语

请先观察下列短语:

打|篮球　　　　看|电影　　　　喜欢|小孩　　　　吃|午饭
点|鱼香肉丝　　拜访|我　　　　花|不少钱　　　变换|上学的路线
扔掉|小狮子　　保持|年轻　　　加以|讨论　　　得到|发展
希望|自己有活力　害怕|寂寞

以上短语包括两个部分,前部分是动语,后部分是宾语。动语表示动作、行为,宾语是动作或行为支配、关涉的对象。这类表示支配和被支配关系的短语是动宾短语,也称述宾短语。

(三)偏正短语

1.定中式偏正短语

请先观察下列短语:

漂亮的|姑娘　　可爱的|孩子　　聪明的|你　　成功的|喜悦　　一个|举动
学校|食堂　　　医学|研究所　　乡镇|干部　　家庭|成员　　公立|学校
跳舞的|女孩　　久别重逢的|老朋友　　没吃过的|东西　　写好的|对联

以上短语包括两个部分[1],前部分是定语,后部分是中心语(多为名词或代词)。定语修饰、限定中心语的性质、数量、领属、状态等("怎么样""什么样"),中心语是被修饰、限定的对象("什么")。有时定语和中心语之间有结构助词"的"。

2.状中式偏正短语

请观察下列短语:

高兴地|笑了　　友好地|喝彩　　客气地|说　　把它|扔掉
与命运|抗争　　从北京|来　　　在食堂|吃　　在新生活的憧憬中|醒来
多么|辛苦　　　特别|美　　　　比较|单纯　　不|相信

以上短语包括两个部分[2],前部分是状语,后部分是中心语(多为动词或形容词)。定语表示修饰、限定中心语的方式、情态、程度等("怎么"),中心语是被修饰、限定的对象("做什么"或"什么样")。有时状语和中心语之间有结构助词"地"。

定中式和状中式都表示修饰、限定关系,是偏正短语。有一些定中式偏正短语的定语可以由动词充当,需要区别"动词+名词"偏正短语和"动词+名词"动宾短语。偏正短语中,动词与名词之间是修饰与被修饰关系,例如"研究人员",中间可加助词"的",可以说"研究的人员","研究"修饰、限定"人员"。动宾短语中,动词与名词之间是支配与被支配关系,例如"研究汉语","研究"的对象是"汉语"。再比较下列两组短语:

轰动效应　　惩罚方法　　　(偏正短语)

---

[1] 为便于标识,将"的"划归前一部分,助词"的"不充当句法成分。
[2] 为便于标识,将"地"划归前一部分,助词"地"不充当句法成分。

轰动全村　　　　惩罚小狮子　　　（动宾短语）

（四）中补短语

请先观察下列短语：

吃|完	煮|软	弄|脏	变|强	看|清楚
走|近	走|过来	穿|出来	端|上来	回忆|起来
吃|不饱	听得|懂	捉摸|不透	找|不到	听|不明白
猜|不出来	回|不来	扔|不得	用|不着	咽|不下去
高兴|极了	激动|万分	蜷缩|在茅草窝里	住|在村子里	
看了|一次	走了|三天	丢弃了|三回	走|一趟	
高兴得|跳起来	过得|闷闷不乐	活得|真艰难	挤得|东倒西歪	
委屈得|不行	乏|极了	笨|得|很		
坐|在院子里	走|向成功	穿行|在夜色中	出生|于战争年代	

以上短语包括两个部分[1]，前部分是中心语（动词或形容词），后部分是补语。中心语表示动作、行为或状态，补语补充说明中心语（动作、行为、性质、状态）的结果、趋向、情态、程度、时间、处所、频次等。这类表示补充、说明关系的短语是中补短语，也称述补短语。

这里要区别中补短语和一类特殊的动宾短语。形容词、数量短语放在动词后，有时构成动宾短语，有时构成中补短语，应该如何区分呢？

（1）动词＋形容词。

爱漂亮——打扮漂亮

可以用提问的方法来区别。"爱漂亮"可以用"爱什么"来提问，"爱"是动语，"漂亮"是宾语，这是一个动宾短语。"打扮漂亮"可以用"打扮得怎么样"来提问，"打扮"是中心语，"漂亮"是补语，这是一个中补短语。

（2）动词＋数量词语。

去了三家——去了三趟

浪费了三天——打扫了三天

首先可以根据量词来区别。名量词构成的量词短语放在动词后一般做宾语，"家"是名量词，"去了三家"是动宾短语。动量词构成的量词短语放在动词后作补语，"趟"是动量词，"去了三趟"是中补短语。

也可以用提问或变换句式的方法区别。"浪费了三天"可以用"浪费了什么"来提问，也可以变换为"把三天浪费了"，"浪费了三天"是动宾短语。"打扫了三天"不能用"打扫了什么"来提问，也不能变换为"把三天打扫了"，"打扫了三天"是中补短语。

（五）联合短语

请先观察下列短语：

我和|你	父亲|母亲	先生、儿子和|我	樱桃红或者|帝王黄色
又聪明|又漂亮	又光滑|又凉快	焦虑|不安	痛并|快乐

---

[1]　为便于标识，将"得"划归前一部分，助词"得"不充当句法成分。

看门 | 护院　　上研究生或者 | 工作　　买房还是 | 租房

损人 | 利己　　写字 | 画画　　活蹦 | 乱跳　　摇头 | 摆尾

烟熏 | 火燎　　物美 | 价廉　　跳着 | 叫着　　忍饥 | 挨饿

以上短语多包括两个部分①,有的包括三个部分,这些部分之间是并列、选择或递进关系,中间常使用连词或顿号连接。这类短语是联合短语。

以上五种短语中,词和词的结构关系与词根语素构成复合式合成词的五种基本结构关系是一致的。其中,主语和谓语,动语和宾语,定语和中心语,状语和中心语,中心语和补语,都是成对出现的。

这里要注意区分"名词＋名词"的偏正短语与"名词＋名词"的联合短语。"名词＋名词"定中式偏正短语中,两个名词之间为领属关系,顺序不能变化,如"中国北京";"名词＋名词"联合短语中,两个名词之间为同等并列关系,顺序可以变换,如"上海北京",可以换为"北京上海",中间常有顿号或连词。请比较:

大学中学都放假了。　　　　（并列关系,联合短语）

大学附中放假了。　　　　　（领属关系,偏正短语）

(六)同位短语

请先观察下列短语:

小刘 | 这个人　　你 | 这孩子　　班长 | 小安　　蹦极 | 这事　　首都 | 北京

以上短语包括两个部分,两个部分指称的是同样的人或事物,互相解说,中间不加入连词或助词,合起来充当同一个语法成分。这类短语是同位短语,又叫复指短语。例如:

土耳其最大城市伊斯坦布尔是今年最热门的旅游目的地。

有什么事找经理小安。

"土耳其最大城市"就是"伊斯坦布尔",这两个部分指的是同一个地方,两部分合起来构成同位短语,在句子中充当主语。"经理"就是"小安",两个部分指的是同一个人,合起来构成同位短语,在句子中充当宾语。

这里要注意区别同位短语和名词性联合短语。同位短语前后两项指的是同一事物,联合短语前后两项是不同事物,例如"古城西安"指的是一个城市,"北京西安"指的是两个城市。同位短语中间没有虚词或语音停顿,联合短语常常加虚词或有停顿。例如:

玩赏犬京巴　　天然险这种东西　　　　　　（同位短语）

西施或京巴　　天然险和人工险　　　　　　（联合短语）

(七)连谓短语

请先观察下列短语:

到北京 | 上学　　出来 | 开门　　扭身 | 退出　　躺着 | 看书　　打电话 | 询问

去 | 吃饭　　穿一件宝石蓝色的连衣裙 | 去 | 上课　　赶着马车 | 到火车站 | 拉煤

以上短语包括两个或两个以上组成部分,一般都是动词性成分连用,表示同一人或事物发出的连续的动作、行为,有一定的先后顺序,中间不加入连词,没有语音停顿,不使用顿号、

---

① 为便于标识,将"和、或者、还是、并"等连词划归前一部分,这些连词不充当句法成分。

逗号等标点符号,在句子中充当一个语法成分(一般是谓语)。这类短语是连谓短语,又称连动短语。

这里要注意连谓短语与动词性联合短语的区别。动词性联合短语构成成分的位置可以调换(除了固定短语),一般没有明确的顺序,例如"他每天打球游泳","打球游泳"是联合短语,也可以说"游泳打球"。而连谓短语则有一定的顺序,或是时间上先后发生,或者前一动作是后一动作行为的方式、条件,或者后一个动作行为是前一个的目的、结果,或者两个动作行为互相解说,不能调换。例如:

取了笔记本走了　　(先后发生)

低着头沉思往事　　(方式/行为)

有时间谈恋爱　　　(条件/行为)

发奖金鼓励大家　　(动作/目的)

听了很高兴　　　　(动作/结果)

看书看累了　　　　(原因/结果)

站着不动　　　　　(互相解说)

连谓短语连用的动词或动词性短语之间不用关联词语。例如"他拿起帽子往头上戴",这是一个连谓短语做谓语的句子,而"他一拿起帽子就往头上戴"使用关联词语"一……就……",是紧缩复句。

(八)兼语短语

请先观察下列短语:

哄|孙子|高兴　　　让|它|找不到家门　　　请|他|帮忙　　　令|人|愉快

选|你|当班长　　　有|狗|在狂叫　　　要|大家|积极支持医学研究

以上短语包括两个谓词性成分,前一个动词的宾语兼任后一个动词或形容词的主语,这类短语称为兼语短语。例如"请他帮忙","请"这个动词的宾语是"他","他"也是后一个动词"帮忙"的主语。也就是说,这个兼语短语是动宾短语"请他"和主谓短语"他帮忙"套在一起构成的,"他"就是兼语成分。

要注意区别兼语短语和谓词性成分连用的连谓短语:连谓短语中谓词表示的所有动作、行为都是同一主语发出的,动作一般具有前后顺序;兼语短语的两个谓词表示的动作行为不是同一个主语发出的。例如"他有钱给自己买房","有钱给自己买房"是连谓短语,"有钱"和"给自己买房"两个动作、行为都是"他"发出的,而且"有钱"和"给自己买房"有事理上的先后顺序。"他有爸妈给他买房","有爸妈给他买房"是兼语短语,"有爸妈"这一行为主体是"他","给他买房"的主体是"爸妈","爸妈"同时也是"有"的宾语,是兼语成分。试比较:

请客送礼　　　有办法出去　　　出去买菜　　　(连谓短语)

请客人吃饭　　有人出去　　　　让爸爸买菜　　(兼语短语)

还要注意区别兼语短语和动宾短语(宾语为主谓短语)。

首先这两类短语的前动词不同。兼语短语的前一个动词常具有"使令义",如"使、叫、让、催、逼、求、托、组织"等。宾语是主谓短语的这类动宾短语,前一个动词一般是谓宾动词,如"喜欢、想、同意、爱"等心理动词。例如:

我<u>让他写作业</u>。　　("让"为使令动词,划线部分是兼语短语)

我<u>知道他在写作业</u>。（"知道"为谓宾动词,无使令义,划线部分是动宾短语）

其次,这两类短语语音停顿的位置不同。兼语短语在兼语成分后停顿,动宾短语在动语后停顿。例如:

我们请他/当班长。　　　　　　（兼语短语）

我们同意/他当班长。　　　　　　（动宾短语）

太爷爷让亲戚/把小狮子扔掉。　　（兼语短语）

太爷爷说/亲戚把小狮子扔掉了。　（动宾短语）

(九)量词短语

请先观察下列短语:

一|张　一|团　　一|位　一|句　半|个

三|下　一|通　　这|本　那|次　哪|只

以上短语都是在量词前加上数词或指示代词构成,称为量词短语。"数词＋量词"组成的是数量短语,如"一串、几条"。"指示代词＋量词"组成的是指量短语,如"这回、那种"。

(十)方位短语

请先观察下列短语:

农家小院|里　麻袋|里　　　墙|外头　　路|上　　饭桌|上　　桌子|下

伏天|里　　　不久|以后　　十天|之内　这|以前

班级|里　　　理论|上　　　工作|上　　教师|中

以上短语都有方位词。方位词附加在名词性或动词性词语后,构成方位短语。方位短语不仅表示处所,还表示时间或范围,例如"一年以前""饮酒后"表示时间,"范畴内""三岁以下"表示范围。

(十一)介词短语

请先观察下列短语:

在|昨天上午　　把|它　　为|过冬　　从|现在　　比|以往

关于|人生　　　对|人类生存　　向|每一个家庭成员

以上短语都有介词。介词附加在名词、代词等词语前面构成介词短语,又称介宾短语,表示引入动作行为发生的时间、处所、方式、原因,以及动作行为相关的对象、范围等。

(十二)比况短语

请先观察下列短语:

花一般　　风驰电掣般　　热带雨林似的　　茧鞘般　　口渴般　　疯了一样

以上短语都有比况助词。比况助词附在名词、动词或主谓短语等的后边,构成比况短语,表示类比、比喻或推测等意义。例如:

我看她好像有心事似的。　　　（推测）

孩子不要像个小大人似的。　　（类比）

演出在观众雷鸣般的掌声中落幕了。（比喻）

(十三)"所"字短语

请先观察下列短语:

所见　　所想　　所承受　　所送　　所思　　所拥有

以上短语都有助词"所"。"所"附加在可带宾语的动词前边构成"所"字短语,表示动作、行为支配、关涉的对象,也就是动词的受事,例如"所见"表示"见到的事物","所送"表示"送的东西"。"所"字短语具有名词的性质。

(十四)"的"字短语

请先观察下列短语:

我朋友的　　吃到的　　怕的　　我最心爱的

看起来清纯的　　　　令我感到触目惊心的

以上短语都有结构助词"的"。"的"字附加在名词、代词、动词、形容词以及各类短语的末尾,构成"的"字短语,表示人或事物,具有名词性质。例如:

我知道的就是这些。　　　　("我知道的"表示"我知道的事情")

我不怕辛苦,怕的是闲下来。　　("怕的"指"害怕的事情")

她找男朋友要找温柔的。　　　　("温柔的"指"温柔的男人")

以上六种短语类型都包含特定的词语,如比况助词、介词等。

二、短语的功能类型

短语是构成句子的单位。短语作为整体在句子中充当什么句法成分,是短语的语法功能。实词可以按照功能大致分为体词和谓词,同样,短语也可以按功能分为体词性短语和谓词性短语。

(一)体词性短语

体词性短语语法功能相当于名词,在句子中经常充当主语、宾语。例如:

坏的冒险又是什么呢?　　　　(定中式偏正短语做主语)

老师和学生都按时到了。　　　　(名词性联合短语做主语)

"蹦极"这事实在挺惊险的。　　(同位短语做主语)

吃到的定是平常物。　　　　　　("的"字短语做主语)

我在车门下被挤得东倒西歪。　　(方位短语做介词宾语)

请小刘谈谈旅途所见。　　　　　("所"字短语做宾语)

我想买这个。　　　　　　　　　(量词短语做宾语)

(二)谓词性短语

谓词性短语是语法功能相当于动词或形容词的短语,在句子中经常充当谓语。例如:

同学友好地喝彩。　　　　　　　(状中式偏正短语做谓语)

一些商家制出新产品来售卖。　　(连谓短语做谓语)

我通常点鱼香肉丝。　　　　　　(动宾短语做谓语)

改变让我有了紧迫感。　　　　　(兼语短语做谓语)

有的狗整夜地呜咽低吼。　　　　(动词性联合短语做谓语)

四川人的性格火爆泼辣。　　　　(形容词性联合短语做谓语)

这事儿你就让给他吧。　　　　　(主谓短语做谓语)

我惊惶极了。　　　　　　　　　　　　（中补短语做谓语）

（三）其他修饰性短语

还有一些短语，经常在句子中充当定语、状语或补语等这类修饰、限定、补充说明的成分，不常做主语、谓语、宾语这样的主要句子成分，主要包括介词短语、量词短语、比况短语。

介词短语主要做状语，有时也能充当补语或定语。例如：

它向每个家庭成员打招呼。　　　　　　（"向每个家庭成员"做状语）

它奔走在寻找家园的路上。　　　　　　（"在寻找家园的路上"做补语）

我们在讨论关于预算的事。　　　　　　（"关于预算"做定语）

比况短语常做定语、状语、补语。例如：

礼堂里响起了雷鸣般的掌声。　　　　　（"雷鸣般"做定语）

她简直是玩命一样地工作。　　　　　　（"玩命一样"做状语）

瞧你，让雨淋得落汤鸡似的。　　　　　（"落汤鸡似的"做补语）

动量词构成的量词短语常在句中做补语，有时也做状语，例如：

我白跑了一趟。　　　　　　　　　　　（"一趟"做补语）

你已经说过三遍了。　　　　　　　　　（"三遍"做补语）

我这下成功了。　　　　　　　　　　　（"这下"做状语）

名量词构成的量词短语常做定语，例如：

我想买一辆自行车。　　　　　　　　　（"一辆"做定语）

这类量词短语也可以做主语、宾语或谓语，例如：

十二个算一打。　　（"十二个"做主语，"一打"做宾语）

你们俩一组。　　（"一组"做谓语）

三、复杂短语的结构层次分析

由两个实词构成的短语或只有一种结构关系的短语，属于简单短语，如"可爱的孩子""我喜欢"。很多短语由两个以上实词构成，存在两种以上结构关系。多个词语构成复杂短语并不是在同一个平面上进行的，而是分层次、有顺序地组合起来的。例如"学现代汉语"这个短语，由"学""现代""汉语"三个词组成。"现代"和"汉语"先组合成"现代汉语"这个定中式偏正短语，然后"现代汉语"再和"学"组合成"学现代汉语"这个动宾短语。这两种结构关系分两层组合，我们分析这个复杂短语如下：

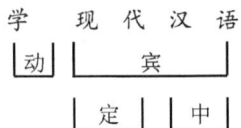

```
学    现  代  汉  语
[动] [     宾     ]
     [ 定 ] [ 中 ]
```

分析复杂短语，要从大到小逐层切分，直到分析到每个实词，语素不需要切分。先分出层次，然后明确短语的结构关系类型。例如"他接受大家的祝贺"，先拆分出构成这个短语的两个直接成分："他"和"接受大家的祝贺"。这两部分是陈述关系，为主谓短语。"他"已经拆分到实词，不再分析；继续切分"接受大家的祝贺"。这部分的直接构成成分是"接受"和"大家的祝贺",二者之间是支配关系,为动宾短语。"接受"已经划分到词,不再分析;继续切分"大家的祝贺"。这部分的直接成分是"大家"和"祝贺",二者之间是修饰关系,"祝贺"在这里是"接受"的宾语,"大家"和"祝贺"是定中式偏正关系,虚词"的"不承担句子的语法成分,不用划分。到这里,分析就完成了。具体层次分析如下:

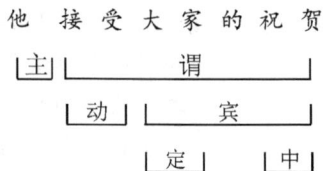

他　接受大家的祝贺
主｜　　　谓
动｜　宾
定｜中

分析复杂短语的原则如下:

(1)结构原则:切分后的直接成分是一个符合语法规则的可成立的语言单位。例如"小红花",切分出来的直接成分是"小"和"红花"。如果分成"小红"和"花",形容词"小"和"红"的组合方式不符合语法,因此"小红/花"的切分不当。又如"会唱戏的留声机",切分出的直接成分应该是"会唱戏"和"留声机",前者修饰后者,第一层是偏正关系。如果切分成"会唱/戏的留声机",则"戏的留声机"也不符合语法规则,切分不当。而如果切分成"会/唱戏的留声机","唱戏的留声机"虽然符合语法规则,但无法与"会"组合,不构成语法关系。这就要遵循第二条原则——功能原则。

(2)功能原则:切分后的成分要符合汉语的搭配规律。例如"两家公司的员工",如果切分为"两家/公司的员工","两家"和"公司的员工"无法搭配,应切为"两家公司"和"员工"两部分。

(3)意义原则:切分出来的直接成分要与原结构意义一致。例如"立刻抬起头张望",如果切分为"立刻抬起头/张望",符合语法规则和搭配规律,但短语的意思是"立刻"修饰"抬起头张望",前边的切分方法不符合原结构意义,因此应该先切分为"立刻"和"抬起头张望",两个部分是状中式偏正关系。

以下是复杂短语分析示例:

1.天　渐渐黑下来了
2.主任老魏什么都知道了
3.在　以美食著称的意大利
4.　一定要让我读报

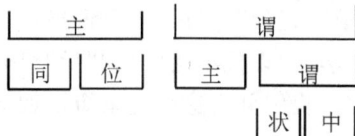

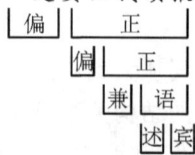

练习

用直接成分分析法分析下列复杂短语的层次

1. 擦得非常干净
2. 拥有漂亮很简单
3. 凸现着诧异与不快
4. 回家炒几个母亲常做的菜
5. 妙龄少女很多
6. 被后面涌上来的人潮推着走
7. 两人接触的机会少了
8. 站在门口迎接所有的来宾
9. 他什么热闹都喜欢看
10. 虚弱得简直爬不起来

第四节 句法成分

学习目标

1. 认识主语和谓语的构成,正确使用受事主语
2. 认识动语和宾语的构成,正确使用施事宾语
3. 运用顺序正确的多层定语描述人或事物,正确使用结构助词"的"
4. 运用顺序正确的多层状语描述动作或行为,正确使用结构助词"地"
5. 理解补语类型,正确使用补语

我们在语法概论部分简要介绍了几种主要句子成分:主语、谓语、动语、宾语、定语、中心语、状语、补语。在前一节短语结构类型部分,我们也逐渐熟悉、理解各种句法成分之间的关系。这一节将详细介绍各种语法成分都由哪些词语充任,包括哪些语义关系。此外,还将介绍一种不属于句子直接成分的特殊成分——独立语。

一、主语和谓语

主语表示句子主要说明的人或事物。谓语一般叙述、说明主语的情况,提供新信息。主语用双横线"＿＿"标记,谓语用单横线"＿＿"标记。

(一)主语的构成

1. 体词性主语

主语大多由名词、代名词、量词短语、定中式偏正短语、名词性联合短语、"的"字短语、同位短语、"所"字短语等体词性词语充当。例如:

冬天就要到来了。　　　　　　(名词)

我<u>没听明白</u>。	（代名词）
你们的<u>看法</u>是正确的。	（定中式偏正短语）
<u>校长和书记</u>都去参观。	（名词性联合短语）
<u>卖鞋的</u>现在不在。	（"的"字短语）
<u>十块</u>足够了。	（名量词构成的量词短语）
<u>所言</u>不虚。	（"所"字短语）
<u>我陈小二</u>当然不会骗人。	（同位短语）
<u>镜子里面</u>有什么呢？	（方位短语）

需要注意的是,有时介词短语可以放在句子开头引出话题,但并不是主语,而是状语。例如：

| 在沙漠里<u>光线</u>会作怪。 | （主语是"光线","在沙漠里"做状语） |
| 对于同一个事件<u>不同的人</u>会有不同的看法。 | （主语是"不同的人","对于同一个事件"做状语） |

2.谓词性主语

有时动词、形容词、主谓短语、动宾短语、状中式偏正短语、形容词联合短语、动词联合短语、中补短语、兼语短语、连谓短语等谓词性成分也可以充当主语。这是有一定条件的。谓词性词语作主语时,句子中的谓语中心语通常是形容词,或者表示判断、评价或使令的动词,比如"是""使"等。例如：

<u>谦虚</u>是他的优点。	（形容词做主语,谓语用"是"表判断）
<u>看看</u>是可以的。	（动词做主语,谓语用"是"表判断）
<u>平平淡淡</u>才是真。	（形容词重叠做主语,谓语用"是"表判断）
<u>多看少说</u>比较好。	（动词性联合短语做主语,谓语中心语用形容词"好"表判断）
<u>严谨认真</u>是一种人生态度。	（形容词联合短语做主语,谓语用"是"表判断）
<u>活得开心</u>才是目的。	（中补短语做主语,谓语用"是"表判断）
<u>帮助别人</u>使我快乐。	（动宾短语做主语,谓语用"使"表使令）
<u>赞美悠闲</u>简直等同赞美懒惰。	（动宾短语做主语,谓语表评价）
<u>学生自主学习</u>是有好处的。	（主谓短语做主语,谓语表示评价）
<u>让自己舒适</u>是人的天性。	（兼语短语做主语,谓语用"是"表示判断）
<u>躺着看书</u>对眼睛不好。	（连谓短语做主语,谓语表示评价）

(二)谓语的构成

1.谓词性谓语

多数谓语是由谓词性成分充当的。例如：

他<u>走</u>了。	（动词）
天<u>冷</u>了。	（形容词）
这个女孩<u>很聪明</u>。	（状中式偏正短语）
我<u>高兴得很</u>。	（中补短语）
他<u>学了三年汉语</u>。	（动宾短语）

他们<u>在附近</u>住着。　　　　　　（状中式偏正短语）

我<u>什么都想不起来了</u>。　　　　　（主谓短语）

这孩子<u>聪明可爱</u>。　　　　　　　（形容词性联合短语）

小刘<u>跑过去和她们打招呼</u>。　　　（连谓短语）

大家<u>推选他当班长</u>。　　　　　　（兼语短语）

动词、形容词做谓语一般要带状语或补语、助词等。在一些特定的语境中才单独使用，例如：

（你留下，）我<u>走</u>!

天<u>冷</u>。（你多穿点儿。）

这个女孩<u>聪明</u>。（那个不太聪明。）

（你不高兴，）我<u>高兴</u>。

除了有一定上下文衔接或表示对比的情况下，在表述主语"做什么"或"怎么样"时，动词、形容词做谓语要附加一些成分。

2. 体词性谓语

有时体词性成分也可以做谓语，多用于说明人物特征、籍贯、年龄、节气、节日、日期、天气、数量等。例如：

老舍<u>北京人</u>。　　　　（籍贯）

她<u>小圆脸，大眼睛</u>。（人物特征）

今天<u>八月初一</u>。　　　（日期）

明天<u>立春</u>。　　　　　（节气）

今天<u>晴天</u>。　　　　　（天气）

宝宝<u>三岁了</u>。　　　　（年龄）

每个人<u>十张</u>。　　　　（数量）

（三）主语的语义类型

请观察这两个句子：

<u>他</u>买了汽车。

<u>汽车</u>他买了。

这两个句子语法结构相同，都是"主语＋谓语"，但主语和谓语的语义关系有所不同。根据主语表示的人或事物与谓语表示的动作、行为之间的语义关系，可以把主语分成以下类型：

1. 施事主语

主语是发出动作、行为的施事者。例如：

<u>他</u>待我很好。

<u>我母亲</u>从法国回来了。

<u>这只老猫</u>悄无声息地走了。

<u>学校</u>发来了录取通知书。

这类主语在汉语里比较常见，也容易理解。

2.受事主语

主语是承受动作、行为的受事者。例如：

宇宙杂志由专人送上。

羊被狼吃了。

这件事你可要想清楚。

作业做完了吗？

"被"字句里的受事主语比较容易理解。而类似"作业做完了""这件事你要想清楚"，这类句子的受事主语，不用在"被"字句中，汉语学习者就不容易理解了。这里是将受事主语作为话题——已知信息置于句首。学习汉语时可以将此类句子和自己的母语进行对比，注意掌握这种无"被"字标记的用法。

3.中性主语

还有一种情况，主语不是施事也不是受事，而是表示与动作行为有关的时间、处所、工具、原因等，或表示谓语部分描写、判断、评价的对象。例如：

与录音机谈话简单扼要。	（评价的对象）
雨实在太大。	（描写的对象）
沙漠里有魔鬼吗？	（处所）
买房子花了不少钱吧。	（行为的原因）
明天是他的生日。	（时间）
这钱你们养老吧。	（动作的工具）

二、动语和宾语

(一)动语的构成

动语是支配、关涉宾语的成分，宾语是动作、行为关涉的对象。动语一般使用"·"加以标记，宾语使用波浪线"～"标记。动语由动词性词语充当，一般是动词、动结式中补短语、动趋式中补短语、连谓短语、动词性联合短语等。例如：

我读了两本书。	（动词）
这里禁止停车。	（动词）
我小心翼翼地拜访过那位前辈。	（动词）
他调小了音响的音量。	（动结式中补短语）
大家学习并研究了这一文件。	（连谓短语）
他找出来一支笔。	（动趋式中补短语）
孩子们经常抚摸逗弄那只猫。	（动词性联合短语）

这里要注意，状中短语一般不直接做动语。例如："我小心翼翼地拜访过那位前辈"中的动语是动词"拜访"，不是状中短语"小心翼翼地拜访"，"小心翼翼"是整个动宾短语的状语，修饰"拜访过那位前辈"。

谓语和动语有时有所重叠。谓语是相对于主语说的，动语是相对于宾语说的，没有宾语就没有动语。谓语可由动语加上宾语构成。例如：

我看了一场电影。

这个句子中，"我"是主语，"看了一场电影"是谓语部分；"看"是动语，"一场电影"是宾语。

在有宾语的情况下，汉语的基本句法成分顺序是"主语＋动语＋宾语"，即常说的SVO语序。

(二)宾语的构成

1.体词性宾语

宾语常由体词性成分充当。例如：

我爱家乡。	（名词）
他喜欢你。	（代词）
人有不同的个性。	（定中式偏正短语）
我喝了两杯。	（名量词构成的量词短语）
我想吃热的。	（"的"字短语）
请在这里画下所爱。	（"所"字短语）
咱们去买球鞋和球衣。	（名词性联合短语）
我去通知邻居小五。	（同位短语）

2.谓词性宾语

有时宾语也可以由谓词性成分充当。例如：

我怕上理发店。	（动宾短语）
她总是装可爱。	（形容词）
它不在乎主人是否喜欢它。	（主谓短语）
市政府正在进行调查。	（动词）
他说明天开会。	（状中式偏正短语）
他的眼神凸现着诧异与不快。	（形容词性联合短语）

能带这类宾语的动语必须是谓宾动词或兼宾动词，主要包括：

表示心理活动或感知的动词，例如：

喜欢 希望 打算 同意 敢于

表示言说、表态的动词，例如：

说 问 告诉 讨论

表示起止、施受的动词，例如：

得到 予以 加以 继续 停止

(三)宾语的语义类型

根据动语和宾语之间的语义关系，可以把宾语分成以下类型。

1.受事宾语

宾语是动语直接支配的对象，是承受动作、行为的受事者，例如：

我借到钱了。

我不会削苹果。

别来讨好我。

他摘下一枚果子。

这类宾语在现代汉语中很常见,也比较容易理解。

2. 施事宾语

宾语是发出动作、行为的施事者。例如:

出太阳了。

来客人了。

哥哥抓了三只蟋蟀,跑了一只。

天上飘着白云。

门里面蹿出一条狗。

这类宾语是现代汉语特有的,与语用因素相关,汉语习惯把焦点——也就是新信息置于句末,即使没有主语,也可以把无定指的施事放在动词后。汉语学习者可以与自己母语进行对比,注意汉语的施事宾语如何使用。

3. 中性宾语

还有一种情况,宾语不是受事,也不是施事,而是表示与动作行为有关的时间、处所、工具、方式、原因、归属等。例如:

我等于一个废物。　　　　　　　(归属)

我天天吃食堂。　　　　　　　　(处所)

班机抵港时间为下午一点。　　　　(时间)

扯面要吃大碗。　　　　　　　　(工具)

你愁什么呢?　　　　　　　　　(原因)

三、定语和中心语

定语是定中式偏正短语中位于前边的修饰、限定成分,定语中心语①是位于后边的被修饰、限定成分。例如"他有很多朋友","很多"是定语,"朋友"是中心语。

(一)定语和中心语的构成

多数实词和短语都可以充当定语。定语使用圆括号"()"加以标记。定语中心语通常是名词、代名词、名词性联合短语、名量词构成的数量短语等。例如:

闲暇是(高层次人士)的专利。　　　　　(中心语"专利"是名词)

(聪明)的你,能回答这个问题吗?　　　　(中心语"你"是代词)

班上这么多孩子,他是(最聪明)的一个。　(中心语"一个"是数量短语)

我为这个花了(不少)时间和精力。　　　　(中心语"时间和精力"是名词性联合短语)

有时动词和形容词也可以充当定语的中心语。例如:

感谢您的(大力)支持!　　　　　　　　(中心语"支持"是动词)

---

①　中心语有时称"定语中心语""状语中心语""补语中心语",这是根据不同短语中,与中心语相对应出现的不同成分而分别称呼的;有时称"主语中心语""谓语中心语""宾语中心语",这是根据句子里中心语所属不同位置而分别称呼的。请注意区分。

人们会原谅(瓦格纳)的疏狂。　　　　　　(中心语"疏狂"是形容词)

(二)定语的语义类型

有的定语表现事物情状、行为相关的内容等,属于描写性定语;有的表示事物数量、领属、时间、处所、范围、性质区别的,属于限定性定语。

描写性定语举例如下:

(更快)的电脑　　(最豪华)的装修　　(美妙舒缓)的乐曲　　(很远)的地方

(涌到嘴边)的批评　　　　(广告呈现)的生活

(主持这项调查)的教授　　(急剧上升)的购物欲

限定性定语有以下几种:

表数量,例如:

(一个)念头　　　　(一只)蝴蝶　　　　(一阵)风

表领属,例如:

(我)的父亲　　　　(文章)的标题　　　　(妹妹)的辫子

表时间,例如:

(去年)的情况　　　(明天)的约会

表处所,例如:

(桌上)的饭菜　　　(柜子里)的衣物

表范围,例如:

(关于暑期安排)的通知　　　(这些)书

表性质,例如:

(慢性)疾病　　(野生)动物　　(公立)院校　　(国有)企业

(三)定语标记"的"使用

一般来说,描写事物本质、稳定、固有属性的定语,不需要加"的"。

区别词做定语不加"的",例如:

(人造)香精　　(人工)湖　　(金)戒指　　(私营)企业　　(初级)水平

表示事物材料、类别的名词做定语,不加"的",例如:

(实木)地板　　(水晶)项链　　(孩子)脾气　　(纸)飞机

表示人或事物的籍贯、职业、某类人特征的定语,可以不加"的",例如:

(汉语)老师　　(中国)功夫　　(牙科)医生　　(外地)朋友

单音节形容词做定语,一般不加"的",例如:

(大)苹果　　(新)衣服　　(黑)皮鞋　　(好)孩子

限定性量词短语做定语不加"的",例如:

(一条)鱼　　(一)本书　　(一张)纸　　(这位)同学

但当数量短语做定语表示多、占满空间,带有描写性时(特别是有重读的临时借用的量词),可以加"的",例如:

(一地)的水　　(一堆)的问题　　(一箱子)的衣服

表现事物非本质的、临时的、不稳固属性的定语,要加"的"。

表示领属关系的定语要加"的",例如:

(我)的老师　(朋友)的建议　(公司)的财产　(它)的天堂

但表示领属的亲属关系时,常不加"的",如"他姐姐、我兄弟"等。

表示时间、处所的定语要加"的",例如:

(去年)的事儿　(下星期)的安排　(图书馆)的书籍

双音节形容词、状态形容词、形容词重叠式等描写性的定语一般要加"的",例如:

(温暖)的地方　(轻易)的举动　(蹒跚)的背影　(笔直)的路

(冷冰冰)的话语　(高高兴兴)的样子

动词以及多数短语做定语要加"的",例如:

(成功)的喜悦　(喜欢)的人　(留下)的伤痕　(关心)的事情

(很宽)的路　(村子里)的狗　(对她)的爱护　(大众认可)的行为

总的来说,可以通过定语和中心语的关系是否紧密来判断是否加"的"。如果定语表示的是中心语固有的本质属性,一般不加"的"。如果定语是对中心语临时性的外在描述,和中心语的关系比较松散,一般要加"的"。

(四)多项定语的顺序

中心语可以有多个定语加以修饰,例如"一串深深的小脚印",就有"一串""深深""小"三个定语。多项定语有一定的排列顺序。总的来说,与中心语关系最紧密的、属于中心语的本质及固有属性的定语离中心语近,而描述性的、表示领属等意义的定语,与中心语关系较为松散,离中心语较远。紧邻中心语的定语往往是表示属性的形容词、名词、区别词等,而这些通常按照性状——颜色——质料——功能的顺序排列,如"大号蓝色纯棉防晒服""新款豆沙色滋润唇膏"等。

一般来说,多项定语的顺序是:领属关系("谁的")——时间、处所词语("什么时候""什么地方")——指示代词("这""那")——数量短语("多少")——动词或短语——描写性形容词(重叠或联合等)——双音节形容词——单音节形容词——区别词——名词(表示性状、质料、功能等)。例如:

(一位)(沾亲带故)的(妙龄)少女来拜访我。

多项定语的排序并不是绝对不变的,也可以根据表达需要灵活调整,例如:

(那件)(妈妈给我买)的(红色)大衣

如果要强调"妈妈给我买的",可以将定语顺序调整为"妈妈给我买的那件红色大衣"。

四、状语和中心语

状语是状中式偏正短语里位于前边的修饰、限定成分,状语中心语是位于后边的被修饰、限定成分。状语使用方括号"[　]"进行标记。例如"他生气地走了","生气"是状语,"走"是中心语。

(一)状语和中心语的构成

状中式偏正短语是谓词性的。状语可以由副词、表示时间的名词、能愿动词、形容词、动量词构成的量词短语、比况短语、方位短语、介词短语等充当。中心语一般是形容词或动词。

例如：

我[很]快乐。

你[星期天]来我家。

我[要]送父亲一件礼物。

她[伤心]地哭了。

他[一下]愣住了。

她[梦游似的]走出去。

快递[十点以前]送到。

你[与机器]谈话？

状语中心语有时也可以是名词、名词短语或量词短语。例如：

他[都]二十岁了。

山上[净]石头。

你[都]大姑娘了。

(二)状语的语义类型

状语表示与中心语相关的时间、处所、目的、原因、工具、方向、频率、程度、语气时,属于限定性状语;状语表示与中心语相关的情态、数量的,属于描写性状语。例如：

表示时间、处所：	[下午]开会	[在食堂]吃饭
表示原因、目的：	[为人民]服务	[按规矩]办事
表示程度：	[多么]辛苦	[真]可爱　　[有点儿]累
表示语气：	[当然]知道	[居然]扔不掉
表示范围、频度：	[经常]迟到	[都]来上课
表示否定：	[不]知道	[别]看了
表示关涉：	[对你]说	[就这个问题]进行讨论
表示情态：	[仔细]听	[认真]学　　[慢慢]地走
表示数量：	[一次次]地爬上去	[一趟一趟]跑

从句法结构看,状语常常修饰的是作为中心语的动词。从语义来看,状语并不总是指向作为中心语的动词,有时语义指向主语或宾语。例如：

他[慢慢]地举起双手。　　　　　　　　　　("慢慢"语义指向动作)

他[高高]地举起双手。　　　　　　　　　　("高高"语义指向宾语"双手")

他[高兴]地举起双手。　　　　　　　　　　("高兴"语义指向主语"他")

(三)状语标记"地"的用法

一般来说,跟动作行为有关的时间、处所、工具、方向、情感态度等语义类型的状语不需要用"地"。

表示时间、处所的名词、副词、方位短语做状语,不加"地",例如：

[明天]见　　　　　　[屋里]坐　　　　　　[四点以前]到

[刚刚]回来　　　　　[马上]出发　　　　　[正在]发愁

介词短语做状语不加"地",例如：

[在家]吃饭　　[从北京]赶来　　[为人民]服务　　[用铅笔]写　　[因小事]争吵

能愿动词做状语,不加"地",例如:

[想]回家　　　[肯]听话　　　[能]写字

状语后必须用"地"的情况比较少。一般来说,描述动作行为具体情态的状语(除了单音节形容词)要加上"地",特别是当描写性的状语语义指向主语或宾语时,语义关系更远,这种情况的状语也需要加上"地"。

双音节形容词做状语加"地",例如:

[飞快]地跑回家　　　　　　[得意]地笑了

形容词重叠式做状语加"地",例如:

你[酽酽]地沏一壶茉莉花茶。

范大妈[浓浓]地炖了一锅鸡汤。

小狮子[乖乖]地任凭主人摆布。

描述情态的动词或动词性短语做状语加"地",例如:

他[试探]地问。

我[气定神闲]地走出来。

当"地"可用可不用的时候,如果加上"地",则更强调描写性状语。请比较:

他[慢慢]走过来。

他[慢慢]地走过来。

我[不停]说对不起。

我[不停]地说对不起。

(四)多项状语的顺序

中心语可以有多个状语加以修饰,例如"她仍独自在客厅坐着",有"仍""独自""在客厅"三个状语。多项状语也有一定的排列顺序。总的来说,与中心语语义关系紧密的状语离中心语近,描述性的与中心语关系较为松散的状语,离中心语较远。作为背景、依据、前提条件或提出话题的状语,一般作为全句的状语放在句子开头。例如:

[因为你的疏忽],整个团队失去了这次机会。

[这年七月],他们终于结婚了。

[按照约定],双方要尽快签合同。

时间副词表示时间意义,并不是临时的、具体的某个时间点,离动词中心语更近一些。例如:

[那天中午]我[正]准备包饺子。

一般来说,多项状语的顺序是:作为背景或前提条件的原因、目的状语——具体时间状语——语气副词——时间副词——处所——关涉对象或动作方向——描写性状语。例如:

老师们[昨天][在会议室][与校长][认真]讨论过这一问题了。

五、补语和中心语

补语是谓词性短语里中心语后面的补充成分,从不同的方面对前面的中心语作某些补充说明。例如"他们也过得很好","过"是个动词,做中心语,"很好"是补语。状语使用尖括号"＜　＞"加以标记。

（一）补语和中心语的构成

补语一般由谓词性词语、动量词构成的数量短语以及部分程度副词充当。
例如：

你走得＜太慢＞	（状中式偏正短语）
别跑＜出来＞	（趋向动词）
我写＜完＞了	（动词）
妻子变得＜温柔＞了	（形容词）
他跑得＜满身大汗＞	（主谓短语）
北京我去过＜几趟＞	（动量词构成的数量短语）
我们正＜走向成功＞	（介词短语）
他倒＜在桥洞中＞	（介词短语）
我累得＜很＞	（程度副词）
妹妹高兴＜极＞了	（程度副词）

补语中心语一般是单个动词或者形容词，少数情况下由结构短小的动宾短语或谓词性联合短语充当。例如：

她美＜极＞了。

他跑得＜非常快＞。

你答＜对＞了。

我觉得你爱她得＜很＞。

这个节目受欢迎＜多＞了。

我幸福快乐得＜不得了＞。

（二）补语的类型

1. 程度补语

这类补语表示性质状态的程度。能做程度补语的词有限，包括程度副词"很、极"和"死、透、慌、多、坏、一点、一些、不得了、了不得"等表示程度的意义有所虚化的词语。"很""不得了/了不得"等前要加助词"得"。例如：

大家愤怒＜极＞了。

请小刘去问问好＜一点＞。

可把我累＜坏＞了。

小刘气得＜不得＞了。

这小子坏＜透＞了！

这孩子聪明得＜很＞。

今天冷得＜要命＞。

我饿得＜慌＞。

你比我强＜多＞了。

2. 情态补语

这类补语表示动作、行为或性状的情态,必须加助词"得"。情态补语可以是动词或形容词,也可以是复杂的短语,甚至在口语情境下还可以省略。例如:

今天我来得＜早＞。	(形容词做补语)
他跑得＜比我快＞。	(状中式偏正短语做补语)
雨下个＜不停＞。	(状中式偏正短语做补语)
他笑得＜满脸通红＞。	(主谓短语做补语)
急得＜我恨不得马上见到他＞。	(主谓短语做补语)
看把你高兴得!	(省略情态补语)

3. 结果补语

这类补语表示动作行为产生的结果。结果补语一般由单个动词或形容词充当,和中心语结合得比较紧密。例如:

风吹＜乱＞了他的头发。	(形容词做补语)
一个月穿＜坏＞了三双鞋。	(形容词做补语)
墙被推＜倒＞了。	(动词做补语)
这地板是整块实木拼＜成＞的。	(动词做补语)

4. 趋向补语

这类补语由趋向动词充当,表示动作、行为的方向。例如:

他们跑＜上＞山坡。

厨房飘＜来＞饭菜的香味。

把这个拿＜出去＞吧。

有时趋向补语表示开始、停止、变化趋势等意义。例如:

大家都高兴＜起来＞。

我想＜起来＞了!

天渐渐黑＜下来＞了。

一定要坚持＜下去＞!

5. 可能补语

这类补语表示动作、行为的某种结果或趋向是否有可能实现。

(1)"得/不得"(带有动词性)直接充当补语,表示动作、行为是否可能实现。例如:

老虎屁股摸＜不得＞。

这件事可马虎＜不得＞。

这东西吃＜得＞吃＜不得＞?

(2)结果补语前加"得/不",表示动作行为的结果是否可能实现。例如:

听＜清楚＞ —— 我什么也听＜不清楚＞。　　　　我听＜得清楚＞。

看＜懂＞　 —— 你们看＜不懂＞。　　　　　　你们看＜得懂＞吗?

(3)趋向补语前加"得/不",表示动作行为的趋向是否可能实现。例如:

爬＜上来＞ —— 你爬＜得上来＞吗?　　　　　他爬＜不上来＞。

挤＜出去＞ ―― 你挤＜得出去＞吗？　　　　　我们挤＜不出去＞。

汉语学习者要注意可能补语的否定形式"动词＋不＋结果/趋向"与"不能＋动词＋结果/趋向"的区别。用"不能"可以表示情理上不允许,而"动词＋不＋结果/趋向"则表示客观条件不具有可能性。例如:

这些糖要留给姐姐,你不能吃完。　　　　　（不允许吃完）

这些糖太多了,我吃不完。　　　　　　　　（允许吃完,但没有吃完的可能）

他刚休息,你不能叫醒他。　　　　　　　　（不允许叫醒）

他在酣睡,你叫不醒他。　　　　　　　　　（允许叫醒,但没有叫醒的可能）

此外,还需要注意可能补语的肯定形式与情态补语的区分,都是"中心语＋得＋补语"的形式,例如"画得好",补语的类型和意义要根据语境或变换形式进行判断。

"画得好"如果是动词后接可能补语,否定形式是"画不好",表示没有可能实现"画好"的结果。如果是动词接情态补语,否定形式还要带上助词"得","画得不好"。如果根据提问形式来区分,可能补语可以用"能不能画好"或"画得好画不好"来提问;情态补语可以用"画得好不好"或"画得怎么样"来提问。另外,可能补语"得"后面的部分一般不能再扩展了,情态补语"得"后面的部分可以扩展,例如"画得非常好""画得跟老师一样好"等等。

6. 数量补语

动量词构成的量词短语充当数量补语,表示动作、行为的频数或持续的时间;名量词构成的量词短语充当数量补语,表示动作行为的持续时间。例如:

我哭了＜一场＞。

她晃了＜一下＞杯子。

我将在这里工作＜两年＞。

他们已经报到＜三天＞了。

7. 时地补语

这类补语表示动作行为相关的时间和处所,一般是介词短语。例如:

这个故事发生＜在 1949 年＞。

我们一定会走＜向胜利＞。

他已经把这件事忘＜在脑后＞了。

有的介词短语既可以放在动词前作状语,又可以放在动词后作补语,例如"自、向、在"等介词构成的短语。当谓语动词带体词宾语时,表示处所的"在"介词短语在动词前做状语,动作发出者可能在这个处所,也可能不在这个处所。例如:

我[在黑板上]写字。　　　　　　（我不在黑板上）

我[在书上]画星星。　　　　　　（我不在书上）

我[在食堂]吃饭。　　　　　　　（我在食堂）

我[在教室里]写作业。　　　　　（我在教室里）

表示处所的"在"介词短语在动词后做补语,多用于"把"字句,带有结果的意思,表示通过动作、行为使受事位于某个处所。例如:

我把字写＜在黑板上＞。　　　　（写的结果是字在黑板上）

我把星星画<在书上>。　　　　　　　（画的结果是星星在书上）

当"在书上""在黑板上"表示动作使受事到达的处所，而不表示动作进行的处所，那么介词短语放在谓语动词后，而不放在动词前。

从句法结构看，补语补充说明的是作为中心语的动词。而从语义来看，状语并不总是指向作为中心语的动词，有时语义指向动作、行为的主语或宾语，或者指向其他的句法成分。例如：

妈妈洗衣服洗<累>了。　　　　　　　（"累"语义指向主语"妈妈"）

妈妈洗<干净>了衣服才休息。　　　　（"干净"语义指向动词宾语"衣服"）

妈妈洗<完>了衣服才休息。　　　　　（"完"语义指向动作"洗"）

妈妈把衣服都洗<干净>了。　　　　　（"干净"语义指向状语部分介词后的宾语"衣服"）

又如以下两个形式不同的句子，表达的意思相同，都是"蓝队胜利"。

蓝队打<败>了红队。　　　　　　　　（"败"语义指向宾语"红队"）

蓝队打<赢>了红队。　　　　　　　　（"赢"语义指向主语"蓝队"）

(三)多项补语的顺序

中心语后面可以有多个补语进行说明，形成多项补语。例如"把他推倒在地"，动词"推"后有两个补语，即结果补语"倒"和地点补语介词结构"在地"。多项补语没有多项状语那样复杂，常见的是两个补语连用，最多三个补语，例如"她不知什么时候滑倒在地上去了"，包括结果补语"倒"、时地补语"在地上"、趋向补语"去"。

多层补语的一般排列顺序是：结果补语——时地补语或数量补语——趋向补语。例如：

他捧着肚子，滚<倒><在地板上><去>了。

（结果补语——时地补语——趋向补语）

房子建<好><三年>了。

（结果补语——数量补语）

(四)宾语和补语的顺序

动词后面同时带有补语和宾语时，一般是动词——补语——宾语的顺序。例如：

他终于攒<足>了两元钱。

她寄<来>了一封信。

我去了<一趟>超市。

如果补语是数量补语或趋向补语，顺序可以是动词——宾语——趋向补语/数量补语，例如：

我踢了他<一脚>。

他骗了你<很多年>。

他找你<几趟>。

复合趋向补语中间有时可以插入宾语，宾语一般比较短小。例如：

他已经写<出>答案<来>了。

我嘲笑<起>自己的孝心<来>。

风筝慢慢地飘<回>地上<来>。

六、独立语

独立语是句子层面的一种特殊成分,独立于各种句法成分以外,也不充当任何句子成分,不参与句子的结构组合,主要在语用方面起作用。独立语可出现在句首、句中或句末。例如:

你觉得不好,**依我看**也不错了。

对了,他什么时候到西安?

你还别说,这种药还真管用。

赶快睡吧,**小祖宗**!

独立语包括插入语、感叹语、称呼语等。

(一)插入语

插入语加入句子,前后一般有语音停顿,用以引起对方注意,或表示推测估计,或说明信息来源,或表明态度,或表示总结等。插入语的位置比较灵活。例如:

你看,这是今年最新款的手机。

据说明天要下雨。

总之,我不会让你失望的。

请问您需要帮忙吗?

刘老师**估计**下午要请假。

这件事**啊**,**怎么说呢**,不太好办。

(二)感叹语

感叹语是用叹词表达感慨、惊讶等语气,或表示应答。例如:

哦,我知道了。

唉,这都是我的错。

嗯,这事就交给我。

(三)称呼语

称呼语用来表示呼唤或称呼对方。例如:

先生,您点什么饮料?

我的天,这些都是你买的?

哥哥,我们在这儿!

练习

一、找出下面句子的主语和谓语

1.第二天冒险生涯的尝试是在饭桌上。

2.怕的是这连衣裙有一条黑色的领带。

3.恶劣的工作多是穷人在操作。

4.以前没吃过的东西尝一尝。

5.吃到的定是平常物。

二、找出下面句子的动语和宾语

1.爷爷服从了组织的安排。

2.我感觉自己的胆子比以往大了点。

3.小狮子是一条雌性犬。

4.怎样保持年轻?

5.门里面蹿出一条狗。

6.它不在乎主人是否喜欢它。

三、修改句子偏误

1.＊她都不平时从来乱花一分钱。

2.＊这是恶劣的一种十分严重的行为。

3.＊他狠狠地就朝我瞪了一眼。

4.＊那件他的羊毛深灰上衣很好看。

5.＊我仔细地已经在资料室里又找了一遍。

6.＊她是我们学校的英语的优秀的有三十年经验的教师。

第五节　单句

学习目标

　　1.认识单句的基本句型(主谓句和非主谓句),找到句例

　　2.能根据场合恰当使用主谓谓语句、"把"字句、"被"字句、连谓句、兼语句、比较句、双宾句、存现句等汉语特殊句式,并能纠正句式偏误

　　3.能用核心分析法分析单句

　　4.了解按语气划分出的句类(陈述句、疑问句、祈使句、感叹句),会正确表达不同语气

　　句子是具有句调、能够表达相对完整意思的语言单位,在书面上,句末有标点符号标出,包括单句和复句。单句由短语加上句调构成,有时单句里还包含独立语。能说出合乎语法、语用规则的句子是学习语言的关键。这一节我们将学习对汉语单句进行成分分析,认识汉语的基本句型和特殊句式,并从语用角度了解汉语的句类。

一、单句的核心分析

　　我们在前边章节学习了对复杂短语进行层次分析,同样,对句子结构也可以进行层次分析。例如:

　　应用层次分析法分析单句,是对句子结构进行纵向、立体的分析,一直分析到实词,非常详细。如果要清晰、简洁地找出句子的主干和基本框架,可以使用句子成分分析法,或称核心分析法。这种分析法使用各种符号标记出句子的句法成分,分析至每个成分即可,不一

勇 敢 的 孩 子 们 独 立 办 成 了 一 件 事。

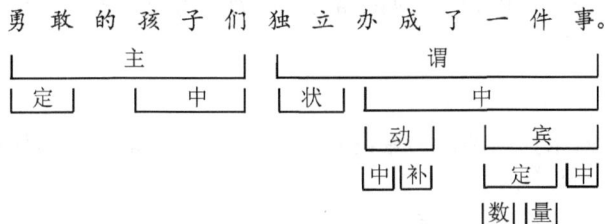

定分析到词。例如：

(勇敢)的孩子[独立]办＜成＞了(一件)事。

"勇敢"是定语，"孩子"是主语部分的中心语，"独立"是状语，"办"是核心动词，也是谓语部分的中心语，"成"是结果补语，"一件"是定语，"事"是宾语部分的中心语。找出每一个直接组成句子的语法成分，分析就完成了。

句子成分分析法(核心分析法)示例：

1. 脑袋里有(一个)声音[竭力]地劝阻他。

2. (小狮子)的眼睛[一下子]焕发了光彩。

3. 他[尽量]装得＜没那么回事似的＞。

4. 他[把有关这个问题的方方面面][都]考虑了＜一遍＞。

5. (我们)的(生活)节奏[继续][令人目眩]地递增。

6. (这种)氛围[远远][比足球本身]好玩得＜多＞。

7. (所有)的材料我[都]准备了。　　　(主谓谓语句的核心是小谓语)

8. (多可爱)的孩子！　　　(名词非主谓句的核心是名词中心语)

9. [已经]下雨了。　　　(动词非主谓句的核心是动语)

10. 禁止吸烟。　　　(动词非主谓句的核心是动语)

二、句型

句型就是按照句子的结构关系对单句划分出的类型。现代汉语的单句分为主谓句和非主谓句两大类。有主语和谓语两部分的句型称为主谓句，不能分出主语和谓语两部分的单句叫非主谓句。

(一)主谓句

请观察下列句子：

我终于未能等到我的那份惊喜。

两个人热烈地击掌问候。

我是父亲的独生女。

我是一个古怪的女孩。

年幼的父亲在没有了小狗的日子里过得闷闷不乐。

小狗最终献身于祖国的医学事业。

这是一种时尚。

以上句子都可以分出主语和谓语两个部分,称为主谓句。根据谓语的不同,主谓句可分为以下几种类型。

1. 动词性谓语句

由动词或动词性短语充当谓语的主谓句,称为动词性谓语句。例如:

事情谈得差不多了。

这时候的周建已经在这所中等专业学校工作了三年多。

他已经把大部分的菜都做好了。

这是一个大胆的举动。

他静静地等待着敲门的声音。

2. 形容词性谓语句

由形容词或形容词性短语充当谓语的主谓句,称为形容词性谓语句。例如:

天渐渐黑下来了。

小刘的脸微微红了一下。

我正饿着呢。

父亲做的饭菜也不香了。

传统的中国人非常谦虚。

我的英文简直糟糕透了。

3. 名词性谓语句

由名词或名词性短语充当谓语的主谓句,称为名词性谓语句。一般用于说明人物的籍贯、特征或日期、天气、数量等,句子较短,都是肯定形式。例如:

他已经二十岁了。

现在七点了。

鲁迅,浙江绍兴人。

今天情人节。

你们俩一组。

小姑娘圆圆脸,大眼睛。

4. 主谓谓语句

主谓谓语句是一种比较特殊的主谓句,谓语部分由主谓短语充当,也可以看作一种特殊的动词性谓语句。例如:

他一口水都顾不上喝。

我们任何困难都能克服。

宝宝眼睛睁得大大的。

从今天起,咱们俩谁也不认识谁了。

这种事我见得太多了。

主谓谓语句在特殊句式中将有详细介绍。

(二)非主谓句

请观察下列句子:

注意汽车！

请勿踩踏草坪。

真香！

安静点儿！

三十八号！

嘘！

轰隆隆！

以上句子不能分析出主语和谓语，称为非主谓句。根据核心成分不同，非主谓句可以分为以下类型：

1. 动词性非主谓句

动词性非主谓句是由动词或动词性短语构成的非主谓句。例如：

禁止高空抛物！

快请坐！

别说了。

欢迎光临！

为把我校建成世界一流大学努力奋斗！

2. 名词性非主谓句

名词性非主谓句是由名词或名词性短语构成的非主谓句。例如：

老天哪！

这孩子！

卖菜的！

3. 形容词性非主谓句

形容词性非主谓句是由形容词或形容词性短语构成的非主谓句。例如：

太好了！

再高一点儿！

4. 叹词句和拟声词句

叹词句和拟声词句是由叹词、拟声词构成的非主谓句。例如：

扑通！扑通！

哎哟！

喔喔喔！

哦？

非主谓句与省略句不同，并不是省略了主语或者谓语，而是不需要补出主语或谓语，甚至无法补出主语或谓语。

三、汉语特殊句式

汉语单句中有的句子具有共同的句法结构特征，可以归为同类句式。汉语中有一些特殊句式，如主谓谓语句、"把"字句、"被"字句、兼语句、存现句、双宾句、比较句等。掌握这些特殊句式的结构、语义和用法,对汉语学习者学会地道的汉语表达非常重要。

(一)主谓谓语句

如前所述,主谓谓语句是指由主谓短语充当谓语的句子。其中全句的主语称为"大主语",主谓短语中的主语称为"小主语",主谓短语中的谓语称为"小谓语"。例如:

你的孩子你应该了解。

大主语是"你的孩子",谓语是"你应该了解";小主语是"你",小谓语是"应该了解"。

我什么都知道了。

大主语是"我",谓语是"什么都知道了";小主语是"什么",小谓语是"都知道了"。

他水平很高。

大主语是"他",谓语是"水平很高";小主语是"水平",小谓语是"很高"。

主谓谓语句按照大主语和小主语的语义关系,可分为以下几种类型:

(1)大主语是受事,小主语是施事。例如:

这差事你就让给你爸吧。

大道理谁不会说?

这么点儿钱你都不肯出。

(2)大主语是施事,小主语是受事。例如:

父亲什么话也没说。

我一分钱都不要!

你作业都写完了吗?

(3)大主语和小主语之间有领属关系。例如:

这姑娘手真巧。

小刘脑子很活。

(4)其他语义关系。例如:

孩子自己的恋爱问题父母也没办法。　　　(大主语是谓语的关涉对象)

书法我是外行。　　　　　　　　　　　　(大主语是谓语的关涉对象)

那些肉我包饺子了。　　　　　　　　　　(大主语表示工具或材料)

同学们两个人一组。　　　　　　　　　　(谓语说明大主语的数量配比)

主谓谓语句的大主语是话题,放在句子的开头,这种句式的表达功能主要是说明、评价、描写等,汉语学习者应注意主谓谓语句的使用语境。

(二)"把"字句

"把"字句是指用介词"把、将"引导谓语动词支配或关涉的对象,构成的介词短语放在谓语动词前做状语的句子。例如:

她把眼睛都哭红了。

请把那本书给我递过来。

你先把酒喝了。

"把"字句在结构上的特点有:

(1)"把"字句主语多为施事,介词引出的一般是受事或是致使的对象,大多数是已知的信息或定指的，"把"后的受事名词前一般不用数量短语修饰。例如，可以说"请把书给我"，或"请把那本书给我"，不能说"请把一本书给我"。

(2)"把"字句表示的语法意义是动作对受事加以处置，或者致使受事受到某种影响，发生某种改变，因此"把"字句要求谓语动词不能单独出现，必须后接其他成分，或者前边有特定的状语，才能表示处置影响的结果和状态。例如：

我把鲜花送给了老师。	（动词后带补语和宾语）
后来太爷爷又把小狗丢弃了三回。	（动词后带补语）
别忘了把护照带着。	（动词后有助词）
我把杯子里的酒喝了。	（动词后有助词）
把你的想法说说！	（动词重叠）

在戏曲或歌词等韵文中存在例外，"把"字句里有光杆动词。例如：

不分昼夜辛勤把活干	（豫剧《花木兰》）
夫妻双双把家还	（黄梅戏《天仙配》

(3)由于"把"字句表示对受事进行处置或致使的语法意义，趋向动词、能愿动词、判断动词、感觉、认知类动词、"有/没有"等动词不能用作"把"字句谓语动词，例如不能说"妈妈把孩子想了""我把词典有了"。

(4)"把"构成的介词短语和动词之间一般不能加入否定词或能愿动词，否定词或能愿动词要放在"把"的前边。例如，可以说"他还没把作业写完呢"，不能说"他还把作业没写完呢"；可以说"我想把这个礼物送给爸爸"，不能说"我把这个礼物想送给爸爸"。

请比较以下两个句子：

A. 我拿来了一本书。

B. 我把那本书拿来了。

这两种说法有什么不同？

句 A 中，宾语"一本书"是新信息，是表达的焦点，位于句尾；句 B 中，"书"是已知信息，而怎样被处置，或者被影响后变成什么样，这些是新信息，所以用"把"引介处置对象，放在动词前，句尾的表达焦点是对"书""做了什么"以及影响的结果和改变了的状态。

(三)"被"字句

"被"字句是有标记的被动句，用介词"被、让、叫"引入谓语动词的施事，组成介词短语放在动词前做状语的句子，主语一般是动作的受事。例如：

树叶被风吹跑了。

我被他那诚恳的言词打动了。

衣服都给雨浇湿了。

地上的水让太阳晒干了。

有时在"被"字句中，说话人不知道或者认为没有必要说出动作的施事，那么施事也可以不出现，"被"直接放在谓语动词前。例如：

我快被气疯了。

我的手机被偷了。

"被"字句在结构上的特点如下：

(1)"被"字句表现的是受事接受了何种处置或影响,形成了怎样的结果。受事作为话题,放在主语的位置上,是已知的信息,是定指的,因此一般不说"一本书被小王拿走了",可以说"书被小王拿走了"或者"那本书被小王拿走了"。

(2)"被"字句中的受事在句首主语位置作为话题,句尾的焦点用来说明处置或影响形成的结果、改变了的状态等,因此"被"字句的谓语不能是单个的动词,动词前后必须有其他成分,如带补语、宾语或"了、着、过"等助词,或者前边有状语。例如:

书被他顺手丢在床上。　　　　　　　　(动词前有状语,动词后有补语)

平静的生活被打乱了。　　　　　　　　(动词后有助词)

他被人骗过。　　　　　　　　　　　　(动词后有助词)

我们被一种激情鼓舞着。　　　　　　　(动词后有助词)

孩子们一定会被感动。　　　　　　　　(动词前有状语)

这些学生被老师狠狠地批评了一顿。　　(动词前有状语,动词后有补语)

(3)能愿动词、时间副词、否定副词要放在"被"字前面。例如:

他会被你弄糊涂的。

教室已经被打扫干净了。

我没被叫去谈话。

(4)谓语动词一般是具有动作性、带处置意义的体宾动词。例如:

他被她的美貌迷住了。

窗户被打开了。

部分心理动词、认知动词等也可以充当"被"字句的谓语动词。例如:

这女孩被小王喜欢上了。

我的想法竟被他察觉到了。

这件事被老师知道了。

使用介词"被"引入施事的"被"字句多带有不如意的"遭受"意义,常用于书面语。使用"叫、让"引入施事的"被"字句多用于口语,且施事一般要出现。

"被"字句也可加上助词"所""给",构成"被……所……"(书面语)或"叫/让……给……"(口语)。例如:

他一直被失眠所困扰。

我的书被小王给拿走了。

我都快让他给气死了。

(四)兼语句

兼语句是由兼语短语充当谓语或直接成句的句子。前边章节已经介绍过,兼语短语是由动宾短语和主谓短语嵌在一起构成的,前边谓词的宾语就是后边谓词的主语。兼语句的两个谓词性词语表示的动作分别由句子主语和兼语成分发出。例如"老师要求我们明天交作业","要求"的动作是"老师"发出的,"我们"既是"要求"这一动词的宾语,又是"明天交作业"这一动作的发出者,是兼语成分。这个句子就是"老师要求我们"和"我们明天交作业"套在一起构成的。

兼语句的前一个动词多具有使令、致使意义,能够引发后边受事宾语的动作、行为或状态,常见的有"使、请、叫、让、派、催、逼、命令、带领、培养、推荐、吩咐、发动、组织、鼓励、促使"等。

老师鼓励学生努力学习。

微笑使你年轻。

我让他到我家来。

有的兼语句前动词表示选定、称说意义,常见的有"选、聘、称"等动词,兼语后的动词常用"为、做、当、是"等。例如:

我们选他当班长。

大家称"松、竹、梅"为"岁寒三友"。

还有的兼语句前动词表示存现、领有意义,常见的动词包括"有、轮、是"等。例如:

他有个妹妹很能干。

没有人找你啊。

轮到你值班了。

是你打电话给我吗?

(五)存现句

存现句是表示某处存在、出现或消失了某人或某事物的句子,常用来描述环境、景物等。基本结构是"处所词语+存现动词+人/事物",句子的主语是表示处所的词或方位短语。例如:

桌子上放着几本书。

家里来了三个客人。

存现句前边的处所词语作为话题放在句子开头充当主语,前边不加介词,谓语是对这一处所的描述。谓语动词后的宾语在句尾,作为句子的信息焦点,是不定指的,往往带有数量定语。例如:

门上贴着一幅画。

存现句包括存在句和隐现句。

1. 存在句

存在句描述什么地方存在什么人或事物。例如:

山上有个庙。

门外站着一群学生。

(1)静态存在句。

静态存在句中的动词不表示动作性,而是表示存在的状态。有的静态存现句谓语由"有""是"带宾语构成。例如:

镜子里有个细妹子。

他家门前是一条小河,小河对岸就是一片青青的草地。

有的静态存现句谓语由"动词+着+宾语"构成,例如:

墙上挂着镜子。

沙发上趴着一只猫。

屋里坐满了人。

（2）动态存在句。

动态存在句中的动词表示正在持续进行的动作状态，由"动词＋着＋宾语"构成，例如：

花丛中飞着几只蝴蝶。

碗里冒着热气。

动态存在句和静态存在句的区别是：静态存在句的动词表示的是动作完成后的状态，不是正在进行的动作，所以动词后的"着"也可以换成"了"，也可以变成"动词＋在＋处所"的格式（当然变换后的语义有所不同）。例如：

墙上挂着新买的镜子。

墙上挂了新买的镜子。

新买的镜子挂在墙上。

而动态存在句的动作还在持续进行，所以不能把"着"替换成"了"，也不能变成"动词＋在＋处所"的格式。"碗里冒着热气"，不能变成"碗里冒了热气"，也不能变成"热气冒在碗里"。

2. 隐现句

隐现句描述什么地方出现或消失什么人或事物，谓语动词一般表示位置的移动、出现、消失、增加、减少等，后边常出现助词"了"或趋向补语。例如：

她的脸上透出了一丝笑意。

窗外下起了大雨。

山梁上隐去了落日的余晖。

树上飞走了几只小鸟。

楼上搬来了一对年轻夫妇。

这样的句子中，常常出现施事宾语。

（六）双宾句

双宾句是指动语后带两个宾语的句子。离动词较近的宾语叫作近宾语，一般指人；离动词较远的宾语叫作远宾语，一般指事物。例如：

他借给我一百块钱。

我送你一本书。

双宾句的动语常表示"给予""获得"的意义，常见的有"给、送、赠、捐、奖、买、卖、还、罚、偷、教"等。例如：

他捐给受灾群众一些钱物。

我奖你一个手机。

我不会拿他一分钱。

刘老师教我们古代汉语。

有的双宾句动语表示"询问""称说"等意义，常见的有"问、告诉、回答、通知、叫、称"等。例如：

我问他今天怎么没来上课。

你回答我一个问题。

朋友喊他"熊猫"。

大家都叫他"小二"。

总的来说,双宾句的谓语动词常表示授受意义,带有方向性。近宾语常常是一个简短的代词或名词,远宾语可以是简单事物,也可以是话语内容,可以出现比较长的复杂宾语。例如:

我问女儿怎么会犯这样的错误。

老师告诉我这个问题根本不需要讲解。

在这种情况下,近宾语和远宾语之间可以有语音停顿,可以加逗号。例如:

经验告诉我们,一定要把安全放在第一位。

(七)比较句

比较句包括差比句和等比句。

1.差比句

差比句是用介词"比"组成的短语做状语,比较项之间有差别的比较句。典型差比句结构一般为:A+["比"+B]+形容词或动词结构(+表示数量、程度的词语)。例如:

自己的胆子比以往大了点儿。

这些孩子一个比一个聪明。

这个西瓜比那个重两斤。

妈妈比我会做饭。

这里要注意:"比"字短语后边的比较焦点不加"很""非常"等词。可以说"他比我高得多",也可以说"我比他更高",但不能说"他比我很高"。"很高"表示描述,没有比较的意思。

还有一种差比句,基本格式为:A + 形容词 +"过"+ B,例如:

掌声、欢呼声一浪高过一浪。

这味道甜过初恋。

差比句的否定形式用"没(有)",基本结构为:A+"没有"+B+形容词/动词结构。例如:

我没有她漂亮。

网店的东西没有商场里的那么贵。

否定形式的差比句中形容词常常带有一种标准的意思,否定式表示没有达到比较对象的那种标准。例如"我的成绩没有以前好",表示"我的成绩"没有达到"以前"的"好"的标准。

还有一种否定形式是在"比"前加"不"(注意:不能把"不"加在形容词或动词前),基本结构为:A+"不比"+B+形容词/动词结构。

这种否定形式与肯定形式并不完全相对立。"不比"句可能表示的是比较项实际上差不多。例如:

我的成绩不比你的好。　　　　　　(我们两个的成绩可能差不多)

人家的收入不比你低!　　　　　　(人家的收入可能和你差不多)

2.等比句

等比句是用"和……一样"做状语或谓语,表示比较项相近或相同的比较句。等比句结

构一般为:A＋介词"和、跟、同、与"＋ B ＋"一样"(＋形容词或动词结构)。例如:

他跟你一样高。

我和你一样爱她。

这儿的东西和免税店一样便宜。

四、汉语的句类

句类是根据句子的语气划分的类别,是句子语用的分类,一般包括陈述句、疑问句、祈使句和感叹句四种类型。

(一)陈述句

陈述句是叙述事情、说明事实、表示陈述语气的句子,语调平直,有时使用语气词,常见的有"了、的、呢、吧、呗、罢了"等,有时不使用语气词。例如:

兵马俑是西安的象征。

我的病终于好了。

他发音还挺标准的。

你就自己拿呗。

陈述句有的是肯定形式,有的是否定形式,还有使用双重否定的形式来表达肯定的含义。例如:

他考上了大学。	(肯定)
这都是些鸡毛蒜皮的小事罢了。	(肯定)
我不敢开口说汉语。	(否定)
这钱包不是你的吧。	(否定)
我还没去过北京呢。	(否定)
他不得不去。	(双重否定)
今天我非跟她说清楚不可。	(双重否定)
他未必不是你的对手。	(双重否定)
你说的也不无道理。	(双重否定)

还有一种陈述句,虽然使用了疑问词,但不表示疑问,仍是陈述语气。例如:

谁也不明白这是怎么回事。

他什么都见过。

我哪儿也不想去。

我知道他为什么不来上课。

(二)疑问句

疑问句是提出疑问、使用疑问语气的句子,语调多为升调,有时使用语气词、疑问代词等。按提问的方式和形式特点,疑问句分为是非问句、特指问句、选择问句和正反问句。

1. 是非问句

是非问句即提出疑问要求对方做出肯定或否定回答的问句。句子结构与陈述句基本相同,只是使用上升语调,或者句末用"吗、吧、啊"等语气词,例如:

你在哭吗？

你听说过这事吧？

图书馆关门了吗？

2. 特指问句

特指问句是用疑问代词"谁、什么、哪里、怎样、为什么"等提出疑问点，要求针对疑问词做出回答的疑问句。如果有语气词，要使用"呢、啊"等，不能用"吗"。例如：

你最心爱的东西是什么？

为什么说城隍庙是"上海的襁褓"呢？

你明明知道今天降温，为什么不多穿点衣服？

你觉得西安怎么样？哪里比较好玩啊？

还有一种特指问句不用疑问代词，使用疑问语气词"呢"，这在语气词章节也介绍过。例如：

你的护照呢？　　　　　　　　　　（在没有前文语境时，表示"你的护照在哪儿？"）

我的护照快过期了。你的护照呢？　（你的护照怎么样？）

万一堵车呢？　　　　　　　　　　（万一堵车怎么办？）

3. 选择问句

提出两个或者两个以上选项，让对方从中选择做出回答的疑问句。选择问句常常是复句，常用连词"还是"或"是……还是……"。语气词可以用"呢"或"啊"，不用"吗"，可以放在句末，也可以在句中选项之一的后边使用。例如：

咱们上午去，下午去，还是晚上去？

我应该支持他呢还是反对他？

我应该表扬他，还是批评他呢？

周末你想去逛街还是看电影啊？

4. 正反问句

用肯定和否定并列的形式提问，要求对方从二者中选择做出回答的疑问句。疑问点一般用"A 不 A""A 没 A""A 没有（A）"表示。常用的语气词是"呢、啊"，不用"吗"。例如：

你走不走？

您现在办不办业务呢？

长春夏天热不热？

你去没去过大雁塔？

你去过北京没有？

你打听了没有？

你们看没看电视？

还有一种特殊的疑问句，不表示提问，也不期待回答，而是为了加强肯定或否定的语气，这样无疑而问的句子称为反问句。反问句表达的内容与形式相反，即用否定的形式表示肯定，肯定形式表示否定。例如：

你没长眼睛吗？

谁说我不知道?

这怎么可能是你的东西呢?

我一个乡下老太婆坐啥车?

这难道不是你买的?

(三)祈使句

祈使句是要求对方做或者不要做某事,表示祈使语气的句子,语调用降调。当表示命令、禁止、催促时,语气一般带有强制性,比较强硬、坚决。例如:

快走啊!

别动!

禁止吸烟。

当表示请求、劝阻时,语气相对缓和,常用语气词"吧、啊、嘛"等。例如:

同学们出发吧!

您喝吧。

你接着说啊。

请坐。

大家别乱扔垃圾啊!

您别客气嘛。

(四)感叹句

感叹句是带有赞美、愤怒、惊讶、悲哀、喜悦等各种感情,表示感叹语气的句子,语调一般是降调。常用语气词"啊",句末多用感叹号,有时叹词独立成句。例如:

这里像仙境一样!

景色好美啊!

真冷!

哎呦! 救命!

太好玩啦!

你这个骗子!

练习

一、用核心分析法分析下列单句

1. 脑袋里有一个声音竭力地劝阻他。

2. 去旅游花了我很长时间。

3. 我真的不懂为什么我们还要划分短语层次。

4. 这种氛围远远比足球本身好玩得多。

5. 她给他带过来了一个很大的玩具熊。

二、按要求改写句子,原意不变

1. 他找的这个人不比他们介绍的那些姑娘强多少。(改为等比句)

2．他把那张纸条夹在小刘的诗集里了。（改为"被"字句）

3．我要把礼物送给他。（改为双宾句）

4．一条狗从大门里蹿出来。（改为存现句）

5．鸡肉我用来做辣子鸡丁了。（改为"把"字句）

6．全球变暖这个问题被世界各个国家关注。（改为主谓谓语句）

三、修改下列句子偏误

1．＊他说汉语得很流利。

2．＊我要当个有名的设计师，我成了这个愿望。

3．＊今天一点儿冷，你多穿一点儿衣服。

4．＊你的头发剪短了很长。

5．＊你帮帮我一下。

6．＊你说怎么，我就做怎么。

7．＊我把他想极了。

8．＊你点的菜太多了，我们肯定吃得不了。

9．＊煮一段时间，然后放进去酱油、香油一点点。

10．＊你的手机能使用在山区里吗？

11．＊我被他没骂哭。

12．＊既然来了，就你和我们一起吃饭吧。

13．＊他说汉语简直像中国人差不多那么流利。

14．＊他把烟抽得很多。

15．＊小刘递照片在我面前。

16．＊大家挖墙挖了一个洞。

17．＊这座大楼大概是 1952 年被盖的。

18．＊《汉语课本》被卖得很快。

19．＊中国代表团被我国人民欢迎了。

20．＊他得到朋友救了出来。

第六节　复句

学习目标

1．判断复句的逻辑语义类型，会正确使用关联词语

2．会分析多重复句的层次及各层语义关系类型，正确使用多重复句

3．能对紧缩复句进行逻辑语义关系的还原，举出紧缩复句语例

一、什么是复句

复句是由两个或两个以上的意义相关、结构互不包含的分句构成的语言单位。例如：

人们像拉紧了的弹簧无法松弛下来，就算有心想放缓步子，也会被后面涌上来的人潮推着走，根本放不缓步子。

以上复句由四个分句组成，互相不充当对方的语法成分，彼此独立，但又相互关联，第二、三、四个分句都承前省略了主语"人们"，第二、三分句间还有关联词语"就算……也……"连接。又如：

沙漠是这样荒凉，空中看不见一只飞鸟，地上看不到一只走兽。

以上的复句由三个分句组成，各分句结构上相当于单句，相对独立，分句间由逗号隔开；但相互之间又存在逻辑语义关系，没有关联词语，依靠意合。

这里要注意单句和复句的区别：先看是否有语音停顿；如果有语音停顿，要看各组成部分之间是不是有包含关系。有时可以参照标志性的关联词语，但有关联词语不一定就是复句。例如：

在这个村子里，没有人上过大学。

这个句子有语音停顿和逗号，但"在这个村子里"是介词短语，做"没有人上过大学"的状语，也就是说，后半句包含前半句。这不是一个复句，而是单句。

请分辨下列句子：

早起早睡是一种科学健康的生活方式。（单句）

我听说他病了。（单句）

早在 20 世纪 80 年代末，以美食著称的意大利，开始发起"慢慢吃运动"。（单句）

脸可以分大小，却是不宜分穷富的。（复句）

妙龄少女很多，即使同是城市白领型的，看来差异也很大。（复句）

对汉语学习者来说，学会了语法规则、词汇语义、搭配方法等，可以生成一个个正确的单句。而使用复句，除了要考虑单句内部的结构、语义关系外，还要考虑分句之间的逻辑连接关系。复句并不是一个个单句简单罗列起来，掌握了单句的结构，不一定就会表达复句关系。要组织好各个分句以表达丰富的意义，必须了解各分句是以怎样的逻辑语义关系连接起来的。

二、复句的类型

一般来说，根据复句中分句之间的关系，可将复句分成两大类：联合复句和偏正复句。联合复句各分句意义关系是平等的，没有主从之分。偏正复句各分句之间意义关系不平等，有主从之分，一般正句体现全句的基本意义，是主句；偏句的意义处于从属、辅助主句的地位，是从句。

(一)联合复句

1. 并列复句

并列复句由两个或两个以上分句组成，分别说明相关或相对立的几件事情，或说明一个事情的不同方面，包括平列式和对举式两类。并列复句常用关联词语如表 5-1 所示。

表 5-1　并列复句常用关联词语

平列	合用	既……又……　有时……有时……　也……也……　一方面……另一方面　一边……一边……
	单用	也　又　同时　同样　另外
对举	合用	不是……而是……　是……不是……
	单用	而

(1)平列式。

平列式并列复句各分句之间是平行列举的关系。例如：

她长相出众,气质高雅。

你是老师,我是学生。

他去,我也去。

(2)对举式。

对举式并列复句前后两个分句之间意义相对,表示一正一反两方面的意思。例如：

这不是我的书,是小刘的。

我不是在培养农作物,我是在培养我的孩子。

这不是一个简单的问题,而是关系到国计民生的大问题。

2. 顺承复句

顺承复句也叫连贯复句,几个分句表示的是时间、逻辑事理上有先后关系、连续发生的动作、行为或事件。顺承复句常用关联词语如表 5-2 所示。

表 5-2　顺承复句常用关联词语

合用	首先……接着……然后……　开始……接着……然后……　一……就……
单用	就　便　才　又　再　于是　接着　终于　后来　跟着　继而

例如：

我们先把鸡蛋炒一下,盛出来,接着把西红柿放到锅里翻炒,然后把两样东西混合在一起,最后再加上调料。

妈妈先洗了菜,接着切好,然后开始下锅炒。

一看到电视上的这类新闻,他就忍不住生气。

游戏一开始,他就退到旁边作壁上观。

也可以不用关联词,例如：

我扭身退出,放弃这路车,换了一趟新路线。

3. 递进复句

递进复句由具有递进关系的分句组成,后一个分句表示的意思比前一个分句程度更深、数量更大、范围更广、意义更进一层,递进复句包括一般递进和衬托递进两类。递进复句常用关联词如表 5-3 所示。

表 5 – 3 递进复句常用关联词

一般递进 （顺递）	合用	不但……而且…… 不但不……反而……
	单用	再说 而且 并且 甚至 更 还 况且
衬托递进 （反递）	合用	尚且……何况…… 别说……连……
	单用	尚且 何况

（1）一般递进句。

一般递进句后一分句顺着前一分句说，将前一分句的意思推进了一层。例如：

我不但认识她，而且和她是从小到大的好朋友。

夏天到了，气温不但没上升，反而下降了。

他根本没挣到大钱，甚至把老本儿都赔光了。

你自己的事我没办法决定，况且我也不了解你的情况啊。

（2）衬托递进句。

衬托递进句则是一个分句反衬另一个分句。例如：

和他见面我尚且怕，更不必说向他提意见了。

这个复句用"和他见面我尚且怕"，衬托"向他提意见"的"害怕"程度，意思是"和他见面都已经让我害怕了，我更怕向他提意见"。也可以说"别说给他提意见了，我连见面都怕。"

又如：

别说白酒了，就连啤酒我也喝不了。（啤酒我尚且喝不了，更不必说白酒了。）

这些题大学生尚且觉得太难，何况是中学生呢！

他对待自己的父母尚且如此，对待其他人就更不用说了。

这里需要注意区别一般递进复句与并列复句。一般递进复句的分句顺序是固定的，一般使用关联词语；而并列复句的分句相对灵活，也可以不用关联词语。例如：

A. 我喜欢她的善良和温柔，更喜欢她的傻气。   （递进）

B. 我喜欢她的善良和温柔，喜欢她的傻气。   （并列）

句 A 两个分句顺序固定，使用关联词语"更"；句 B 则未使用关联词语，分句顺序也可以调换成"我喜欢她的傻气，喜欢她的温柔和善良"。

4. 选择复句

选择复句由提出不同选项的各分句组成，具有选择关系，包括未定选择和已定选择两类。选择复句常用关联词语如表 5 – 4 所示。

表 5 – 4 选择复句常用关联词语

未定选择		合用	或者……或者…… 是……还是…… 要么……要么…… 不是……就是……
		单用	或者 或是 或 还是
已定选择	选后者	合用	与其……不如（还不如/倒不如）……
		单用	还不如 倒不如
	选前者	合用	宁可（宁愿）……也不……

(1)未定选择。

取舍未定的选择关系复句,是各分句分别提出几种可能的情况供人选择。例如:

你要咖啡,还是要茶?

不是你拿的,就是小王拿的。

你要么就直接跟他表白,要么就等着他和别人在一起。

到时你给我打个电话吧,或者发微信也行。

看小报呢? 还是打麻将呢? 还是努力做一个学者呢?

(2)已定选择。

取舍已定的选择关系复句,是在各分句的选项中已选定一项,舍弃另一项。例如:

宁可不送礼物,也不能送太差的。

与其修理,不如买台新的。

总想着在工作中怎么投机取巧,倒不如脚踏实地地把工作做好。

宁愿死,也不愿自己痛苦活着。

5. 解说复句

解说复句的分句之间有解释、说明或补充关系,包括注释式和总分式。解说复句常用的关联词语如表5-5所示。

表5-5 解说复句常用的关联词语

	注释式	单用	也就是说 就是说 换句话说 即
总分式	先总后分		不用关联词,有时用冒号
	先分后总	单用	总之

(1)注释式解说复句。

注释式解说复句常常是后一分句对前一分句进行解释或补充说明。例如:

成功只有两个字,那就是坚持。

我们已经签好了合同,也就是说,这个项目总算确定了。

他只是提到"校长有可能出席",就是说校长也有可能不来啊。

(2)总分式解说复句。

总分式解说复句的分句之间有总说和分说的关系。有的是先总后分,前一个分句提出总的情况,后几个分句从不同方面分别说明。表示分说的几个分句之间一般是并列关系。总分式解说复句实际上是多重复句,都有两层甚至更多层次。例如:

疾病有两种:一种是先天的,一种是后天的。

她留给大家的印象不外乎两种:一是腹部隆起行走蹒跚;另一种是刚生产完毕,额上扎着布条抱着新生婴儿坐在家门口晒太阳。

有的是先分后总,前几个分句分别从不同方面说明一个情况,后边的分句进行总结。例如:

我不光喜欢看足球、篮球以及各种球类比赛,也喜欢看田径、游泳、拳击、滑冰、滑雪、自行车和汽车比赛,总之,我是个全能体育迷。

(二)偏正复句

1.因果复句

因果复句两个分句之间的关系是原因和结果的关系,偏句表示原因或理由,正句表示这种情况导致的结果。因果复句包括说明性因果复句和推论性因果复句两类。因果复句常用关联词语如表 5-6 所示。

表 5-6　因果复句常用关联词语

说明	合用	因为……所以(才/就/便/于是)…… 之所以……是因为(就在于)……
	单用	因为　由于　所以　因此　是因为　以致　从而 才　就　便　于是
推论	合用	既然……那么(就/便/则)……
	单用	既然　可见

(1)说明性因果复句。

说明性因果复句的偏句提出某种情况作为依据,正句是这种原因或理由带来的结果。分句间的因果关系是说明性的。例如:

你快乐,所以我快乐。

他进度太慢,以致整个团队都失去了这次机会。

由于我们提高了效率,这个项目提前做完了。

他把手机系统进行了优化,从而大大提高了运行速度。

看来任何事情都不能搞垄断封锁,所以要有反不正当竞争法。

我之所以有这样的白日梦,是因为现实中的这个我太令人沮丧。

(2)推论因果复句。

推论因果复句的偏句提出一种已经发生或存在的状况,正句提出这种状况下应该得出的结论、推断。例如:

房间里落满灰尘,可见很久没有人住过了。

根据"房间里落满灰尘"这一已经存在的情况,推出的结论是"很久没有人住过了"。

你既然来了,就在这里和我们一起吃午饭吧。

"你来了"是已经发生的事,根据这个情况,得出的结论是"你和我们一起吃午饭"。

既来之,则安之。

既然你已经知道了,那我们就明说了吧。

既然她把家里的情况都告诉你了,那么对你是非常信任的。

2.转折复句

转折复句中,偏句提出某种情况,正句并不顺着这个意思说下去,转而表达与偏句不一致的意思。转折复句常用关联词语如表 5-7 所示。

表 5-7 转折复句常用关联词语

转折意较强	合用	虽然(虽说)……但是(可是/然而/却/还/也)…… 尽管……但是……
	单用	虽然(虽) 但是(但) 然而
转折意较轻	单用	可是(可) 却 只是 不过 倒是(倒) 就是

例如:

虽然我见过他很多次,但是一次也没和他打过招呼。

天晴了,温度却降低了。

你没什么变化,他倒老了不少。

转折复句的转折意味有强有弱,根据语义使用不同的关联词语。例如:

父亲继续在猜,可他还是猜不出来。

父亲绝对不会跟我要这些的,我却嘲笑起自己的孝心来。

那是我和那男生的唯一的一次交往,但它给我留下的震撼却是绵长深切的。

3.条件复句

条件复句的分句之间是条件和结果关系,偏句提出条件,正句说明在此条件下的结果。包括两大类:有条件的条件复句和无条件的条件复句。条件复句常用关联词语如表 5-8 所示。

表 5-8 条件复句常用关联词语

有条件	充分条件	合用	只要……就(那/便/总)……
		单用	便 就
	必要条件	合用	只有(唯有)……才…… 除非……否则……
		单用	才 否则 要不然
	其他条件	合用	越……越……
无条件	合用		无论……都(也)…… 任凭……都(也)…… 不管……都(也/总是)……

(1)有条件的条件复句。

一种是充分条件复句,偏句表示某种条件 A,有了这个条件,就一定会产生正句表达的结果 B。例如:

只要你愿意出钱,这机器还是能按时造出来的。

这个复句中,"愿意出钱"是"机器能按时造出来"的充分条件,满足了"愿意出钱"这个条件,就一定会产生"机器能按时造出来"的结果。又如:

只要可以迅速达到目的,一切细节就都不计较了。

有了你的帮助,我就一定能成功。

另一种是必要条件复句,偏句表示某种条件 A,有了这个条件,不一定会产生正句表达

的某种结果 B,但没有条件 A,就一定不会有结果 B。例如:

只有春天到了,才能见到这种花。

这个复句中,"春天到了"是"见到这种花"的必要条件,如果没有到春天,就一定不会见到这种花。

除非下雨,否则运动会照常进行。

这个复句指"下雨"是"运动会不照常举行"的必要条件,如果不下雨,运动会照常举行。又如:

唯有自己努力学习,才能取得好成绩。

和她结婚的事就别想了,除非你不认我这个妈!

我必须在那儿盯着,要不然我心里可不放心。

除非你问他,否则他不可能主动告诉你。

还有一种有条件的条件复句,是前一分句产生某种变化,后一分句就会随之产生变化和结果。例如:

你的设计越是有个性,就越难以被大众接受。

一个企业的组织力越强,它的系统效率越高。

(2)无条件的条件复句。

这类复句中,在偏句表示的任何条件下,正句都会产生某种相同的结果。例如:

不管结果怎样,都要努力去做。

无论你什么时候到站,都有人热情接待。

任你磨破了嘴皮劝说,他也不为所动。

不管他要什么,女儿都会想尽办法变出来的。

无论遇到什么困难,我希望你都不要放弃。

条件复句一般是偏句在前,正句在后。如果要强调正句的结果意义,也可以正句结果在前,偏句条件在后,这样就有了补充说明的意味。例如:

不要轻易签合同,除非你已经做好了充分的调研。

大家可以在会上自由发表自己的意见,不管想法是不是成熟。

你一定会好起来的,只要你好好配合医生。

4. 假设复句

假设复句中,偏句提出一种假设,正句表示假设实现后会产生的某种结果。假设复句包括一般假设和让步假设。假设复句常用关联词语如表 5-9 所示。

表 5-9　假设复句常用关联词语

一般假设	合用	如果(假如/假使/倘若/若是/要是)……就(那么/便/则)…… ……的话,就……
	单用	那 那么 则
让步假设	合用	即使(就算/就是)……也…… 哪怕……也……　　再……也……

（1）一般假设。

这类复句中正句和偏句的语意一致，假设偏句的情况成立，就会产生正句的结果。例如：

如果您不满意，随时可以来退换。

倘若我真的失业，那咱家可就一点办法也没有了。

我要是有时间，尽量争取自己上邮局。

假如父亲跟我要太阳、月亮，我也能变给他吗？

要是他待你不好，你就回家来。

如果没有幽默天才，千万别说笑话。

（2）让步假设。

这类复句中正句和偏句语意不一致，偏句假设某种情况，先退让一步，承认它是事实，正句表达跟假设的情况不相应的结果。例如：

即使老了，还是要坚持学习。

就算有钱，也不能浪费。

人家生活再辛苦，也比你强点儿。

哪怕没有人赏识你，你也要继续努力。

即使别人想帮你，也不知道怎么帮啊！

就算我做错了，你也不用发这么大脾气吧。

5.目的复句

目的复句表示采取某种行动的目的是为了要得到什么，或者是为了避免什么。目的复句常用关联词语如表 5-10 所示。

表 5-10　目的复句常用关联词语

得到	单用	以　以便　用以　借以　好　好让　为的是
避免	单用	以免　免得　省得　以防

目的复句的偏句表示行为，正句表示行为的目的。例如：

把您的微信留给我吧，我好随时向您请教。

请留下地址和电话，以便联系。

我多带了点钱，为的是应急。

小心点，免得摔倒。

请您保管好自己的财物，以免丢失。

三、多重复句

（一）什么是多重复句

分句之间有两个或两个以上层次关系的复句是多重复句。例如：

她留给大家的印象不外乎两种：一是腹部隆起行走蹒跚；另一种是刚生产完毕，额上扎着布条抱着新生婴儿坐在家门口晒太阳。

这个复句由以下四个分句构成：

①她留给大家的印象不外乎两种

②一是腹部隆起行走蹒跚

③另一种是刚生产完毕

④额上扎着布条抱着新生婴儿坐在家门口晒太阳。

这四个分句中，③和④意思比较紧密，构成顺承关系复句；②和③＋④构成了并列关系复句；①和②＋③＋④构成了解说关系复句。这个复句的关系结构如下所示：

①　　②　　③　　④

解｜　　说

并｜　　列

顺｜承

也可以用线性图示法表示：

她留给大家的形象不外乎两种：（解｜说）一是腹部隆起行走蹒跚；（并‖列）另一种是刚生产完毕，（顺‖‖承）额上扎着布条抱着新生婴儿坐在家门口晒太阳。

一条竖线"｜"是第一层，两条竖线"‖"是第二层，以此类推，同时注明每一层分句间是什么关系。

(二)分析多重复句

1.确定分句个数

要分析多重复句，首先找出整个句子有几个分句。分句一般有语音停顿，但不一定语音停顿的地方就是分句。例如：

变换上学的路线，是一种物美价廉的冒险方式，但我决定仅用一次，原因是无趣。

"变换上学的路线"和"是一种物美价廉的冒险方式"，中间虽有语音停顿，但属于一个单句，两部分是主谓关系。这个句子有三个分句：

①变换上学的路线，是一种物美价廉的冒险方式

②但我决定仅用一次

③原因是无趣

2.确定分句间的关系

根据关联词和上下文语意，判断分句之间的逻辑关系。例如：

变换上学的路线，是一种物美价廉的冒险方式，（转折）但我决定仅用一次，（因果）原因是无趣。

根据"原因是……"判断②和③是因果关系；根据关联词"但"判断，①和②之间是转折关系。

3.确定分句间的层次

找出语意最松散的部分，划出第一层。上述句子中，②和③结合较紧密，因此第一层从①、②中间分开，第二层在②和③中间。

变换上学的路线，是一种物美价廉的冒险方式，（转｜折）但我决定仅用一次，（因‖果）原

因是无趣。

四、紧缩复句

紧缩复句是一种特殊的复句,表面看是单句的形式,中间没有语音停顿,由一般复句缩减其他成分构成,同时保留了原分句之间的逻辑语义关系。紧缩复句常见关联词如表5-11所示。

例如:

他一到考试的时候,就感到特别紧张。(顺承复句)

他一考试就紧张。(紧缩复句——顺承关系)

紧缩复句有时不借助关联词语,依靠语义和语序意合。例如:

售完为止。　　　　　(条件关系)

人比人气死人。　　　(顺承关系)

加量不加价。　　　　(并列关系)

紧缩复句也可使用关联词语,有时单用,有时合用。例如:

人一遇见沙尘暴就要死亡。(合用"一……就……",顺承关系)

我想哭却哭不出来。(单用"却",转折关系)

表5-11　紧缩复句常见关联词语

	关联词语	关系	例句
合用	不……不……	假设	不问不开口。不看不知道。 不干完活不吃饭。
	不……也……	条件	我不看也会。不说也知道。
	再……也……	条件	你再哭也没用。
	一……就……	顺承	他一学就会。
单用	再	顺承	吃完再吃一个。
	才	条件	打扫完才能休息。
	都	条件	不管你爸是谁你都要遵守交规。
	又	并列	出力又不讨好。
		转折	想笑又不敢笑。
		假设	我就不听你的又怎么样。
	就	条件	光看看就很高兴。 做完作业就可以看动画片。
	也	顺承	想想也挺不错的。
		转折	没钱人家也买了房了。

练习

一、指出下列复句的类型

1.他生理上没大问题,心理上问题多多。

2.清代文学家张潮说得好:能闲世人所忙者,方能忙世人之所闲。

3.这家伙来得可真是时候,否则这一桌的饭菜摆在这儿等家里人回来还没法解释呢。

4.正是因为没有什么功利,大家才都说球迷最可爱。

5.我这回虽生了一次大病,但我是得到了"新生"了。

6.只要你们是真心相爱的,任何表达爱意的形式都不要放过。

7.一般喜欢流行音乐的人多半都很爱看电视,尤其爱看歌唱综艺节目。

8.接着就三点钟了,再接下去就到了四点,然后又到了五点。

二、用线性图示法分析下列多重复句的层次

1.若是喜欢的音乐,必是自己灵魂的回声,是真正属于自己的。

2.如果你以为听音乐只是"无意义地打发时间",那你可就太小看音乐的力量了,其实它还会反映出听者"当时的情绪"与"深层的情感"。

3.之所以不设防,还有一个也许是最重要的最根本的原因:我们没有时间。

4.人一生要经历很多事,人一天也要做许多事,做一点有价值、有意义的事并不难,难的是一直坚持做下去。

第七节 歧义现象

学习目标

1. 了解各类型歧义产生的原因
2. 能综合运用现代汉语知识,分析生活中的歧义现象

某喜剧类电视节目上,一位汉语学习者讲了一个多义词的笑话:

"有一天我朋友跟我说了这句话:'不好意思,我要方便一下。'后来我问了朋友:'方便是什么意思?'他说是'上厕所'的意思。后来一位美女跟我说了这句话:'你方便的时候,我请你吃个饭。'为什么?!还有更复杂的,我根本无法理解,中国有一个东西居然叫'方便面'!"

这位学习者提出的问题,就是语言的歧义现象。例如"方便"这个词,是个多义词,可有不同的理解,可以表示"容易做到",也可以是"上厕所"的委婉语。学习者经常会遇到这样的问题:一个语言单位可以有两个或者更多的理解,我们把这种语言现象叫作"歧义"。"歧"这

个字本来是"岔路"的意思,"歧义"就是表示两种或者更多不同的意义。汉语的"歧义"是怎么产生的?"歧义"会引起误会,应该怎样消除歧义?

通过前边学习的汉语基本理论知识,我们已经知道,汉语同音词很普遍,又缺乏形态的变化,主要靠虚词和语序表达语法关系,所以汉语的歧义现象很常见,主要包括以下类型。

一、语音歧义

汉语同音现象非常多,虽然汉语中只有 1000 多个语音,但却要负担很多意义,在口语中很容易出现语音歧义的情况。例如:

请给我 tuō(脱/拖)鞋。

可以理解为"给我拿拖鞋",也可以理解为"给我把鞋脱下来",歧义就在这么产生了。但如果把这句话写出来,意思就可以确定了。汉字可以起到分化语音歧义的作用。

二、词汇歧义

(一)同形词引起的歧义

在书面阅读时,同样的字也可以有不同的理解。例如:

书倒了。

可以理解为"书翻倒(dǎo)了",也可以理解为"书倒(dào)过来了"。这是多音字或者说两个同形词引起的歧义,属于书面中词汇引起的歧义。又如:

他背着爸爸上学。

可以理解成"他把爸爸背(bēi)在背上去上学",还可以理解成"他背(bèi)着爸爸上学",也就是瞒着爸爸偷偷地去上学。

这种书面的歧义有时甚至会引起法律问题,比如合同上写着:

张三还欠款 25 万元。

可以理解为"张三归还(huán)欠款 25 万元",也可以理解为"张三仍然还(hái)欠着 25 万元"。

(二)多义词引起歧义

还有一种词汇歧义是多义词引起的。例如:

原来他住在这里。

"原来"既可以表示"以前、起初",也可以表示"发现了真实情况",这句话可以理解为"以前他住在这里",也可以理解为"现在知道他住在这里!"又如:

他的问题很多。

"问题"可以理解为他提出的疑问,也可以是他的麻烦、错误。

大林和小林动手了。

"动手"既表示"打架",也可表示"开始着手做事"。

她终于火了。

"火",可以理解为生气、发怒,也可以理解成有名气、走红。

类似"原来""问题""动手""火"等词语都是多义的,就可能在运用的时候产生歧义。

三、语法歧义

除了语音、词汇方面引发的歧义,语法结构关系或语义关系也可能引起歧义。例如:

我要复印资料。

用结构分析法来分析一下"复印资料"这个短语,可以理解成动宾短语,这个句子就表示"我要把资料复印好";"复印资料"也可以理解成偏正短语,表示复印出来的资料,这个句子就表示"我要的是复印的资料"。这句话因为短语结构关系不同而产生了歧义。又如:

他们需要进口食品。

这个句子里"进口食品"也是个多义短语,可以是动宾短语,表示一种贸易行为;也可以是偏正短语,表示进口来的食物。

这种语法歧义是因为语法组合关系可以有不同的理解。有时,复杂短语还会因为层次关系的多种理解造成另一种语法歧义。比如:

我看见你很幸福

"看见你很幸福"是一个多义短语,可以有两种不同的方法分析它的结构层次:

一种是先从"看见你"这里划分开,"看见你"和"很幸福"是第一层连谓关系,然后再分析"看见你","看见"和"你"是第二层动宾关系,这样句子的意思就是"我看见你,我很幸福。"另一种划分方法是先从"看见"这里分开,"看见"和"你很幸福"是第一层动宾关系,"你"和"很幸福"是第二层主谓关系。这句话的意思就理解成了"我看见的事情,是你很幸福。"

又如:

哥哥和妹妹的三个朋友来了。

这个句子可以理解为"妹妹的三个朋友"和"哥哥"来了,一共四个人来;也可以理解为"哥哥和妹妹"的"共同的朋友",一共三个人来。

上述歧义句可以通过分析短语层次结构弄明白,但是有的语法歧义用层次分析法也无法分化,比如:

这个句子只有一种结构层次划分方法,歧义仍然存在,问题就在语义关系上。如果把"他"理解为受事主语,也就是接受动作行为的人,那么这句话的意思就是"大家都不喜欢他";如果把"他"理解为施事主语,也就是发出动作行为的人,那么这句话的意思就是"他不喜欢任何人"。这种情况是因为语义组合关系可以有多种理解而产生的。又如:

现在的老师很难管理。

"现在的老师"如果是施事主语,这句话就表示"老师管理学生或别的事情,是很难的。"如果"现在的老师"是受事主语,这句话就是表示"管理现在的老师是很难的"。

再看这个句子:

他只买了一本书。

仔细观察,这个句子语法组合和语义组合都没有产生歧义,但仍然可以有不同的理解。如果"只"的语义指向是"书",这句话的意思就是他没买别的东西,只有书。如果"只"的语义指向是"一本",这句话的意思就是他买的书不多,只买了一本。可见不同的语义指向也可以产生歧义。

总的来说,汉语的歧义主要包括语音歧义(如口语中同音词引起的歧义)、词汇歧义(如同形词和多义词引起的歧义)、语法歧义(句法结构类型、结构层次、语义组合关系、语义指向等引起的歧义)。

四、消除歧义

既然歧义常常在交际中引起误会,我们就要消除歧义,尽量使交流顺利。

1. 利用语音

同形不同音的词,在口语中说出来就不会有歧义。例如"我想起来了","起来"如果读轻声,就表示"回想起";如果读原调,则表示"起身"。

又如"他只买了一本书",如果把重音加在"一"上边,或者把重音加在"书"上,歧义就分化了,意思就可以明确。

2. 变换词语

例如:"她终于火了"可以改为"她终于发火了"或者"她终于走红了/成名了",就不会产生歧义。

3. 改变句式

例如:"他谁都不喜欢"可以变成"谁都不喜欢他"或者"谁他都不喜欢",就没有歧义了。

4. 补充语境

可以通过给予充分的语境来消除歧义。例如:"鱼不吃了",如果有语境"别喂鱼了","鱼不吃了"表示的是"鱼不吃食了";如果语境是"餐桌上菜太多,我们已经吃饱了","鱼不吃了"就理解为"我们不吃鱼了"。

五、利用歧义

歧义是不是语言生活中绝对不需要的呢?事实上人们有时会故意使用歧义,达到一种"一语双关"或者幽默的表达效果。

例如平安保险公司的广告:"买保险就是买平安",这里利用了"平安"的多义,既表示买保险能够保障自己和家人平安、安全,又表示买保险就买"平安"品牌的。

又如某房地产的广告:"买房子送老婆"。这实际是在利用"送"的语义指向故意引起歧义:"送"可以指向"老婆",也可以指向"房子"。这个广告故意制造歧义,使人误会"买了房子,就可以得到赠送的老婆",实际上广告是"买房子并把房子送给老婆"的意思,起到了吸引人们关注的作用。

练习

一、根据自己所学的现代汉语知识,分析下列歧义现象

1. 门没锁。

2. 我家水管没有锈。

3. 你们三个一组。

4. 他知道这件事不要紧。

5. 反对的是张经理。

6. 电视机不要退回。

7. 这个店里有的是化妆品。

8. 我单身的原因:一是谁都看不上,二是谁都看不上。

9. "做 IT 太辛苦了,想换一行怎么办?""敲一下 Enter 键。"

10. 一个留学生讲的笑话:

"我记得那时候我刚换了寝室,我室友是个武汉人,我经常会跟他交流口语。有一天我问他,武汉的天气好奇怪呀,变化得很快。结果室友扔给我一句:冬天能穿多少穿多少,夏天能穿多少穿多少。"

"能穿多少穿多少"的歧义应该怎样分化?

二、举例说明你在生活中见到的汉语歧义现象

第六章

现代汉语修辞

导语

发音准确,词语使用恰当,没有语法错误,是汉语学习者的人们的首要目标。而怎样使语言表达更符合说话者的身份,更适应说话的环境或场合,更具有美感,就需要学习修辞,也就是学习怎样提升语言表达的效果。这需要对现代汉语的语音、词汇、语法等知识进行综合运用。修辞学习是长期的过程,除了学习语言本身,也要了解语言社会文化,还需要结合汉语写作、口语、阅读等课程进行实践。

学习内容

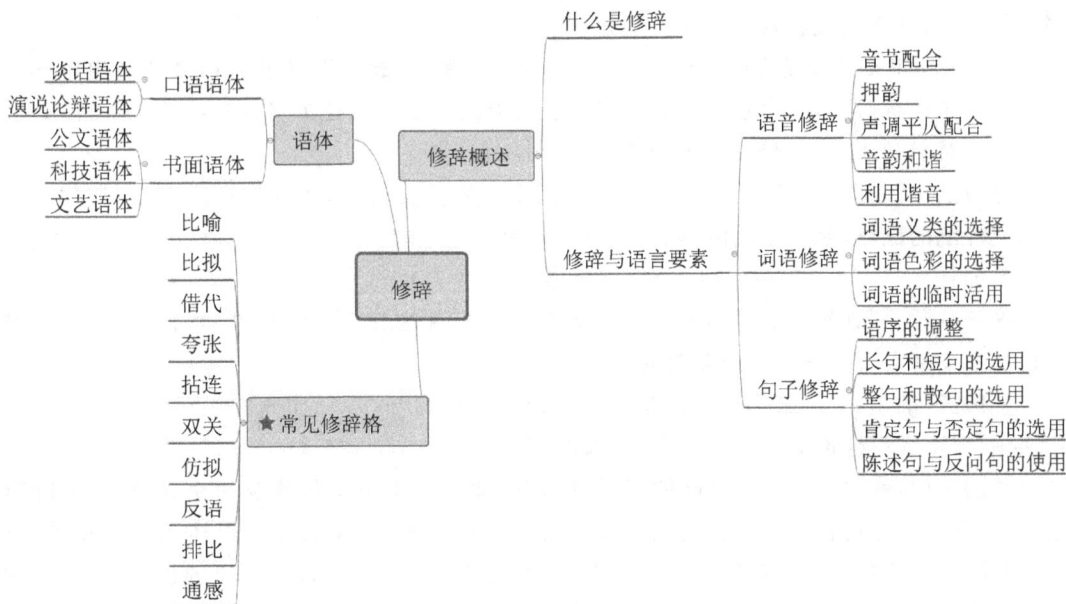

第一节　修辞概述

学习目标

1. 了解修辞的基本目的和原则
2. 了解修辞与汉语各要素的关系，初步掌握一些修辞手法

一、什么是修辞

修辞就是根据具体的交际对象和特定语境，运用恰当的语言手段，准确实现表达意图，达到理想表达效果的规律和方法。

修辞的目标是语言表达更得体、更准确、更生动，让人容易接受。

修辞要使语言符合语境。所谓语境就是言语行为发生的环境，包括言语的上下文语境，言语行为发生的场合、对象等环境因素，以及言语行为的背景常识等。修辞要在语境中对语言要素进行选择、加工和调整，综合运用各种语言手段，包括词语的选择、句式的变化、修辞格的使用等，使言语表达效果最佳。例如：

350 万块宇宙垃圾是 20 世纪留下的一笔十分新颖的"遗产"，这些东西目前正围绕地球运转。有了这笔财产，科学家们之后就可以少发射或不发射人造卫星，而我们的天文爱好者则可以在晴朗的夜空观测到更多"奇异"的天文现象。

这段话中"新颖"是褒义词，"奇异"本可用来形容天文奇观，用在这里形容 20 世纪人类对太空环境的破坏，起到了反语、讽刺的特殊效果。

又如：

汉语被称为"世界上最难学的一门语言"，虽然有着这种"威武"的名称，但近几年来，汉语依然在芬兰成为了一门十分热门的外语。

"'威武'的名称"用来描述汉语难学是可以接受的，但这段话出现在汉语学习者的学术论文中，就不太符合论文的语体要求，不够严谨。

总的来说，修辞要服务于交际的目的和内容，要适应上下文所涉及的交际场合、交际对象，以及交际的时代背景、社会风俗、文化传统等语境因素，要符合不同语体的风格特点，还要对交际双方的角色进行正确定位。事实上，汉语学习者常常在输出汉语的过程中，不自觉地进行修辞。例如学习一个生词的时候，除了形式、结构方面的用法以外，通常还要学习词的使用场合，掌握生词在表达怎样的情感时使用，再在一定语境下正确运用，这就是修辞。

二、修辞和语言要素

修辞是对语言材料的加工和选择。修辞追求言语的音乐美，要求声韵和谐，有节奏感，这与语音相关；修辞讲究词语恰如其分地使用，这涉及词汇的意义；修辞注意在不同句式中

选择使用以求最佳表达效果,就涉及句法规则。因此修辞是从语用角度综合汉语各要素来实现的,一般情况下,修辞以汉语的语音、词汇、语法特点为基础,符合汉语语音、词汇、语法规则,但有时又要根据表达需要,对语言材料进行灵活的、超常规的使用。以下分语言要素举例说明常见的汉语修辞手法。

(一)语音与修辞

1. 音节配合

汉语里双音节词占优势,也有不少单音节词。如果双音节词和单音节词配合得当,语言就显得音节整齐匀称,富有美感。一般单音节与单音节相配,双音节与双音节相配,四音节与四音节相配,音节停顿的合理搭配也可以呈现鲜明的节奏感。例如:

每年我都要准备四个红包,分别送给我太太,我女儿,我岳父岳母,我老父老母。

随着山势,溪流时而宽,时而窄,时而缓,时而急。

在校期间,他一直积极进取,专心求学,勤勉踏实,努力认真。

他总是严于律己,宽以待人,宁肯委屈自己,决不伤害他人。

时下的一些网络流行语,其实也符合汉语的音节配合习惯,比较上口,才易于流传。例如:

美慕嫉妒恨

空虚寂寞冷

高端大气上档次

低调奢华有内涵

2. 押韵

两个或两个以上句子的末尾使用韵母相同或相近的字,形成流畅悦耳的韵律美,称为押韵。在很多诗文、俗语中都有精心安排的韵脚。例如:

两个黄鹂鸣翠柳,一行白鹭上青天。

窗含西岭千秋雪,门泊东吴万里船。　　(押 an 韵)

不听老人言,吃亏在眼前。　　(押 ian 韵)

一些现代诗也很注意押韵。例如:

轻轻地我走了,

正如我轻轻地来;

我轻轻地招手,

作别西天的云彩。　　(押 ai 韵)

那河畔的金柳,

是夕阳中的新娘;

波光里的艳影,

在我的心头荡漾。　　(换押 iang 韵)

软泥上的青荇,

油油的在水底招摇；

在康河的柔波里，

我甘心做一条水草！ （换押 ao 韵）

有的非韵文的语篇，也可以押韵，例如：

他颜值武功双高，有爱心有节操，还有最硬龙鳞外套。他勤学苦熬，只为了直上云霄，把龙族带出苦沼。 （押 ao 韵）

这样的韵脚反复使用，有回环往复的音乐性，并使语势得到加强。

3. 声调平仄配合

汉语是有声调的语言。阴平、阳平（即第一声、第二声）属平声；上声、去声（即第三声、第四声）属仄声。平声上扬，听起来比较响亮；仄声下抑，听起来铿锵有力。利用声调的平仄交替，选择词语进行组合，可以增强语音起伏变化的韵律之美，起到抑扬顿挫的效果。例如：

中国有句古话:瓜熟蒂落，水到渠成。（平平仄仄，仄仄平平）

青山不老，绿水长流 （平平仄仄，仄仄平平）

春蚕到死丝方尽，蜡炬成灰泪始干。（平平仄仄平平仄，仄仄平平仄仄平）

每年到了秋天，总要想起陶然亭的芦花（平平），钓鱼台的柳影（仄仄），西山的虫唱（平仄），玉泉的夜月（仄仄），潭柘寺的钟声（平平）。

4. 音韵和谐

在语言中恰当使用双声词、叠韵词、叠音词、拟声词等，能使语言和谐动听，节奏感强，富于音乐美。例如：

他走着，爬着，挣扎着，摸索着。

田园零落干戈后，骨肉流离道路中。

这歌声，越过巍巍山岳，渡过滔滔黄河，跨过莽莽原野，飞过重重海洋，传遍天涯海角。

荷塘的四面，远远近近，高高低低都是树。

落光了叶子的树木上，挂满了毛茸茸亮晶晶的银条儿；而那些冬夏常青的松树和柏树上，则挂满了蓬松松沉甸甸的雪球儿。

5. 利用谐音

汉语的同音现象非常普遍，也就形成了独特的谐音文化。例如中国人喜欢在民间的建筑、绘画装饰中刻画一些吉祥图案，鱼表示"吉庆有余（鱼）"，喜鹊站在梅花枝上的图案表示"喜上眉（梅）梢"，五只蝙蝠图式表示"五福（蝠）临门"，三只羊表示"三阳（羊）开泰"。不小心摔碎了东西还要说"岁岁（碎碎）平安"讨个吉利。

修辞中也常用到谐音。例如有的汽车车尾贴着"别吻我，我怕羞"，"羞"谐音"修"，提醒安全行车，勿追尾导致修车。又如：

股市跌跌不休（谐音"喋喋不休"），股民应该如何投资？

准妈妈孕味（谐音"韵味"）十足，穿着时尚，孕肚明显。

去头屑洗发水，让你无屑可击（谐音"无懈可击"）。

(二)词汇与修辞

精心选择词语使表达准确、得体，是一种重要的修辞手段。

242

1.词语义类的选择

(1)同义词的选用。

要准确表情达意,就应特别注意在同义词中选用一个最合适的,词语意义的轻重、范围的大小、搭配的对象都需要考虑。例如:

愿两国的友谊地久天长。

这里使用"友谊"用于国家间的关系,比较正式,使用恰当,"友情"这样用于个人感情的词语就不适用。

汉语里有丰富的同义词,经过仔细推敲选用词语,表现事物行为、性状的细微差别,往往能达到良好的表达效果。例如下列句子中的加点动词:

到了第五天拂晓,他终于攒足了两元钱,乏极了,就倒在桥洞中熟睡,没料到竟酣睡了一个白天和黄昏。醒来后他就开始狂奔,所有的路人都猜不透这个少年为何十万火急地穿行在夜色中。

到了最后,那太阳完全跳出了海面,颜色真红得可爱。

门刚开了一条缝,就从里面蹿出一条狗,跳着叫着扑向太爷爷和父亲,像久别重逢的老朋友一样,在爷孙俩的脚边绕来绕去。

(2)反义词的并用。

利用反义词的强烈对比作用来表达思想感情,可以使语言更加鲜明、生动,表现力强。例如:

他这个人,外热内冷。

烟有好有坏,味有浓有淡。

风是单纯的,轻飘的,却又是诡谲的,沉重的。人有时应该顺风而行,有时应该逆风而抗。

2.词语色彩的选择

词汇的意义除了理性意义,还有附属意义。充分利用词语的色彩义,包括感情色彩、语体色彩、形象色彩等,也可以使表达更加生动、准确。例如:

工地上热火朝天的景象,与他那冷冰冰的态度形成了鲜明对照。 （形象色彩义）

你最近可越来越圆润了。 （感情色彩义）

重睑美容术除能增添美感以外,在某种意义上讲尚有一定功能意义,这也是重睑术开展的主要理由。 （语体色彩义）

3.词语的临时活用

在言语行为中,常常可以对词语进行变通使用,也就是临时改变词语的原有的词义、词性、搭配、适用场合、结构成分位置等等,使言语生动、形象、别致,达到特殊的表达效果。例如:

过去的事情永远咬着心。 （词义和搭配的活用）

眼前这位女士,发型很青春。 （名词活用为形容词）

这是一个非常阳光、开朗、自信的小伙子。 （名词活用为形容词）

他这一段经典的男扮女装表演,比女人还要女人。 （名词活用为形容词）

春风又绿江南岸,明月何时照我还。 （形容词活用为动词）

黎明爬上了窗子。 （词语搭配的活用）

我先生气壮山河地站起来,悲壮地说:"我现在宣布,发信不要钱了。" （改变适用场合）

住在城市里,反而因为无险可冒而焦虑不安。 （改变词语结构）

(三)句子与修辞

1. 语序的调整

汉语的语序是表达语法意义的重要手段,一般是主语在前,谓语在后;动语在前,宾语在后;定语、状语在前,中心语在后;复句中偏句在前,正句在后。但在特定的语境中,会通过改变语序来达到一定的表达效果,有时为了强调修饰成分,将其后置;有时急于表达的调整到前边,后置的部分则表示补充、追述。例如:

人和猫彼此静静地传达着许多讯息,关于温暖,关于愉悦,以及关于寂寞啊……

（定语后置）

怎么啦您? 什么要紧事儿? （主语后置）

我一定会去的,只要我有时间。 （偏句后置）

倘是咬人之狗,我觉得都在可打之列,无论它在岸上或在水中。（偏句后置）

他走上了领奖台,慢慢地,怯怯地。 （状语后置）

2. 长句和短句的选用

一般来说,词语多、结构复杂、字数较多的长句,表意比较丰富、严密、精确,通常用在正式的场合。例如:

从单、重睑几个方面的差别来看,人们常提起的重睑术,实际为依据美学原理,通过手术手段,将单睑的解剖结构进行修改、重组,最后成形为重睑的外观形态。

该句子从科学角度定义重睑术,包括了复杂状语和复杂宾语,比较严密准确。

词语少、结构简单、字数较少的短句,表意则比较简洁明快,节奏活泼。与长句穿插使用,可使行文疏密有致,富于变化。例如:

车来了,在车门下被挤得东倒西歪时,突然想起另一路公共汽车,也可转乘到校,只是我从来不曾试过这种走法,今天就冒一次险吧。于是扭身退出,放弃这路车,换了一趟新路线。七绕八拐,挤得更甚,费时更多,气喘吁吁地在差一分钟就迟到的当儿,撞进了教室。

3. 整句和散句的选用

整句是结构相同或相似的一组句子,整齐均衡,凝练集中,富有气势;而长短不一的散句则比较灵活。整句和散句根据表达需要交替使用,既有贯通的语势,又有节奏的变化,可以收到良好的表达效果。例如:

像穿着打扮、饮食习惯、兴趣爱好,在这些俗世生活的一般范畴里,顺风追风,不但无可责备,甚或还有助于提升生活情趣,对年轻的生命来说,更可能是多余精力的良性宣泄。有的风,属于刚升起的太阳;有的风,专与夕阳做伴。好风,给人生带来活力;恶风,给人生带来灾难。像我这样经风多多的人,对妙龄人提出些警惕恶风的忠告,是一种关爱,也算是一种责任吧。

4. 肯定句与否定句的选用

一般来说,否定句比肯定句的语意略弱,因此,当语意不够确定,或当肯定句中使用带有负面意义的词,需要委婉一些时,可以换用否定句。请比较:

这类球迷很少。

这类球迷不多。

我们的技术很落后。

我们的技术还不够先进。

双重否定表示肯定的意思,语意又比肯定句强。例如:

这些道理他不是不懂。

我无法不去想他。

5. 陈述句与反问句的选用

反问句表示的意义与形式相反,肯定形式表示否定的意思,否定形式表示肯定的意思。与陈述句相比,反问句语气强烈,更有力量。在表达强烈感情或反驳他人时,使用反问句更有气势,能起到更好的表达效果。例如:

没有主人的房子,还是家吗?

你为什么就非得让时尚裹挟着走呢?

难道我们还有什么更好的方式未被采用吗?

练习

1. 找出广告语、标题、谚语、诗句、歌词中的声韵调搭配和谐的语例
2. 列举中国谐音文化的例子,找出广告中、网络上常见的谐音运用现象
3. 运用句子修辞方法改写一段课文,看看文章风格有什么样的变化

第二节 常见修辞格

学习目标

1. 认识常见修辞格,能辨别文章中使用的修辞格
2. 至少会使用 5 种修辞格造句

修辞格是具有特定结构和鲜明生动的表意功能的修辞格式。学习一些常用的辞格,可以帮助我们提高表达效果。

一、比喻

比喻是通过联想,利用不同事物间的相似点,用 A 事物来描绘 B 事物。比喻一般包括

三个要素:本体、喻体、比喻词。例如:"她的脸像苹果一样红","她的脸"和"苹果"有相似的特点——"红",因此用"苹果"来比喻"她的脸"。要表现、描绘的事物是本体,也叫对象体,在这个比喻句中,"她的脸"是本体(对象体);借用来比喻的事物是喻体,也叫描写体,在这个比喻句中,"苹果"是喻体(描写体)。比喻句中,"像、好像、仿佛、……似的"等是比喻词。

1. 明喻

有的比喻句中本体、喻体都出现,并使用比喻词"像、好像、如同、仿佛、似的"等,这就是明喻。例如:

早晨在海滨录下的鸟声,仿佛是一个大型的交响乐团,正演奏着雄壮的序曲。

我家有三口人,先生、儿子和我,仿佛三个边界清晰的小国,相处还好,基本上友好睦邻。

时光像一条奔腾不息的河流。

又高级又有趣的人好像新鲜的水果,不但味道甘美,而且营养丰富。

2. 暗喻

有的比喻句中,本体、喻体都出现,使用的比喻词"是、成为、变成、等于"等,这是暗喻。例如:

她的脸一下子变成了一块大红布。

上海是一碗浓汤,城隍庙是浓汤的底料。

生命是一袭华美的袍,爬满了蚤子。

3. 借喻

有的比喻句中,本体和比喻词都不出现,由喻体(描写体)直接代替本体出现。例如:

满天里张着灰色的幔,看不见太阳。

这里喻体"灰色的幔"代替本体"灰色的云"出现,比喻词也隐去了。又如:

夜色加浓,苍空中的明灯越来越多了。

"明灯"比喻星星,直接用喻体替换本体。

二、比拟

比拟是指通过联想,把物当作人来描写(拟人),或者把人当作物来描写(拟物)。与比喻总有描写体(喻体)出现不同,比拟修辞格是对象体出现而描写体不出现。例如:

春风放胆来梳柳,夜雨瞒人去润花。(拟人)

对象体"春风""夜雨"被赋予了人的性格,描写体"人"却不直接出现,而将"人"的特征寄寓在对象体上。又如:

我的母亲早已迎着出来了,接着便飞出了八岁的侄儿宏儿。(拟物)

对象体是"宏儿",将侄儿当做小鸟,用"飞出"来描写,但并不出现描写体"小鸟"。又如:

那八个音符有不同的个性,穿了鲜艳的衣帽携手舞蹈。

花在夹缝里愤怒地开放。

咱们敢动刀,恶霸就得夹着尾巴跑。

钱包里的钱离家出走了。

土地果然很听话,种什么长什么,一点儿也不反抗。

三、借代

借代是不直接说出人或事物的名称,而借用与它具有密切关系的其他事物来代替。不同于借喻利用事物之间的相似性,借代重在事物的相关性,也就是利用客观事物之间的种种联系,形成一种艺术"换名"。例如:

他怕丢了乌纱帽。("乌纱帽"指代官职)

你们几个诸葛亮商量一下吧。("诸葛亮"指代聪明的人)

当她浏览那些花花绿绿的书脊时,一下子发现了泰戈尔。("泰戈尔"指代泰戈尔的书)

他是爱美人不爱江山啊。("江山"指代国家政权)

你别这样,小心变成祥林嫂。("祥林嫂"是鲁迅作品中的人物,指代精神受到打击,逢人就诉说悲惨不幸的人)

四、夸张

夸张是为了突出事物的某种特征或表达某种强烈的感情,对事物故意夸大或缩小,做出超越事实的描述。例如:

用这种护肤品,今年二十,明年十八。

这橘子酸得我牙都快掉了。

就这么点儿菜,还不够我塞牙缝的。

良乡的栗子香闻十里。

这个下午的几个小时使他觉得自己经历了整整一个世纪。

五、拈连

拈连是两个事物连说,把适用于 A 事物的词语拿来用在 B 事物上。例如:

我虽然眼瞎,可是心没瞎。

她撕掉了那封情书,也撕碎了他的心。

你熬的不是夜,而是宝贵的生命。

我妻子想跟我离婚,可她不想和我的钱离婚。

窗外下着雨,我的心也在下雨。

六、双关

双关是指在一定的语境中,利用谐音或语义,有意使语句具有多义性,表面上说的是一种意思,实际上指的是另一种意思。运用双关可使语意含蓄,耐人寻味。例如:

东边日出西边雨,道是无晴(情)却有晴(情)。

哼,你就会老鼠啃书本——咬文嚼字。

阖家围桌进餐的天伦之乐,因为模范(无饭)而成为一种待追忆的场景。

英特尔,给电脑一颗奔腾的心(芯)!

七、仿拟

仿拟是根据现有语言形式临时仿造出新的语言形式,可以使表达生动活泼。例如:

读者肯定会觉得这是一条新闻吧，其实却是一条"旧闻"。

本想"三娘教子"，却成了"子教三娘"。

本来以为这个节目很无聊，没想到还挺"有聊"呀。

看人不要看外貌，要看"内貌"。

打狗要看主人面，那么，打猫要看主妇面了！

谈钱伤感情，谈感情还伤钱呢！

八、反语

反语指故意使实际表达的意义和字面意义相反，即说反话。可以反话正说，也可以正话反说，通常用于讽刺或制造幽默的表达效果。例如：

你今天又逃课了？真能干啊！

人类终于为自己制造出了集体死亡的工具，这是一件值得骄傲的事情。也许21世纪的某一天，我们人类会欣赏到核弹爆炸时那美丽的光。

10多亿公顷的森林变成了平地和沙漠，是20世纪的又一大"功劳"，也是它留给21世纪人类的一笔可观的不动产。

九、排比

排比是指用三个或三个以上结构大体相同、字数大体相等的词组、分句或句子排列起来表达相似或相关的意思。排比可以使语篇节奏感强，流畅有气势。例如：

到处都是绿，而且都是像嫩柳那么淡，竹叶那么亮，蕉叶那么润，目之所及，那片淡而光润的绿色都在轻轻颤动。

因为忙，飞机提速了还要超速；因为忙，看电影等不及最后一个镜头隐去便纷纷起身离场；因为忙，宁可以现成的问候卡代替家人或恋人的书信；因为忙，今日不少城市人的厨房灶冷灯黑。

足球使他们感到生活的乐趣，感到自己的价值，感到人间的情谊，于是足球就成为他们生命的支点。

十、通感

通感又叫"移觉"，指在语言表达中把一种感觉移到另一种感觉上，将听觉、视觉、嗅觉、味觉和触觉等不同感觉沟通起来，增加语言的表现力。例如：

大星光相射，小星闹若沸。　　　　　　　　　　　　　　　　（连通视觉和听觉）

那笛声里，有故乡绿色平原上青草的香味。　　　　　　　　　　（连通嗅觉和听觉）

微风过处，送来缕缕清香，仿佛远处高楼上渺茫的歌声似的。（连通嗅觉和听觉）

海的声音仿佛朦胧的月光和玫瑰的晨雾那般温柔。　　　　　（连通听觉和视觉）

枸杞头放在一个元宝篮里，……枸杞头带着雨水，女孩子的声音也带着雨水。

　　　　　　　　　　　　　　　　　　　　（拈连和通感并用，连通听觉和视觉）

练习

一、指出下列句子使用的修辞格

1.他的鼻子都快气歪了。

2.微风轻轻地抚摸着我的头发。

3.别戴着有色眼镜看别人。

4.世间最痛苦的事莫过于白发人送黑发人。

5.这里除了光彩,还有淡淡的芳香,那香气似乎是浅紫色的。

6.叶脉宽得如同观音净瓶里洒水的树枝,还叫柳芽,真够谦虚了。

7.树上的柿子像一个个火红的小灯笼。

8.它是不是还要防备其他野兽的袭击,是不是还要奋力游过河湖,是不是还要躲避人类的追打!

9.盘子们汇聚一堂,其乐融融。

10.这是城市人最时髦的"今天天气哈哈哈"的现代版。

二、选用几个修辞格进行造句练习,看看可以用于描述什么事物,表达怎样的感情。

第三节 语体风格与修辞

学习目标

1.了解不同语体风格的修辞特点

2.尝试选择某种语体风格写同一段话

一、什么是语体

语体是根据交际目的、内容、对象,在一定的语境下形成的具有不同风格特点的言语表达形式。语体可分为口头语体和书面语体两大类。口头语体多选用生活化的词语,句式灵活、简短,话题也自由多变,可借助手势、身势、神态等表情达意;书面语体常使用书面语词、专业术语、文言词语等,对句子的加工程度较高,结构较复杂,语篇更加紧凑连贯,话题也比较集中。

二、口头语体

(一)谈话语体

谈话语体主要用于人们日常交际,一般比较简约、明快、通俗。这种语体对语境的依赖性最强,多采用口语词、带鲜明主观感情色彩和形象色彩的词,利用语调、语速、重音、停顿、拟声等各种语音修辞手段。多使用短句、非主谓句、省略句、倒装句、紧缩复句等,常有重复,冗余成分多,话题比较分散。例如:

先生气呼呼地回来了,对我说:"排了半天的队,还挨了一顿训,跑邮局真不是人干的活儿。"

我说:"先喝口水,消消气。"

他说:"少来讨好我。今后我不干这活儿了。"

我说:"那可怎么办呢?又不能为寄信这事雇个小时工。"

他说:"雇也没人干,这事太磨人。"

我说:"那也不一定。重赏之下必有勇夫。"

先生快活起来,说:"这么说你打算为这件事出点血了?这么着吧,你说说每个月准备出多少钱,我看看承包了是不是合算?赚的钱进我的小金库,你管不着。"

我说:"行啊,好商量。你先开个价吧。"

先生很慎重地想了想说:"每月500元。"

我惊叫:"真够黑的啦!咱家哪有那么多的钱?"

他摇着头说:"就这我还不乐意干呢!可惜别无分店。"

我说:"那我自个儿干得了,还给咱家省了这笔钱。"

绝望中突然杀出一匹小黑马,儿子见义勇为地说:"妈,这事就交给我吧。甭500了,每月400块钱就行。"

我说:"好好,凡事有了竞争就好。"

先生当仁不让地说:"儿子你不要抢我的差事。现在我宣布降价,每月300元就干了。"

我朝儿子说:"你呢?什么态度?"

到底是少年人干脆,他睫毛都不眨地说:"200。我每月200块钱就行了。"

(二)演说论辩语体

正式演讲、讲话或辩论语体一般有一个明确的话题中心,句子相对谈话语体简练,注意音节的响亮、匀称,也注重语音修辞方法的使用,还经常用设问、反问、排比等;以口语词为主,也使用一些书面词语,表达富有感染力。例如:

诸位毕业同学:

你们现在要离开母校了,我没有什么礼物送给你们,只好送你们一句话吧。

这一句话是:"不要抛弃学问。"以前的功课也许有一部分是为了这张毕业文凭,不得已而做的。从今以后,你们可以依自己的心愿去自由研究了。趁现在年富力强的时候,努力做一种专门学问。少年是一去不复返的,等到精力衰退时,要做学问也来不及了。即为吃饭计,学问决不会辜负人的。吃饭而不求学问,三年五年之后,你们都要被后进少年淘汰掉的。到那时再想做点学问来补救,恐怕已太晚了。

又如辩论陈词:

对方辩友的第一个论证是说,今天由于网络是人机交流,有了这个人机交流,人们必然忽略人面交流,因此使人更疏远。我想告诉各位,这个论点犯下两个基本错误:一是用网络难道真的忽略了人面交流吗?今天我在家也上网,难道您就能凭此论断说,从此我就隐居在室内,和电脑在一起,我就不出来与人交往了吗?不!我一样和人交往,但是我从此用网络和全世界各地的人民有更多的交往!第二是对方辩友告诉我们说,今天要非见面不可,人们的关系才会更亲近,那我就很不了解了,今天我写信给我家里人,请问一下我和家里人的关系是不是更疏远了呢?今天我们知道的是网络是一种非见面的交流法,是一种心对心也可以交流的方法,为什么对方辩友拼命告诉我们只有面对面才叫做"有交流"呢?

三、书面语体

(一)公文语体

公文语体也称事务语体,主要用于政府部门及社会管理部门的各类法规制度、通告文件、来往函件、合同协议等公文,包括通知、请示、汇报、公告、条例、守则、纪要、合同、启事等。

公文语体一般具有固定的篇章行文格式,有大量专有公文用词,例如"报请、鉴于、遵照、审核、此复、此致、当否、妥否、批复、应须、严禁、准予、参照、执行、颁布、实施、抄送、抄报"等,还保留了一些文言词成分,如"承蒙、兹因、兹定于、值此、欣悉、为荷"等。大量使用祈使句和陈述句,较少使用修辞格。公文语体力求准确、简洁、周密、正式,风格比较朴素、平实、庄重,用词造句注意符合规范。例如:

根据《普通高等学校本科专业设置管理规定》,我部组织开展了 2018 年度普通高等学校本科专业设置和调整工作。经申报、公示、审核等程序,根据普通高等学校专业设置与教学指导委员会评议结果,并征求有关部门意见,确定了同意设置的备案专业、国家控制布点专业和新增目录外专业点名单。现将 2018 年度普通高等学校本科专业备案和审批结果予以公布。

请各地各高校加强新设专业建设,以经济社会发展需求为导向,合理控制招生规模,调整优化人才培养结构;以本科专业类教学质量国家标准为依据,不断提升专业内涵,突出专业特色,加强专业认证,切实保证人才培养质量,提升教育服务经济社会发展能力。

(二)科技语体

科技语体也称科学语体,适用于论述自然和社会的客观规律,如科学论著、学术论文、科学报告、科普读物等。

科技语体往往使用大量专业术语、外来词等,语言表达力求客观、精确、清晰、简练、严谨,不带感情色彩,极少使用夸张、双关之类的修辞格;大量使用陈述句,句型多为主谓句,多用长句、复杂的修饰成分、复句等。篇章结构一般有专门的规范,特别是论文写作,包括摘要、关键词、引言、正文、结论、致谢、参考文献等。例如:

由于单、重睑的发生受种族、地区、遗传、年龄等因素的影响,形态上有显著差别,因而其解剖结构上也存在着明显的差别。单睑的皮肤较厚,皮下组织较高,眼轮匝肌比较发达,眼轮匝肌后的脂肪较多;单睑者的睑板薄而窄小,睁眼的肌肉——提上睑肌不发达;而重睑者则正好相反。单睑者的眶隔位置一般偏低,眶隔脂肪可脱垂于睑板上缘或睑板前,而重睑的眶厢位置较高,也无眶隔脂肪脱垂于睑板上缘或睑板前。基于解剖结构基础,单睑在睁眼时,睑板前的皮肤和眼轮匝肌不能跟随睑板一同上提,因而上睑不能形成皱襞,表现为单眼皮。而重睑在睁眼时,睑板前重睑线以下的皮肤和眼轮匝肌能和睑板一同上提,因而上睑出现皱襞,表现为双眼皮。

(三)文艺语体

文艺语体主要用于形象地表现自然、社会、生活的文学艺术创作,如散文、诗歌、小说、戏剧等文艺作品。文艺语体的最大特点就是语言表现的形象性,注重情感和美感的表达。

文艺语体大量使用语音修辞、词汇修辞等各种手段,可以容纳各种形式灵活多样的句式,对词语、句子的变式运用也很常见,可以创造性使用各种修辞格。例如:

穿梭在这样的弄堂,自古至今的两个世界,三四分钟就给沟通了。站在弄堂口的西街上,市声传了过来。这古朴的街,店前门口的墙边都搁着透出木材本色的门板,褪色的木质门窗保持着古旧的味道。两边都是两层的楼,我看见两个老人打开楼上的窗户,临窗而坐,隔着街攀谈,空中飘荡着吴侬软语。小街上的茶馆有的就在这样的楼上,茶馆里常常很早就有了茶客,多是还住在这镇上的老人。朋友告诉我,他就曾在这里遇到一个了不得的老人,67岁了还能挑四百斤担子,一个人一年养300只鸡。他每年的3月份开始光膀子,一直要光到10月份。人们都叫他"赤膊",古铜色的皮肤闪着光。"赤膊"家每年用两千斤粮食做酒,他常常4点钟到茶馆里,以酒代茶,喝够了再下地干活。朋友对他的皮肤印象深刻,"像绸缎一样,只有劳动者才有如此美丽的皮肤"。

练习

修改一篇自己近期的作文,根据语体需要,使用所学的修辞方法和修辞格

参考文献

[1] 王力.汉语史稿[M].2 版.北京:中华书局,2004.

[2] 王理嘉.汉语拼音运动与汉民族标准语[M].1 版.北京:语文出版社,2003.

[3] 王福堂.汉语方言语音的演变和层次(修订本)[M].2 版.北京:语文出版社,2004.

[4] 周振鹤,游汝杰.方言与中国文化[M].1 版.上海:上海人民出版社,2015.

[5] 詹伯慧.汉语方言及方言调查[M].2 版.武汉:湖北教育出版社,2001.

[6] 袁家骅等.汉语方言概要[M].2 版.北京:语文出版社,2001.

[7] 奥斯特勒.语言帝国:世界语言史[M].3 版.章璐,梵非,蒋哲杰,等译.上海:上海人民出版社,2016.

[8] 王若江.汉语正音教程[M].1 版.北京:北京大学出版社,2005.

[9] 罗常培.普通语音学纲要(修订本)[M].1 版.北京:商务印书馆,2002.

[10] 毛世桢.汉语语音趣说[M].1 版.广州:暨南大学出版社,2015.

[11] 国家语言文字工作委员会培训测试中心.普通话水平测试纲要[M].1 版.北京:商务印书馆,2017.

[12] 张静贤.汉字教程[M].1 版.北京:北京语言大学出版社,2012.

[13] 李大遂.简明实用汉字学[M].2 版.北京:北京大学出版社,2003.

[14] 费锦昌,徐莉莉.古今汉字趣说[M].1 版.广州:暨南大学出版社,2011.

[15] 国家语言文字工作委员会标准化工作委员会.现代汉语通用字笔顺规范[M].1 版.北京:语文出版社,1997.

[16] 符淮青.现代汉语词汇[M].2 版.北京:北京大学出版社,2004.

[17] 周荐.汉语词汇趣说[M].1 版.广州:暨南大学出版社,2011.

[18] 杨寄洲,贾永芬.1700 对近义词语用法对比[M].1 版.北京:北京语言大学出版社,2005.

[19] 吕叔湘.现代汉语八百词(修订本)[M].1 版.北京:商务印书馆,1999.

[20] 陆俭明,马真.现代汉语虚词散论[M].1 版.北京:语文出版社,1999.

[21] 马庆株.汉语动词和动词性结构[M].1 版.北京:北京大学出版社,2005.

[22] 卢福波.对外汉语教学实用语法(修订本)[M].2 版.北京:北京语言大学出版社,2011.

[23] 卢福波.对外汉语常用词语对比例释[M].1 版.北京:北京语言大学出版社,2000.

[24] 卢福波.汉语语法教学理论与方法[M].1 版.北京:北京大学出版社,2010.

[25] 刘月华.趋向补语通释[M].1 版.北京:北京语言大学出版社,1998.

[26] 孙德金.汉语语法教程[M].1 版.北京:北京语言大学出版社,2002.

[27] 陆庆和.实用对外汉语教学语法[M].1 版.北京:北京大学出版社.2006.

[28]　吕叔湘,朱德熙.语法修辞讲话[M].1版.北京:商务印书馆,2011.

[29]　陈望道.修辞学发凡[M].1版.上海:复旦大学出版社,2008.

[30]　陈阿宝.现代汉语概论[M].1版.北京:北京语言大学出版社,2002.

[31]　黄伯荣,李炜.现代汉语(上、下册)[M].1版.北京:北京大学出版社,2012.

[32]　李晓琪,金舒华,陈莉.博雅汉语·高级飞翔篇[M].1版.北京:北京大学出版社,2006.

[33]　李晓琪,张明莹.博雅汉语·中级冲刺篇[M].1版.北京:北京大学出版社,2006.

[34]　卢福波."了"与"的"的语用差异及其教学策略[J].暨南大学华文学院学报,2002,2:59－65.

[35]　朱俊玄.字母词的界定和规范[J].语言文字应用,2017,1:88－97.

[36]　吕文华.关于述补结构系统的思考:兼谈对外汉语教学的补语系统[J].世界汉语教学2001,3:78－83.

[37]　陆丙甫."的"的基本功能和派生功能:从描写性到区别性再到指称性[J].世界汉语教学 2003,1:14－29.

[38]　陆俭明.动词后趋向补语和宾语的位置问题[J].世界汉语教学,2002,1:5－17.